法者，尺寸也，绳墨也，规矩也，
衡石也，斗斛也，角量也，谓之法。

《道德经》第二十三章："希言自然。"
感谢给予我帮助的每一个人！

序

我在给学生讲授行政契约时，每次都会先提出一个生活中天天发生的事务，问学生，这是行政合同，还是民事合同？

例子是这样的：假如某大学的领导，因为学术交往，在学校旁边的大宅门饭店，宴请哈佛法学院院长，请问这是民事合同，还是行政合同？

历年来，学生的回答基本一致，这是民事合同，与普通老百姓请客没有区别。我追问说：校领导请客是为了公共利益，还是个人利益？使用的是公款还是私款？如果只是民事合同，为什么国家和学校对于此类宴请，有严格的规定。这些规定显然是行政的规定，不是民事的规定。从饭店的角度，他当然认为这是一个民事合同，与普通老百姓请客没有区别。但从学校一方，校领导因为公务宴请，与其私人请客，显然不同。如果将这一合同界定成普通民事合同，容易导致行政行为向私法逃逸，从而规避行政法律的监管。

这些问题提出后，学生一般无法回答。如果将眼光投向国外，一些国家的公务宴请，不仅有严格的限制，甚至要将菜单和参与宴会的人员公开，甚至在网络上可以查询。由此可见，此类行为是行政合同还是民事合同，在法律上并非确定无疑，其与一国的民主和法治发展程度有很大的关联。今天在我国法上确认是行政合同的国有土地使用权出让合同，就曾经一直被认定是民事合同。

作为行政管理的重要方式之一，行政契约是社会主义市场经济的产物，是行政民主化趋势演变的必然结果。其具有尊重行政相对人的主体地位，通过"合意"的方式减少对抗，真正提高行政效能，实现行政管理的目的。作为非强制性、柔性行政行为的一种，行政契约能够在行政机关与行政相对人之间形成动态的互动博弈过程，在交涉、谈判、调和中重建双方的信任与合作。伴随着秩序行政向给付行政、服务行政的转型，各级政府秉持着为人民服务的理念，积极创新监管方式，主动运用行政契约（合同、协议）这一协商平台、渠道，吸引行政相对人参与到公共治理中来。行政契约作为行政主体履行行政职能的一种非强制性、柔性的执法方式，具有提高行政效能、扩大行政行为的适用空间、推动政府与人民之间平等法律地位的落实等功能。

当然，在行政契约的具体实践中，一些地方政府不乏试图规避依法行政原则的规制，违法侵害公民、法人或者其他组织的合法权益。为此，2015年5月1日实施的修正后《行政诉讼法》[1]首次明确把行政机关不依法履行、未按照约定履行或者违法变更、解除政府特许经营协议、土地房屋征收补偿协议等协议列为行政诉讼的受案范围，人民法院行政庭按照行政案件依法审理；同时实施的《最高人民法院关于适用〈中华人民共和国行政诉讼法〉若干问题的解释》第11条至第16条对行政协议案件审理的相关内容作出了进一步阐释。其后，2020年1月1日起实施的《最高人民法院关于审理行政协议案件若干问题的规定》，首次以专门性司法解释的形式，对行政协议的定义、范围、行政协议诉讼主体资格与诉讼种类、行政协议诉讼类型的举证责任、行政机关行使优益权行为的合法性审查、行政协议效力的确认、行政协议的赔偿与补偿以及行政协议案件的强制执行等作出了相应的规定。

正是基于前述新时代背景，本书以行政契约为题，在全面梳理行政契约历史进程与自身特性的基础上，着重探讨了行政契约实施过程中的法律适用问题与公法救济路径，在专注理论思辨的同时，广泛征集、剖析司法案例，系统阐述了新时代十年来行政契约在我国的理论争鸣与实践发展。

作为孙峰博士的首部专著，本书的出版，既体现了其求学生涯的学术态度与成果，也反映了其贯穿求学生涯的实务水平与经验。这也使得本书兼具学术指引与实践指导之价值。

在学术指引方面，本书系统梳理了行政契约在大陆法系与英美法系的发展轨迹，以及行政契约在我国的发展过程。在此基础上，本书深刻剖析了行

---

〔1〕 为表述方便，本书中涉及的我国法律法规、部门规章直接使用简称，省去"中华人民共和国"字样。例如，《中华人民共和国行政诉讼法》简称为《行政诉讼法》，全书统一，不再说明。

政契约在我国兴起的重要成因，全面概括了行政契约在我国行政实践中宏观调控、经济调节、公共服务、市场监管、社会治理、生态环境保护等领域的具体表现，深度探讨了行政契约在秩序行政与给付行政中的运用。同时，从公定力、确认力、存续力、拘束力、履行力（执行力）五个方面论述了行政契约的效力。

在实践指导方面，本书着重分析行政契约从订立、变更与终止到履行契约中法律适用的全过程，探究行政契约适用民事领域（民事合同）相关制度的界限，为实践中我国行政契约的合理运用作出一定的规范指引。同时，在借鉴民事权利救济分类标准基础之上，结合行政契约的行政性、公共性、合意性、公法法效性等特性，本书将行政契约中的公法救济路径分为行政救济与司法救济两条主要路径：行政救济包括协商与调解、仲裁、行政程序、行政复议、行政赔偿与补偿、信访等救济手段；司法救济则专指行政诉讼制度。在引证司法案例的基础上，提供实践指导。

孙峰博士的这本书是他近些年研究的心得。罗马不是一天建成的，法治依赖于每个人的点滴努力。随着我国法治的不断发展，我希望他继续深入这一重大课题的研究，并期待他有更新的成果面世。

何　兵

中国政法大学教授、博士生导师

中国法学会案例法学研究会副会长

摘　要

　　行政契约作为行政行为的一种类型，是私法公法化的产物，实质上是私法上契约形式在公法上具体运用的结果。伴随着社会主义市场经济的快速发展，传统的高权行政已经无法因应国家治理的需求，故而，作为非强制、柔性行政的重要方式——行政契约逐渐在行政实践中兴盛起来。本书由导论、正文、结论三部分组成，着重论述行政契约的发展、特性、适用、救济等方面的内容。导论部分从行政契约的研究意义、研究现状、研究内容、研究方法四个方面进行分析。

　　正文部分共分为四章：

　　第一章，行政契约之发展。本章着重讨论行政契约的形成、发展、壮大的过程，以及在行政实践中我国行政契约应用的现状。第一节，先分析行政契约在域外与我国的演进历程，然后论及适用行政契约从拒绝到接纳的转变原因及表现。第二节，着重讨论我国行政契约方式兴起的成因及表现，并且分析秩序行政与给付行政中行政契约运用的状况。

　　第二章，行政契约自身特性之考量。本章着重讨论如何判别行政契约以及行政契约中法律效力的分析。第一节，先讨论行政契约的特性，后分析行政契约与民事合同的区分。第二节，先讨论行政契约的效力（与具体行政行为相比较），再分析行政契约合法性要件，最后研究行政契约瑕疵的法律后果。

　　第三章，行政契约实施中的法律适用之解构。本章着重分析行政契约从订立、变更与终止到履行契约中法律适用全过程，探究行政契约在何种程度、多大范围内可以适用民事领域（民事合同）相关制度，以期为实践中我国行政契约的合理运用作出一定的规范指引。第一节，对行政契约形成、调整与终止以及履行阶段的法律适用进行分析。第二节，通过对行政契约适用民事合同的缘由、标准、方式进行探讨，分析在行政实践中哪些符合行政契约需要的相关民事制度可以被采纳、适用。

第四章，行政契约实施中的公法救济路径之探析。本章着重分析行政主体不依法、未按约履行或者违法/合法变更、解除契约情形时，作为契约当事人的另一方——行政相对人通过何种公法救济途径去维护自己的合法权益。在借鉴民事权利救济分类标准基础之上，并且结合行政契约的行政性、公共性、合意性、公法法效性等特性，行政契约中的公法救济路径可以分为行政救济与司法救济两条主要路径，其中行政救济包括协商与调解、仲裁、行政程序、行政复议、行政赔偿与补偿、信访等救济手段，司法救济则专指行政诉讼制度。第一节，探讨了行政契约中行政救济的主要类型，包括协商与调解、仲裁、行政程序、行政复议、行政赔偿与补偿及信访等。第二节，按照 2015 年施行的《行政诉讼法》第 12 条、第 78 条的规定，结合理论与司法实践上的经验，对行政诉讼中行政契约的受案范围、司法审查以及判决方式等作出相应的分析、探讨。

结论部分从行政契约的发展历程、自身特性、法律适用、公法救济路径四个方面总结全文、展望未来。

目　录

导　论

一、研究意义

党的十九大报告明确提出："转变政府职能，深化简政放权，创新监管方式，增强政府公信力和执行力，建设人民满意的服务型政府。"党的十九届三中全会通过的《中共中央关于深化党和国家机构改革的决定》也强调，"要坚决破除制约使市场在资源配置中起决定性作用、更好发挥政府作用的体制机制弊端，围绕推动高质量发展，建设现代化经济体系，加强和完善政府经济调节、市场监管、社会管理、公共服务、生态环境保护职能，调整优化政府机构职能，全面提高政府效能，建设人民满意的服务型政府"。党的十九届四中全会通过的《中共中央关于坚持和完善中国特色社会主义制度　推进国家治理体系和治理能力现代化若干重大问题的决定》进一步论述，"必须坚持一切行政机关为人民服务、对人民负责、受人民监督，创新行政方式，提高行政效能，建设人民满意的服务型政府"。党的十九届五中全会在《中共中央关于制定国民经济和社会发展第十四个五年规划和二〇三五年远景目标的建议》中继续阐明，"社会主义民主法治更加健全，社会公平正义进一步彰显，国家行政体系更加完善，政府作用更好发挥，行政效率和公信力显著提升"。党的十九届六中全会在《中共中央关于党的百年奋斗重大成就和历史经验的决议》中再次重申，"必须坚持中国特色社会主义法治道路，贯彻中国特色社会主义法治理论，坚持依法治国、依法执政、依法行政共同推进，坚持法治国家、法治政府、法治社会一体建设，全面增强全社会尊法学法守法用法意识和能力"。党的二十大报告亦着重表明，"必须更好发挥法治固根本、稳预期、利长远的保障作用，在法治轨道上全面建设社会主义现代化国家""全面推进国家各方面工作法治化"。故而，在新时代的发展背景下，党坚持全面依法治国，推动中国特色社会主义法治建设不断深入，推进国家治理体系和治理能力现代化，使得各级政府监管方式也发生了显著的变化，着重体现在传统以单向度为表征的高权行政行为向现代合作行政的转变趋势日益加快。行政契约（Administrative Contract）作为行政行为的一种类型，与单方的具体行政行为[1]呈现出竞争、代替、融合的动态交互状态。特别是在进一步深化改革开放的进程中，政府的角色发生了巨大变化，从管理（Administration）向治理（Governance）的转变，催生了行政权运作的悄然变迁。事实上，政府治理的理念也发生了变化，从老公共行政的"政治—行政"两分法至新公共管理的"顾客驱动的政府"到新公共服务中服务于公民，这突出表现在各级行政机关主动作为，培育公民参与，推动行政机关与公民之间的信任与合作。[2]而行政契约作为柔性行政行为的一种，能够在行政机关与行政相对人之间形成动态的互动博弈过程，在交涉、谈判、调和中重建双方的信任与合作。

伴随着秩序行政向给付行政的发展，行政契约在具体的行政实践中已经广泛应用。不仅是在给付行政（Leistungsverwaltung）领域中出现了大量的行政协议，而且在以严格法律保留原则规制下的秩序行政（Ordnungsverwaltung）中也出现了契约形式的新型行政行为。[3]在给付行政领域中，各级政府针对公共基础设施、公用事业等领域，如公共交通的建设、城市供水、供气、供热、公共交通、污水处理、垃圾处理等行业，推行 PPP（Public‐Private Partnership）模式，采用公私合作的多种手段，为居民提供优质的公共产品或者服务。通过行政契约的手段，各级政府能够吸收社会资本、缓解财政压

---

〔1〕 在我国台湾地区具体行政行为又称为行政处分（Verwaltungsakt），是指行政机关在行政法上，为了规制具体事件，以直接对外发生法律效果为目的，所为之单方公权力措施。详细分析参见，陈敏：《行政法总论》，新学林出版股份有限公司 2009 年版，第 301-325 页。

〔2〕 ［美］珍妮特·V. 登哈特（Janet V. Denhardt）、罗伯特·B. 登哈特（Robert B. Denhardt）：《新公共服务 服务，而不是掌舵》，丁煌译，中国人民大学出版社 2010 年版，第 3-16 页。

〔3〕 秩序行政与给付行政的分类是以行政的任务或目的为标准进行划分。通常秩序行政是以防止或者排除危害、维护社会秩序为目的，主要以干预手段为主；给付行政，又可称为服务行政，是以国家的积极行为，或为具体的财物给予，或者为抽象的禁令解除，增加人民的自由与财产。有关分析参见，张永明：《行政法》，三民书局 2001 年版，第 25-29 页。

力，鼓励民众参与到公共治理中，借助行政相对人所具有特定领域的专业能力、技术，实现"官民合作"，共享、共有、共建新型的社会治理关系，共同面对与解决"人民日益增长的美好生活需要和不平衡不充分的发展之间的矛盾"。在秩序行政领域中，行政机关单纯采取高权行政行为的传统理念发生松动，不再只是实施凭借强制手段为后盾的公权力行政，而是以行政契约、行政指导、行政奖励等多种形式实现公共秩序、公共安全、公共安宁。例如，在我国行政实践中，各地推广的治安承包协议书等。各级政府通过实施行政契约的柔性执法方式，吸纳广大人民群众参与到社会治理的全过程，落实人民群众的主体地位，发挥人民群众的积极能动性，实现政府治理和社会调节、居民自治良性互动，"打造共建共治共享的社会治理格局"。

行政契约作为行政管理的重要方式之一，是社会主义市场经济的产物，是行政民主化趋势演变的必然结果。其具有尊重行政相对人的主体地位，通过"合意"的手法减少对抗，真正提高行政效能，实现行政管理目的等功能。但是，在具体行政管理的过程中，各级政府在使用契约手段时，经常发生"公法遁入私法"（Flucht in das Privatrecht）的现象，[1]试图逃避依法行政原则的规制，违法侵害公民、法人或者其他组织的合法权益。产生上述原因有多重因素，其中我国的行政契约相关理论的不健全、不完善是重要原因之一。因此，在此背景下，笔者通过对域外大陆法系与海洋法系典型国家行政契约的相关制度与理论的观察，分析不同法系之间关于行政契约制度上的异同，并且结合对中国行政与司法实践中行政契约制度、案例等分析，提出适合中国特色社会主义的行政契约制度、理论及体系，以期对我国行政契约制度设计与理论的发展有一定的促进作用，使得我国各级行政机关依法行政，最终实现职能科学、权责法定、执法严明、公开公正、廉洁高效、守法诚信的法治政府。

二、研究现状

2015年5月1日施行的《行政诉讼法》在第二章"受案范围"第12条第1款第11项明确把行政机关不依法履行、未按照约定履行或者违法变更、

---

〔1〕　翁岳生编：《行政法》，中国法制出版社2009年版，第29页。

解除政府特许经营协议、土地房屋征收补偿协议等协议列为行政诉讼的受案范围，人民法院行政庭按照行政案件依法审理；同时实施的《最高人民法院关于适用〈中华人民共和国行政诉讼法〉若干问题的解释》第 11 条至第 16 条对行政协议案件审理的相关内容作了进一步阐释。这表明争论多年的行政契约是否存在、行政契约与民事契约的法律上认定，在现行实定法上得到了明确的承认。[1]伴随着司法实践的推动，2020 年 1 月 1 日起实施的《最高人民法院关于审理行政协议案件若干问题的规定》坚持以习近平新时代中国特色社会主义思想为指导思想、以推动建立完善政府践信守诺机制为重要目标、以强化产权保护为根本目标、以保障民营经济和社会资本合作方的合法权益为重要职责、以优化营商环境为重要使命，[2]对行政协议的定义、范围、行政协议诉讼主体资格与诉讼种类、行政协议诉讼类型的举证责任、行政机关行使优益权行为的合法性审查、行政协议效力的确认、行政协议的赔偿与补偿以及行政协议案件的强制执行等作出了相应的规定。

事实上，在秩序行政领域中，学术界关于行政契约的争论相对较少，基本上能够达成共识。而在给付行政领域中，学术界关于行政契约与民事契约的区分、认定、适用，有不同的观点。例如，有学者借鉴民法上因果关系中的近因理论（proximate cause），认为从法律适用、招商引资、对外贸易、行政权的干预、法无明文规定、产权保护以及审判业务现状等几个方面看，不能盲目扩大行政合同（行政协议）的认定、适用范围，质疑把政府招商引资合同、政府采购合同、国有建设用地使用权出让合同、探矿权转让合同、农村土地承包合同、国有企业租赁承包经营合同、经济协作合同、科技协作合同等对等合同列为行政合同的合法性、合理性、可行性。[3]还有学者也提出

---

〔1〕 在司法实践中，最高人民法院在 1999 年通过的《最高人民法院关于执行〈中华人民共和国行政诉讼法〉若干问题的解释》中将 1991 年《最高人民法院关于贯彻执行〈中华人民共和国行政诉讼法〉若干问题的意见（试行）》规定的具体行政行为的"单方性"予以模糊化，直接以行政行为代替，打开了行政契约进入行政诉讼的可能性；2004 年《最高人民法院关于规范行政案件案由的通知》明确将不履行行政契约义务作为案由。但是，这些都是司法解释的规定，并没有法律层面的依据。

〔2〕 参见"最高法就发布《最高人民法院关于审理行政协议案件若干问题的规定》举行新闻发布会"，载 http://www.china.com.cn/zhibo/content_75496710.htm，最后访问日期：2022 年 6 月 15 日。

〔3〕 参见崔建远："行政合同族的边界及其确定根据"，载《环球法律评论》2017 年第 4 期。

了国有建设用地使用权出让合同应当分割成两部分，出让合同只纳入民事权利义务关系，让行政管理方面内容另作为《告知书》的内容。[1]因此，有关行政契约的识别标准、适用范围等成为理论界与实务界争议的焦点，它关系到契约当事人双方权利救济的手段、路径、方式等问题。

大体言之，国内对行政契约法律制度的研究主要集中在以下几个方面。

第一，行政机关实施行政契约的缘由及理念。行政契约的出现、发展、推广，既是社会主义市场经济的产物，也是政府转变职能的需要，还是行政民主化的必然要求。例如，有学者指出行政契约是非权力行政方式的一种，是行政民主化潮流的必然趋势。[2]还有学者从行政契约中行政相对人的地位角度分析，指出行政契约是建立在平等的行政法律关系基础之上的，是政治、经济体制改革带来的产物，计划经济向市场经济发展，是行政主体与行政相对人双方积极配合、转变理念的生成物；也意味着行政相对人的行政权利的扩大。[3]还有学者从契约理念上来分析行政契约的本质，认为行政契约的运作是一种权力运行理念的变迁。例如，杨解君（2011）在《中国行政法的变革之道——契约理念的确立及其展开》中指出，给付行政、服务行政、合作行政的出现，使得以权力观念、权力手段和正式制度为特征的单一模式，远不能适应时代的要求。现代行政目的之实现，更多地依赖多元化的手段、弹性化的制度应用及治理观念的更新。契约观念、契约手段及契约制度则可以有效地弥补权力观念、权力手段及其制度的不足。在理念上，行政法上应实现权力理念与契约理念的整合。类似的文章还有杨勇萍、李继征的《从命令行政到契约行政——现代行政法功能新趋势》（《行政法学研究》2001年第1期），邢鸿飞的《行政契约与权力理性》（《江苏社会科学》2014年第5期），等等。

第二，行政契约与依法行政的关系。首先，行政契约具有行政性与合意性相统一的特征，体现为合同法上的意思自治与行政机关依法行政原则之间

---

[1]　参见顾吉珉："《出让合同》性质辨析"，载《中国土地》2009年第11期。

[2]　参见莫于川："非权力行政方式及其法治问题研究"，载《中国人民大学学报》2000年第2期。

[3]　参见方世荣："对当代行政法主体双方地位平等的认知——从行政相对人的视角"，载《法商研究》2002年第6期。

的调和。例如，余凌云（1998）在《依法行政理念在行政契约中的贯彻》中认为，要对依法行政理论重新进行解释，加强对行政契约行为的规范与程序规范化，以保证行政契约符合法治主义的要求。其次，行政机关在使用行政契约的过程中，受到依法行政原则的制约，这同时决定着行政契约的适用范围。例如，有学者指出行政机关对于契约的运用，可以分为禁止进入的领域（外交、军事等国家行为领域/秩序行政领域）、适宜采用契约的领域（给付）以及可以采用契约的领域（公共服务行政领域）。[1]

第三，行政契约的判断标准、合法构成要件。在行政实践中，如何判断何为行政契约？看法不一。通说一般借鉴德国法学理论，认为可以从"主体说"——合同当事人的行政主体身份、"目的说"——实现行政管理目标或为公共利益为目的及"法律关系说"——从行政法律关系的角度来判断行政契约。[2]对于行政契约的合法构成要件，有学者从契约方式使用合法、契约主体适格、意思表示真实、契约内容合法、契约缔结程序合法等几个方面进行界定。[3]

第四，行政契约中私法适用问题的探讨。在行政契约中，民法中关于合同的相关制度、理论能否完全借用或者直接适用，是一个值得分析的问题。有学者指出，行政契约的属性既有行政属性，表现为行政主体借助契约形式实现其行使行政职权的目的；又有民事属性，表现为行政主体与行政相对方的合意性。[4]这种合意性使得行政契约中有私法适用的空间。另外，如郑艳（2000）在《私法原则在行政合同制度中的适用与超越——一个认识行政合同的新视角》一文中，认为英美法系国家的行政法中没有明确的行政合同或行政契约的概念，而是像行政诉讼适用普通法中的私法规则一样，行政主体签订契约适用一般的私法规则，它意在最大限度保障契约自由和契约当事人地位平等原则，更有利于行政合同民主性的实现。在大陆法系国家，德国除适用行政程序法中规定的一系列不同于普通合同的行政合同特别规则外，都

---

〔1〕 胡敏洁："作为治理工具的契约：范围与边界"，载《中国行政管理》2015 年第 1 期。

〔2〕 杨解君、陈咏梅："中国大陆行政合同的纠纷解决：现状、问题与路径选择"，载《行政法学研究》2014 年第 1 期。

〔3〕 蔺耀昌："论行政契约撤销原因的确定"，载《行政法学研究》2005 年第 3 期。

〔4〕 张树义主编：《行政法学》，北京大学出版社 2005 年版，第 276-277 页。

适用一般的私法原则；法国则有着一套完备的行政合同理论和法律制度。还有学者认为，在行政协议案件中，行政法律规范应当优先适用，只有在没有行政法律规范规定的情况下，才可以准用民事法律规范。[1]

第五，行政契约的救济研究。行政契约中的司法救济，学界主要探讨行政契约司法审查方式、方法以及路径。例如，有学者指出行政契约司法审查有分类审查与附带审查两种方式。分类审查是针对争议问题，分清权益属性，分类分别审查，适用不同的法律规则；附带审查则是指审查行政行为合法性，同时解决与之有着内在关系的行政契约纠纷问题。[2]此外，程琥（2016）在《审理行政协议案件若干疑难问题研究》中，认为行政协议案件作为新类型案件，实践中可以从主体要件、目的要件、职责要件、内容要件四个方面来判定是行政协议或者民事合同。还有学者从审理行政协议的理念进行分析，认为应当放弃传统行政行为单向度的审查习惯和思路，在坚持合法性审查、维护公共利益的同时，还应当充分继受民法有关诚实信用、意思自治等基本原则和理念，在行政管理目标实现和私人权利保障之间实现动态平衡。[3]

第六，行政契约的体系化建构。例如，有学者从行政契约的主体制度、权利制度、行为制度、责任制度和救济制度五个方面，对我国行政合同法律制度体系进行建构。[4]事实上，我国国内大部分教科书或者论著，都试图从行政契约概念、原则、特征、程序等方面进行构建。例如，章剑生在《现代行政法基本理论》一书第17章行政合同及其程序论中，从行政合同的界说、原则与内容、程序三方面进行探讨。[5]还有学者从行政合同生成的原因、引入我国行政法的意义、内涵及运作、个案分析等层面进行分析。[6]

国外对行政契约的研究，历史较长，理论上呈现出相应的体系化，并且还有相关的实定法与行政判例的支持。故无论是英美法系中政府协议还是大

---

[1] 梁凤云："行政协议案件的审理和判决规则"，载《国家检察官学院学报》2015年第4期。

[2] 余凌云："论对行政契约的司法审查"，载《浙江学刊》2006年第1期。

[3] 耿宝建、殷勤："行政协议的判定与协议类行政案件的审理理念"，载《法律适用》2018年第17期。

[4] 江必新："中国行政合同法律制度：体系、内容及其构建"，载《中外法学》2012年第6期。

[5] 章剑生：《现代行政法基本理论》，法律出版社2008年版，第485—497页。

[6] 杨海坤、章志远：《中国行政法原论》，中国人民大学出版社2007年版，第277—288页。

陆法系中行政合同，对行政契约的研究主要体现在针对行政协议中具体制度与理论的研究。例如，英国学者认为行政契约不能限制行政自由裁量权的行使，也就是说，政府无权束缚它未来的行政活动，契约不能妨碍政府在涉及国家公共利益事件上的行动自由；美国学者在政府契约中也主张相应特权，不过，这种特权是在合同条款中明确规定的；德国学者 Obermayer 针对行政契约的性质进行分析，其认为行政契约本质上是合意规律之方式，行政契约之承认，使得行政机关得与人民透过合意的方式，就公法强制规定外的事项予以补充，确保法安定与行政效率；Maurer 则对行政契约种类进行详细的分析，如对等关系契约与隶属关系契约、负担契约与处分契约等；法国学者 Brenet 教授认为，行政契约制度是建立在有别于私法的逻辑上，且是以公共服务特许作为起点而呈现出无可否认的特点；Péquignot 教授指出，行政契约应当建立起公共服务目的之优位性，行政契约的特殊性来自公共服务之专有法则的内化；日本学者藤田宙靖教授等认为行政契约直接将私人作为相对人，而且是将依法行政原理中的法律优越原则全面运用；等等。

综上，从国内外已有的研究来看，国内对域外行政契约相关法律制度的研究主要都是与相关行政契约制度较发达国家的比较研究与经验借鉴，多注重共性，而忽视了各个国家的个性思维。也就是说，"橘生淮南则为橘，生于淮北则为枳"，[1] 各国关于行政契约的制度运用与理论思考都是与其本国的经济、政治、文化等紧密相连。因此，我们要结合中国的发展实践，吸收国外关于行政契约的成功制度与理念，进行相应的本土化改造，为我所用，而不是盲目地直接移植，造成水土不服、不接地气。

三、研究内容

《法治政府建设实施纲要（2015—2020 年）》强调，"经过坚持不懈的努力，到 2020 年基本建成职能科学、权责法定、执法严明、公开公正、廉洁高效、守法诚信的法治政府"。《法治政府建设实施纲要（2021—2025年）》则进一步指出，"把法治政府建设放在党和国家事业发展全局中统筹谋划，加快构建职责明确、依法行政的政府治理体系，全面建设职能科学、

---

[1]《晏子春秋·杂下之十》。

权责法定、执法严明、公开公正、智能高效、廉洁诚信、人民满意的法治政府，为全面建设社会主义现代化国家、实现中华民族伟大复兴的中国梦提供有力法治保障"。在此背景下，政府管理社会的方式发生巨大的变化，从传统的单向度"管理—服从"向"合作—共赢"的模式演进。政府不仅使用权力性行政行为监管社会、个人，而且也大量使用非权力性行政行为，如行政契约、行政指导等，在合作行政、服务行政、参与行政的背景下与社会、个人达成一种动态的契合。

在行政实践中，治理方式呈现出多样化趋势，行政机关除了作出具有针对具体事件的行政行为，也常使用契约方式管理、服务社会与个人。行政机关使用契约是一种管理、执法方式，同时也是一种服务方式。"国家是为人民而存在"，行政机关使用契约行为，其根本目的是公共利益、实现公共安宁、秩序与服务。由于行政机关在不同的法律关系中，其所处法律地位并不一致，所受到法律法规的规制也各不相同。例如，行政机关在民事法律关系中与公民、法人、其他组织意思一致，所缔结的就是民事契约；而在行政法律关系中与公民、法人、其他组织意思一致，所缔结的就是行政契约。行政机关在民事契约中与行政契约中所拥有的权利并不一致。在行政契约中，特别是在公私协力（Public-Private Partnerships）过程中，行政机关所享有的行政利益权、单方变更权等权利是在民事契约中所无法想象的。因此，在实践中，行政机关常使用契约方式逃避依法行政原则的控制，出现了所谓"贩卖公权力"的问题。另外，我国目前的实定法对行政契约虽有界定但是并不明确。

本书主要研究的是，到底行政机关何种类型的行为是契约？如果是契约，究竟是民事契约还是行政契约？在行政契约中到底有多大程度能够借鉴民事契约相关的制度？行政契约之诉与民事合同的纠纷有何区别？行政契约之司法审查问题？行政契约的救济路径的特点？等等。此外，还需要注意的是，行政契约与公法契约不能完全画等号。我们认为行政契约是公法契约（Public Contract）的组成部分，主要涉及的是行政主体之间、行政主体与行政相对人之间就行政法上的权利义务所订立的协议，属于狭义的公法契约。[1]

---

〔1〕　需要指出的是，本文语境中的行政契约、行政合同、行政协议等不同语词的内涵是一致的。

实际上，公法契约包括国际法、宪法领域中的条约、行政协定等，刑事法领域中刑事和解协议、认罪认罚具结书等，行政法领域中的行政契约，等等。[1]

四、研究方法

在本书撰写过程中，主要运用了以下手段和方法。

第一，文献分析方法。将主要通过对国内外相关文献的分析研究域外典型国家和地区的行政契约法律制度，并总结研究我国的行政契约的行政与司法实践。

第二，历史的研究方法。历史的研究方法需要对事物的发展作纵向的观测，通过对各种现存的文献资料进行分析探讨，把握相关的法律现象在历史上如何产生、产生的条件、产生的原因、未来发展的走势等，使我们了解法律制度的背景、总结历史经验。本文采用历史的研究方法，分析行政契约的发展历程，对行政契约的前世今生进行探讨，阐明行政契约出现的必然性。

第三，比较分析法。法学研究中经常使用比较法的观点去观察、分析域外的相关理论、制度。笔者通过对不同国家、地域有关行政契约制度、理论等方面的比较探究，有助于更好地改善与促进我国的行政契约相关制度。

第四，案例分析法。笔者通过对我国行政与司法实践的有关案例进行总结分析，试图对我国行政契约制度与理论进行系统性的构建，为公民的自身合法权利的维护提供相应的解决路径。

---

[1] 有学者有类似的观点，认为行政契约与公法契约的概念仍宜区别。行政契约为公法契约上的一种，但公法契约尚包括其他，例如，刑事诉讼法上的协议、国际法上的契约、行政契约等。参见 Stelkens，§54 Rn 31 ff，转引自林锡尧：《行政法要义》，三民书局 1999 年版，第 378-379 页。

第一章

行政契约之发展

  人类社会的进步，在本质上是一种"从身份到契约"[1]的动态演进过程。在这个过程中，契约作为自由意志表达的合意性手段，呈现出快速发展的趋势。在经济生活、社会交往中，人们经常运用契约的方式去实现自己的利益，达成自己的目的。行政契约的出现是经济发展的必然产物，是社会前进的客观要求。事实上，行政契约是私法上的契约形式在公法领域的运用。在我国，随着改革开放的深入，政府职能的转变，行政机关使用契约手段，履行行政职责，维护公共利益，已经逐渐成为常态。故而，本章着重讨论行政契约的产生、形成、壮大、发展的过程，以及我国目前行政契约应用的状况。

第一节　行政契约的历史沿革

  行政契约缘起于民事契约。在契约自身的历史发展进程中，行政契约（公法契约）与民事契约（私法契约）经历了统一、区分、融合的阶段。伴随着经济的发展、社会的进步、时代的呼唤，行政契约在政府监管中逐渐呈现为从原来的抵触到接受，这意味着社会治理的理念、模式、手段、方式等发生了潜在的变化。

一、从民事契约到行政契约的变迁

（一）域外行政契约的演进历程

  行政契约在大陆法系与英美法系各有其自身的发展轨迹。其演变的历程

———————————

  〔1〕　〔英〕梅因：《古代法》，沈景一译，商务印书馆1996年版，第97页。

与各国的经济条件、历史渊源、文化背景等有密切的关系。在大陆法系中，行政契约是由民事契约逐渐演化出来，本质上是私法上的合意手段（契约形式）在公法应用。在英美法系中，契约虽然并不区分民事契约与行政契约，但是也承认政府合同（government contract）的特殊性。两大法系关于行政契约的理论、制度等方面是相互吸收、相互影响、相互借鉴的。

1. 大陆法系中的行政契约

在大陆法系中，行政契约的发展是从糅合走向分化。虽然，早在古罗马时期，罗马人就认为法律分为公法与私法，其中公法是涉及罗马的帝国的政体，私法则涉及个人利益。[1]但是，罗马法学家们最关注的是私法。这是因为罗马的私法比公法发达，体现了商品经济的一般规律，是简单商品经济高度发展的产物，并且建立了一套完善的私法体系。[2]契约是债的一部分。罗马法中的契约（contractus）是指两个以上当事人的意思合致（conventio），目的在于设立、变更、保护或消灭某种法律关系，是最为常见、最为普遍的一种债权关系。[3]查士丁尼《学说汇纂》将协议（契约）（Conventio）分为国际协定、公法协定和私法协定三种。[4]这表明，在罗马法中，官方承认了行政契约的存在。然而，由于罗马人的"公法不得被私人简约所变通"（Ius publicum privatorum pactis mutari non potest）、"私人协议不变通公法"（privatorum conventio iuri publico non derogat）[5]等固有观念的影响，[6]关于行政契约的分析、讨论、研究并不发达。事实上，"公法不在《法学阶梯》和《学说汇纂》探讨之列，因此那些注释性的罗马法著作也对公法略而不论"。[7]因此，民事契约的相关内容成为当时学者们的关注点，而行政契约则少有人问津。

---

〔1〕 参见［古罗马］查士丁尼：《法学总论——法学阶梯》，张企泰译，商务印书馆1989年版，第6页。

〔2〕 参见周枏：《罗马法原论（上册）》，商务印书馆1994年版，第9页。

〔3〕 参见江平、米健：《罗马法基础》，中国政法大学出版社1987年版，第236页。

〔4〕 参见法学教材编辑部《罗马法》编写组编写：《罗马法》，群众出版社1983年版，第222页。

〔5〕 参见［意］彼得罗·彭梵得：《罗马法教科书》，黄风译，中国政法大学出版社2005年版，第10页。

〔6〕 例如，乌尔比安在《论告示》第30条明确指出，私人间的协议不能修改公法。

〔7〕 ［美］艾伦·沃森：《民法法系的演变及形成》，李静冰、姚新华译，中国法制出版社2009年版，第190页。

继承罗马法衣钵的大陆法系代表性国家——法国、德国等对行政契约相关的理论、制度有了极大的发展。一般来说，与民法相比，行政法作为部门法为后起之秀，其真正的兴起是在 19 世纪以后。在实践中，行政法中的许多概念、规则、原则，都是从"公共利益"这一总的要求出发由私法中借鉴来的，虽然许多法律概念、规则或原则，首先出现在私法中，但是，以后已发展为公私法共同适用的概念、规则或原则。[1]同样，行政契约的概念、规则、原则等方面也借鉴了民事契约中相关内容。在法国，行政机关可以在与私法上契约相同的条件下签订民事合同，由普通民事法院来管辖；也可以签订行政契约，受到公法调整由行政法院来处理。也就是说，除了公共工程合同、国有不动产的出售、为清偿债务等进行拍卖、包含占有公共领地的契约、国家的公债契约等恒属于行政契约，其他情形下行政机关可以选择民事合同或者行政契约去履行行政职责。[2]按照法国公法学家狄骥的观点，伴随着公法理论中主权理论的衰落以及公共服务理论的兴起，表现为公法契约与私法契约都具有同样性质的法律行为；或者就是说在公法与私法之间没有区别，国家就完全如那些受到契约约束的个人一样，受到自己订立契约的约束。[3]进而言之，虽然法国行政契约的发展受到行政法院判例制度的制约，但是行政契约还是要借用、转换民事合同的相关理论、制度、法律。例如，契约自由原则也是行政合同的重要原则，虽然法国出售商品法（Code des Marches）对自由契约原则给予一定的法律限制。[4]在德国，行政法之所以能够建立，与借鉴法国行政法的相关体系、制度、理论等不无关系。正如有学者指出，现代德国行政法研究开始于 1886 年的奥托·迈耶（Otto Mayer）的名作《法国行政法理论》，他的作品本质上更归功于法国比较法结构而不是德国的任何行政实践。[5]与法国相比，德国行政机关在实施行政契约手段时有 1974 年《联邦德国行政程序法》第 54—61 条的实定法的支持，并且第

---

〔1〕　参见沈宗灵：《比较法研究》，北京大学出版社 1998 年版，第 109 页。

〔2〕　参见［法］古斯塔夫·佩泽尔（Gustave Peiser）：《法国行政法》，廖坤明、周洁译，国家行政学院出版社 2002 年版，第 82-83 页。

〔3〕　参见［法］莱昂·狄骥：《公法的变迁》，郑戈译，商务印书馆 2013 年版，第 133-136 页。

〔4〕　参见龚祥瑞：《比较宪法与行政法》，法律出版社 2003 年版，第 482 页。

〔5〕　See B. Grossfeld, "The Strength and Weakness of Comparative Law" (1990), p. 27.

62 条规定了补充适用联邦行政程序法的其他规定和民法典的相应规定。[1]事实上，德国与法国对于行政契约适用的范围、行政主体在契约中特权的类型、行政诉讼的救济路径等方面有区别，这与法国行政法是判例法、德国行政法是行政立法路径依赖有重大联系。在实践中，德国的行政机关可以采取私法的方式，实现国家的目的，这可以称为行政私法行为。例如，在德国，行政机关与行政相对人关于公共工程建设、提供公共服务等所成立的契约，一般被认为是私法性质的契约。

大体言之，大陆法系行政契约的相关内容取法于民事契约，这与罗马私法的发达不无关系，因为，罗马私法"是商品生产者社会的第一个世界性法律"；[2]同时，也与各国的经济、政治、文化等方面有着密切联系。

2. 英美法系中的政府合同

如前所述，在 17—19 世纪历史条件下兴起的民法法系国家的公法，实际上是与以英美两国为代表的普通法法系国家公法相互影响、并行发展的。例如，英国合同法中关于过去的规则就受到传统罗马法概念的影响。[3]虽然，在传统观念上人们通常认为普通法系既调整私人之间的纠纷，也调整公权力主体与私人之间的纷争，当然适用统一的法律体系。例如，英国著名学者戴西（A. V. Dicey）直到 1885 年仍然认为行政法是法国的制度，是行政法院给予官吏特殊保护的制度，和英国法治原则不相容，在英国，一切人受同一法院和同一法律管辖，没有行政法存在。[4]然而，值得玩味的是，尽管在英美法系中没有行政契约或者行政合同的概念，可是当某些案件涉及王国政府、政府部门或者公共公司时，确实适用了一些特殊的规则，只不过这些规则并没有被纳入一个原则中，即国家可以免于适用那些仅仅是为"私人关系"制定的规则。[5]

---

〔1〕 参见［德］哈特穆特·毛雷尔：《行政法学总论》，高家伟译，法律出版社 2000 年版，第 343 页。

〔2〕 ［德］恩格斯："路德维希·费尔巴哈和德国古典哲学的终结"，载《马克思恩格斯选集（第 4 卷）》，人民出版社 2012 年版，第 248 页。

〔3〕 See "Common Law", in "Encyclopedia Britannica", Vol. 4, p. 1000.

〔4〕 参见王名扬：《英国行政法》，中国政法大学出版社 1987 年版，第 267 页。

〔5〕 参见［法］勒内·达维：《英国法与法国法：一种实质性比较》，潘华仿、高鸿钧、贺卫方译，清华大学出版社 2002 年版，第 83 页。

在英国，政府合同原则上适用统一合同法的相关规定，并不区分行政契约与民事合同。例如，关于当事人的缔约能力、合同条款、合同履行、合同终止、违约赔偿等事项。但是，伴随着福利行政的发展，政府逐渐采用契约方式作为社会治理的有力工具，推动公共利益的实现。"换句话说，私法上的契约模式完全可能适于达成公法上的特定目的。"[1]事实上，由于公私法二元的潜在对立，英国对于政府合同还是作出了特别规定。例如，1972 年的《英国应用研究合同条例》、1973 年的《英国公正交易法》、1978 年的《英国不公正合同条款法》等都对政府合同作了一些规定，来推行其政策。[2]特别是在契约作为政府治理手段的背景下，政府合同相较于一般私法契约就有其独特之处。例如，强制性竞争投标（compulsory competitive tendering）与行政特许（public franchising），其中强制性竞争投标除了遵循控制整个投标过程的政府采购规制，还应当出于公共目的公开进行竞争活动；而行政特许中程序价值凸显，这表现在公开透明、公平合理的规定包含在相关制度设计中。[3]

在美国，政府合同也受到契约法的规制。例如，在契约的形成过程中，约因仍为必要要件之一，特别是在非正式之约定（informal promises）方面。[4]此外，美国政府出于追求效率以及节省成本的需要，通过契约外包的方式，购买第三方服务，实施政府职能私有化。[5]不过，美国的政府合同也有其自身特别之处。例如，行政机关在进行个人记录的电脑匹配时，必先在来源机关和接收机关之间签订一个书面的匹配合同（matching agreement）。该匹配合同必须由本机关内部监督电脑匹配活动的机关（资料完整委员会）批准；并且规定行政机关必须把它的匹配合同呈报国会；同时也规定公众有权了解和得到合同，作为公众监督行政机关进行电脑匹配的一种手段。[6]

---

〔1〕 ［英］卡罗尔·哈洛、理查德·罗林斯：《法律与行政（上卷）》，杨伟东、李凌波、石红心、晏坤译，商务印书馆 2004 年版，第 407 页。

〔2〕 参见罗豪才、湛中乐主编：《行政法学》，北京大学出版社 2006 年版，第 278 页。

〔3〕 参见［英］卡罗尔·哈洛、理查德·罗林斯：《法律与行政（下卷）》，杨伟东、李凌波、石红心、晏坤译，商务印书馆 2004 年版，第 481-555 页。

〔4〕 参见杨桢：《英美契约法论》，北京大学出版社 2007 年版，第 165 页。

〔5〕 参见李训民："公法契约之控制——从公私合伙架构谈起"，载《行政法学研究》2012 年第 1 期。

〔6〕 参见王名扬：《美国行政法（下）》，中国法制出版社 1995 年版，第 1100-1105 页。

综上，虽然英美法系中政府合同适用普通合同法的相关内容，但是，在公私法二元分立的潜在背景下，政府合同还是有其与私法契约的相区别之处。这种区别本质上是公共利益与私人利益之间如何动态衡量的过程。

（二）我国行政契约的发展过程

我国古代关于"契约"与"合同"的概念并不完全一致。例如，有学者通过整理清代的契约文书指出，"单契"与"合同"的区别表现为是否体现为平等的具体关系，并认为契约与合同是上下位关系。[1]但是，随着人们日常经常交替使用"合同"与"契约"，两者的概念基本上趋于一致。在先秦时期，契约又称为傅别、质剂等，主要指的是民事上借贷、买卖合同，不过，也有类似于行政契约的例子。譬如，春秋时期晋国赵鞅与卿大夫订立的侯马盟约。在中古时期，为了维护国家自身利益的最大化，在涉及国家财产的买卖契约时，多采取不同于普通民事契约的手段、类型。以我国宋代为例，在涉及官产出卖的时候，宋代常采取所谓的情愿公开竞争的缔约方式，防止地方官员利用职权损公肥私、侵害国家利益。[2]在明清时期，我国不少地方也出现了官府委托地方乡绅调解民间纠纷（包括刑事和解在内）、形成调解协议的情况。如我国徽州地区，政府对当地家族尊长进行授权，行使对其家族及相应社会的管理权，对于一些本应当由官府主持处理的事务都由其代为处理，在文书《咸丰二年方镇洪等人立遵劝和睦文约》中，解决的就是宗族之间伤害致死引发的纠纷。[3]经上分析观之，我国古代出现类似行政契约性质的契约，还是屡见不鲜，只不过是有实无名而已。

事实上，真正逐渐出现、形成、使用行政契约的时期，还是近代以来，

---

〔1〕 参见俞江："'契约'与'合同'之辨——以清代契约文书为出发点"，载《中国社会科学》2003年第6期。

〔2〕 参见高玉玲："宋代契约的'情愿'法及解读——以买卖契约为中心的考察"，载《兰州学刊》2015年第6期。

〔3〕 该文书内容是调解人方镇洪、方镇顺的堂兄方灶玄与族叔方时院发生争执，方灶玄一时愤怒，失手打死了方时院的儿子方冒手，应当属于伤害致死人命的刑事案件。参见田涛："徽州地区民间纠纷调解契约初步研究"，载《上海政法学院学报（法治论丛）》2009年第1期。但是，笔者认为该文书应当属于公法类契约文书，因为，调解人本质上是官府授权的代表，而且涉及了社会治安秩序这一公共利益。

西风东引，因为，甚至于连"契约"这个词语都来自近邻日本。[1]民国时期，早期的行政法学者如白鹏飞、徐仲白、马君硕等借鉴吸收德日行政法理论，都明确认可实践中存在着行政契约，行政契约是与行政处分相并列的一种行为类型，只不过对于行政契约的适用范围理解有一定的差异。例如，学者范扬认为行政主体之间签订行政契约，除了法律有明确限制，都可以自由订立；而私人之间订立行政契约，则要法律明确授权才可以签署。[2]此外，我国台湾地区学者也都赞同行政契约的存在，只是对于行政契约的性质、种类、范围、特征等事项理解有所差异而已。事实上，我国台湾地区"行政程序法"第 135 条的规定，[3]已经充分表明了行政契约实定法中的存在。

　　中华人民共和国成立以来，我国在计划经济中出现了不少的行政契约。例如，从 1953 年到 1992 年，关于粮食的统购统销合同。但是，当时也是有实无名，即没有明确的行政契约概念。改革开放后，我国在 1982 年《民事诉讼法（试行）》第 3 条第 2 款就规定："法律规定由人民法院审理的行政案件，适用本法规定。"然而，其时，具有公法性质的合同纠纷都是按照民事合同以民事诉讼的形式来审理。在民事实体法领域中，1987 年施行的《民法通则》第 2 条、第 50 条、第 91 条、第 116 条、第 121 条等法条，明确指出了国家机关、事业单位和社会团体法人可以在平等法律地位的基础上签订民事合同，但是，这里并没有排除不可以签订具有公法性质的合同。[4]

―――――――――

　　〔1〕　参见俞江："近代中国法学语词的形成与发展"，载中南财经政法大学法律史研究所编：《中西法律传统（第一卷）》，中国政法大学出版社 2001 年版，第 35-45 页。

　　〔2〕　参见范扬：《行政法总论》，中国方正出版社 2005 年版，第 272-275 页。

　　〔3〕　我国台湾地区"行政程序法"第 135 条规定，公法上的法律关系得以契约设定、变更或消灭之。但依其性质或法规规定不得缔约者，不在此限。

　　〔4〕　1987 年《民法通则》第 2 条规定，中华人民共和国民法调整平等主体的公民之间、法人之间、公民和法人之间的财产关系和人身关系。第 50 条规定，有独立经费的机关从成立之日起，具有法人资格。具备法人条件的事业单位、社会团体，依法不需要办理法人登记的，从成立之日起，具有法人资格；依法需要办理法人登记的，经核准登记，取得法人资格。第 91 条规定，合同一方将合同的权利、义务全部或者部分转让给第三人的，应当取得合同另一方的同意，并不得牟利。依照法律规定应当由国家批准的合同，需经原批准机关批准。但是，法律另有规定或者原合同另有约定的除外。第 116 条规定，当事人一方由于上级机关的原因，不能履行合同义务的，应当按照合同约定向另一方赔偿损失或者采取其他补救措施，再由上级机关对它因此受到的损失负责处理。第 121 条规定，国家机关或者国家机关工作人员在执行职务中，侵犯公民、法人的合法权益造成损害的，应当承担民事责任。

1981 年 12 月 13 日通过的、1993 年 9 月 2 日修正的《经济合同法》第 11 条规定了："国家根据需要向企业下达指令性计划的，有关企业之间应当依照有关法律、行政法规规定的企业的权利和义务签订合同。"这种经济合同为典型的行政契约，在当时属于民事诉讼的范畴。此外，1987 年 11 月 1 日起施行的《技术合同法》第 7 条规定的非专利技术成果推广使用合同，也属于行政契约的一种类型，但还是通过民事诉讼解决纠纷。[1]虽然 1999 年的《合同法》在第 38 条单独规定了："国家根据需要下达指令性任务或者国家订货任务的，有关法人、其他组织之间应当依照有关法律、行政法规规定的权利和义务订立合同。"但是，该法并没有认定这种合同是不同于传统的民事合同的行政契约。

为此，针对这种现象，行政法学界提出了不同的看法，认为 1999 年《合同法》无法全面涵盖、阐释具有公法性质的行政契约。例如，有学者指出国有土地使用权出让合同，全民所有制工业企业承包、租赁合同，国家订货合同等与普通民事合同确有其独特之处，表现在：缔约的主体——行政主体、缔约的目的——履行行政职责、缔约的内容——行政优益权等。[2]事实上，如从广义的实定法角度看，最先真正明确行政契约作为行政行为一种类型的，还是 2004 年 1 月 14 日最高人民法院发布的《最高人民法院关于规范行政案件案由的通知》。其后，不少地方政府的规章都明确了行政契约。[3]譬如，2008 年《湖南省行政程序规定》第 15 条就明确规定了区域行政合作协议，第 93 条至第 98 条规定了行政合同的概念、适用事项、遵循的原则、订立的方式、采用的形式等内容。[4]

---

〔1〕《技术合同法》第 7 条规定，国务院有关主管部门和省、自治区、直辖市人民政府、根据国家利益或者社会公共利益的需要，对本系统或者管辖范围内的全民所有制单位的具有重大意义的非专利技术成果，有权决定在指定的单位中推广使用。使用单位对该项技术成果负有保密责任。使用单位应当按照双方协议支付使用费；双方不能达成协议的，由作出决定的机关确定合理的使用费。集体所有制单位或者个人的非专利技术成果，对国家利益或者社会公共利益具有重大意义，需要推广使用的，由国务院有关主管部门报国务院批准后，参照上款规定办理。

〔2〕参见刘莘："行政合同刍议"，载《中国法学》1995 年第 5 期。

〔3〕湖南、山东、西安等省市制定了涉及行政合同的地方性政府规章。

〔4〕2008 年《湖南省行政程序规定》第 15 条规定，各级人民政府之间为促进经济社会发展、有效实施行政管理，可以按照合法、平等、互利的原则开展跨行政区域的合作。区域合作可以采取签订合作协议、建立行政首长联席会议制度、成立专项工作小组、推进区域经济一体化等方式进行。上级人民政府应当加强对下级人民政府之间区域合作的组织、指导、协调和监督。第 93 条规定，本规定所称行政合同，是指行政机关为了实现行政管理目的，与公民、法人或者其他组织之间，经双方

党的十八大以来，党和政府明确提出了转变政府职能，创新行政管理方式，增强政府公信力和执行力，建设法治政府和服务型政府，实现国家治理体系和治理能力现代化。[1]这就要求对行政主体运用行政契约的手段履行行政职责依法进行规制。故而，2015 年 5 月 1 日起施行的《行政诉讼法》第 12 条、第 78 条，把行政协议作为行政诉讼的受案范围，并规定相应的判决方式。2015 年 4 月 22 日，最高人民法院也公布了《最高人民法院关于适用〈中华人民共和国行政诉讼法〉若干问题的解释》。[2]该解释第 11 条至第 16

（接上页）意思表示一致所达成的协议。行政合同主要适用于下列事项：（1）政府特许经营；（2）国有土地使用权出让；（3）国有资产承包经营、出售或者出租；（4）政府采购；（5）政策信贷；（6）行政机关委托的科研、咨询；（7）法律、法规、规章规定可以订立行政合同的其他事项。第 94 条规定，订立行政合同应当遵循竞争原则和公开原则。订立行政合同一般采用公开招标、拍卖等方式。招标、拍卖适用《招标投标法》《拍卖法》《政府采购法》等有关法律、法规、规章规定。法律、法规、规章对订立行政合同另有规定的，从其规定。第 95 条规定，行政合同应当以书面形式签订。第 96 条规定，行政合同依照法律、法规规定须经其他行政机关批准或者会同办理的，经过其他行政机关批准或者会同办理后，行政合同才能生效。第 97 条规定，行政机关有权对行政合同的履行进行指导和监督，但是不得对当事人履行合同造成妨碍。第 98 条规定，行政合同受法律保护，行政机关不得擅自变更或者解除。

〔1〕　参见《中共中央关于全面深化改革若干重大问题的决定》第四部分、《中共中央关于全面推进依法治国若干重大问题的决定》第一部分等。

〔2〕　2015 年《最高人民法院关于适用〈中华人民共和国行政诉讼法〉若干问题的解释》第 11 条规定，"行政机关为实现公共利益或者行政管理目标，在法定职责范围内，与公民、法人或者其他组织协商订立的具有行政法上权利义务内容的协议，属于行政诉讼法第十二条第一款第十一项规定的行政协议。公民、法人或者其他组织就下列行政协议提起行政诉讼的，人民法院应当依法受理：（一）政府特许经营协议；（二）土地、房屋等征收征用补偿协议；（三）其他行政协议"。第 12 条规定，"公民、法人或者其他组织对行政机关不依法履行、未按照约定履行协议提起诉讼的，参照民事法律规范关于诉讼时效的规定；对行政机关单方变更、解除协议等行为提起诉讼的，适用行政诉讼法及其司法解释关于起诉期限的规定"。第 13 条规定，"对行政协议提起诉讼的案件，适用行政诉讼法及其司法解释的规定确定管辖法院"。第 14 条规定，"人民法院审查行政机关是否依法履行、按照约定履行协议或者单方变更、解除协议是否合法，在适用行政法律规范的同时，可以适用不违反行政法和行政诉讼法强制性规定的民事法律规范"。第 15 条规定，"原告主张被告不依法履行、未按照约定履行协议或者单方变更、解除协议违法，理由成立的，人民法院可以根据原告的诉讼请求判决确认协议有效、判决被告继续履行协议，并明确继续履行的具体内容；被告无法继续履行或者继续履行已无实际意义的，判决被告采取相应的补救措施；给原告造成损失的，判决被告予以赔偿。原告请求解除协议或者确认协议无效，理由成立的，判决解除协议或者确认协议无效，并根据合同法等相关法律规定作出处理。被告因公共利益需要或者其他法定理由单方变更、解除协议，给原告造成损失的，判决被告予以补偿"。第 16 条规定："对行政机关不依法履行、未按照约定履行协议提起诉讼的，诉讼费用准用民事案件交纳标准；对行政机关单方变更、解除协议等行为提起诉讼的，诉讼费用适用行政案件交纳标准。"

条对行政协议的定义、范围、起诉的时效或期限、法律适用、判决、费用作了进一步的细化与明确。不过,2018 年 2 月 8 日起施行的《最高人民法院关于适用〈中华人民共和国行政诉讼法〉的解释》第 163 条规定,已经将 2015 年 5 月 1 日起施行的《最高人民法院关于适用〈中华人民共和国行政诉讼法〉若干问题的解释》予以废止。伴随着中共中央、国务院《关于完善产权保护制度依法保护产权的意见》与《优化营商环境条例》的出台,[1] 2019 年 11 月 27 日,最高人民法院公布了《最高人民法院关于审理行政协议案件若干问题的规定》,该司法解释共 29 条,对行政协议的定义、范围、行政协议诉讼主体资格与诉讼种类、行政协议诉讼类型的举证责任、行政机关行使优益权行为的合法性审查、行政协议效力的确认、行政协议的赔偿与补偿以及行政协议案件的强制执行等作出了相应的规定。

综上所述,在实践中,我国的行政契约长期存在,只不过经历了从有实无名到有实有名的发展历程。

二、行政契约的适用:从拒绝到接纳

伴随着社会治理方式的转变,传统的高权行政已经无法满足国家治理的需求,因而,作为非强制执行的方式——行政契约逐渐在行政实践中广泛应用。虽然早期有行政法学者质疑,认为契约形式无法适用到行政法领域,但是,时代的变迁、社会的需求使得行政契约应运而生。

---

〔1〕《关于完善产权保护制度依法保护产权的意见》在第 7 条"完善政府守信践诺机制"中明确:"大力推进法治政府和政务诚信建设,地方各级政府及有关部门要严格兑现向社会及行政相对人依法作出的政策承诺,认真履行在招商引资、政府与社会资本合作等活动中与投资主体依法签订的各类合同,不得以政府换届、领导人员更替等理由违约毁约,因违约毁约侵犯合法权益的,要承担法律和经济责任。因国家利益、公共利益或者其他法定事由需要改变政府承诺和合同约定的,要严格依照法定权限和程序进行,并对企业和投资人因此而受到的财产损失依法予以补偿。对因政府违约等导致企业和公民财产权受到损害等情形,进一步完善赔偿、投诉和救济机制,畅通投诉和救济渠道。将政务履约和守诺服务纳入政府绩效评价体系,建立政务失信记录,建立健全政府失信责任追究制度及责任倒查机制,加大对政务失信行为惩戒力度。"《优化营商环境条例》第 31 条规定:"地方各级人民政府及其有关部门应当履行向市场主体依法作出的政策承诺以及依法订立的各类合同,不得以行政区划调整、政府换届、机构或者职能调整以及相关责任人更替等为由违约毁约。因国家利益、社会公共利益需要改变政策承诺、合同约定的,应当依照法定权限和程序进行,并依法对市场主体因此受到的损失予以补偿。"

（一）转变的原因

行政契约在行政实践中已渐趋成为与具体行政行为并驾齐驱的行为方式之一。细言之，就是从限制行政机关缔结行政契约到鼓励行政机关用行政契约替代、交换具体行政行为。这种适用的转变有以下几个原因。

一是国家治理角色的变化。传统的国家形象是所谓的"守夜人"角色。在这种角色规制下，国家只要维护社会秩序安定、公共治安安全就足矣。因此，国家在行政管理的过程中，对于私人的经济、社会活动领域，尽量减少干预、控制，让其在竞争的条件下自由发展。国家的监管限制在国防、治安、租税等秩序行政领域中，多采用具有外部拘束力、法律上强制力的单方行政行为，而具有协商、合意性质的行政契约则适用较少。与之相对应的是，现代国家从传统的秩序行政向给付行政演进，国家的角色是"服务的提供者"。在此种背景下，国家的积极性、主动性增强，可以采取行政契约、行政指导、行政奖励等多种手段完成自己的公共服务职能。其中，行政契约以其提升人民地位与加强保护权利、补充及取代单方高权行为、减少行政成本增进行政效率的优势，[1]逐渐受到了高度重视。

二是人民主体地位的崛起。国家的存在是为了人民。在国家与人民缔结行政契约时，双方之间是在平等的法律地位上进行博弈，此种情形意味着人民主体地位的提高，即人民不再只是单纯的统治客体，而是民主参与的主体体现。尤其是在国家从管理向治理转变的过程中，必然要求国家与人民之间的互动性，这表现为人民与国家携起手来共同参与治理，而行政契约就是参与的平台。正如有学者指出，作为社会—控制体系的治理就是政府与民间、公共部门与私人部门的合作与互动。[2]这就意味着代表国家的行政主体可以在行政契约这个虚拟的平台之上，与行政相对人合作、协商、讨论，共同推进对社会公共事务的管理，以期实现行政目的与私人需求的共赢。

三是行政契约理论的更新。行政契约的适用需要解决的理论问题是依法行政原则与契约自由之间的软性冲突。人们之所以对行政契约的适用质疑，主要是担心行政主体采用契约时会逃避依法行政原则的拘束，出现"公法遁

---

〔1〕　参见李惠宗：《行政法要义》，元照出版有限公司 2007 年版，第 384—385 页。

〔2〕　俞可平主编：《治理与善治》，社会科学文献出版社 2000 年版，第 3 页。

入私法"的现象。因为，依法行政原则不但要求行政主体作出行政行为时，应当符合法律规定，而且只有在法律授权的范围下，才可以实施。而契约自由原则要求当事人在缔结契约时不受外界的干涉，自主、自愿地与他人签订合同，行政主体采用契约手段可能逃避法律监督。[1]事实上，行政主体落实依法行政原则是公共利益的必然要求，至于实施行政契约并不是规避依法行政原则，而是实现依法行政目标的另一种方式而已。进而言之，行政主体不论是作出具体行政行为还是缔结行政契约，均应当受到依法行政原则的拘束（至少受到法律优位原则的拘束）。[2]

四是执法理念的进步。在传统的执法过程中，行政主体为了公共利益的快速实现，往往追求"短平快""高效率"的执法效果，常会造成与行政相对人的正面冲突，使得社会矛盾尖锐、执法成本激增，反而造成了执法效率的低下。在行政民主化的趋势下，行政主体采用契约手段与行政相对人达成和解协议，找到公共利益与私人利益的结合点，能够在一定程度上缓解双方冲突、解决双方矛盾，提高了执法效果的实效化，增进了执法的和谐性。[3]事实上，行政主体若选择适用行政契约的方式，对权力型的行政行为而言，能够减少其命令与强制的色彩，使得人民对于涉及本身权利义务的事项有参与的机会，进而提高人民协助推动国家行政事务的责任感。[4]这使得国家与人民之间各得其所、各尽其力，形成安定有序的社会和谐状态。因此，执法从"效率"向"和谐"转变的理念，使得行政契约的适用有了广阔空间。

（二）转变的表现

在现代法治国家中，服务行政、合作行政的理念深入人心，要求政府主动作为、积极作为的呼声成为时代的潮流。因而，瘦身国家、担保国家、合

---

〔1〕 关于调和依法行政与行政契约的理由，大致有：自愿阻却违法；依法行政原则中法律保留的类别；行政法规的性质；裁量概念；将行政法分为行为法与机关法，机关法范畴内可以缔结行政契约，不如行为法严格；公法私法契约一体看待，契约自由与受法律羁束并非绝对不相容的概念等。参见吴庚：《行政法之理论与实用》，中国人民大学出版社 2005 年版，第 265-267 页。

〔2〕 参见林锡尧：《行政法要义》，三民书局 1999 年版，第 378 页。

〔3〕 和谐的本质是各得其所，"为人诚实，不损害别人，给予每个人他应得的部分"，这也是法律所追求的目标之一。参见［古罗马］查士丁尼：《法学总论——法学阶梯》，张企泰译，商务印书馆 1989 年版，第 6 页。

〔4〕 参见罗传贤：《行政程序法论》，五南图书出版股份有限公司 2004 年版，第 265 页。

作国家，以及活化国家等理念都应运而生。这就形成行政领域不断扩张导致行政任务与行政权限的扩大，进而使得行政行为的方式日趋多样化。[1]作为非权力行政行为的代表——行政契约在实践中广泛运用，突出表现在契约的适用范围、领域、种类、类型等扩大以及由此引发行政救济途径中隐含内涵的变革。总之，这种转变破除了传统的契约自由与依法行政之间不可调和的理念，促进了政府治理方式的革新，推动了国家治理能力与治理体系现代化的进步，在大陆法系与英美法系国家中都有不同程度的呈现。

第一，在大陆法系中，相关国家对于行政契约原则上采取扩大适用的态度。

作为大陆法系的国家代表——德国，早期由于质疑行政契约会与依法行政原则相冲突，故特别是在国家与私人之间存在着权力关系的领域中，反对行政契约的存在。因为，行政契约除了其中的契约自由与依法行政有违，还在于公法范围内，国家相较于私人恒居于单方及支配地位，契约确实难以想象。[2]例如，学者奥托·迈耶（Otto Mayer）就认为行政法关系是典型的公权力关系，行政机关与公民之间处于不对等地位，故行政机关为了达成目的，只要实施行政决定足矣，至于行政合同由于是基于当事人对等的基础，无法适用于强调公权力关系之行政法内。[3]但是，实际上，行政契约在19世纪的行政法学理论中已经被认识到且得到越来越多的承认。例如，罗林、斯滕格尔（1884年、1886年）的行政法教科书指出，公法合同是命令之外的一种方式；拉班德则认为国家作为主人可以采取可资利用的一切法律形式。[4]在实践中，行政契约被德国行政机关或明或暗地大量采用，尤其是在1976年《联邦德国行政程序法》第9条明确规定了行政契约取得与具体行政行为相同的法律地位后。[5]事实上，德国行政机关不仅在传统的干预行政

---

　　〔1〕　参见陈慈阳：《行政法总论——基本原理、行政程序及行政行为》，翰芦图书出版有限公司2001年版，第415页。

　　〔2〕　参见吴庚：《行政法之理论与实用》，中国人民大学出版社2005年版，第264页。

　　〔3〕　参见陈新民：《中国行政法学原理》，中国政法大学出版社2002年版，第179页。

　　〔4〕　参见［德］哈特穆特·毛雷尔：《行政法学总论》，高家伟译，元照出版有限公司2002年版，第360页。

　　〔5〕　《联邦德国行政程序法》第9条规定："本法意义上，行政程序是指当局对行政行为条件的审查、行政行为的准备与公布，或者对公法合同的缔结采取的具有外部效力的活动。它包括行政行为的公布或者公法合同的缔结。"

领域中有所适用行政契约，而且在给付行政领域中更加广泛地运用此种手段，如在经济行政中的经济资助（补助金、津贴）、社会行政中权利性给付（社会救济）等。[1]按照学者 Krebs 的看法，就是行政契约于今日情况下，不只在建筑法领域，还在社会福利法、环保法与税法领域等，都被广泛应用，有的甚至已经制度化；并且由于现代国家是合作国家（kooperativer Staat），国家若无社会上各种力量的自发合作，很难完成国家任务，故公法上契约是从自发地合作中所得出的重要手段。[2]因此，行政契约在"二战"后的德国，运用领域极为广阔，除了法律明令禁止使用，行政机关可以选择使用行政契约作为行政行为的主要运行方式之一。

在作为行政法的母国——法国，行政契约适用的范围较为广泛，甚至规定行政主体签订某些契约永远都是行政契约。例如，公共工程合同、国有不动产的出售、为清偿债务而进行的拍卖、包含占有公共领地契约、国家的公债契约等。[3]一般来说，伴随着国家任务的多样化与扩张的势头，除了高权行政领域（如涉及主权行使、警察治安等）不适合采用行政契约，法国越来越多地采用行政契约的方式将国家任务赋予他人来履行。特别是法国作为欧盟成员方，欧盟法对于法国行政契约法制的发展有重大的影响。这突出表现在：欧盟整合促进行政契约的运用以及欧盟法是行政契约的法源之一，使得法国的行政契约除了传统的政府采购契约、公共服务委托契约、公用公产占用契约、公法上的雇用契约等，还包括公私合作性质的伙伴契约（le contrat de partenariat）。此外，对于行政契约的发展，法国的行政法院也起着至关重要的作用。事实上，行政契约的很多制度、原则、理论等都是行政法院的判例所推动形成的。例如，法国行政法上有所谓的禁止公法人适用仲裁原则，但是，在私人之间签订的行政契约能否适用？在 1989 年罗纳—阿尔卑斯大区高速公路公司（AERA）案中，法国最高行政法院即想将禁止公法人适用

---

〔1〕 参见于安编著：《德国行政法》，清华大学出版社 1999 年版，第 139 页。

〔2〕 See Vgl. W. Kerbs, Vertrage und Absprachen zwischen der Verwaltung und Privaten, VVDStRL, 1993, S. 805 ff. 转引自陈春生：《行政法之学理与体系（二）》，元照出版有限公司 2007 年版，第 69 页。

〔3〕 参见 [法] 古斯塔夫·佩泽尔（Gustave Peiser）：《法国行政法》，廖坤明、周洁译，国家行政学院出版社 2002 年版，第 83 页。

仲裁原则普遍性适用到所有的行政契约上，即使是两个私人签订的行政契约。[1]值得注意的是，在传统的法国行政警察（高权行政）领域中，警察权力不得适用行政契约委托给私人行使。在理论上，这种警察权力禁止委托适用的范围包括契约委托，同时，针对规范活动与事实活动。[2]然而，法国行政法院的判例改变了部分内容，认为倘若行政主体独占规范活动（除非法律授权且仅仅针对特别警察）时，警察的事实活动并未被判例系统性地排除在委托私人的范围之外，即对警察事实活动委托的"松绑"。[3]总之，法国从20世纪60年代开始，行政机关虽然仍然大量使用单方行政行为，但较以往更大量地使用行政契约推动行政事务，以至于行政契约被学者认为是一个时尚、流行的行政行为。[4]

第二，在英美法系中，有关国家对于采用契约方式处理行政事务也日趋加强。

在英国，随着新公共管理运动（New Public Management）的勃兴，政府采用契约作为治理手段逐渐得到强化。尽管传统的公共行政是自上而下追求有效的执行，但新公共管理则通过共同生产与民营化来摆脱官僚体制控制。[5]这种共同生产的本质就需要政府采用契约手段与公民之间形成共识，让公民主动参与到社会治理中去。事实上，契约在英国政府的治理中非常重要。因为，"在一个混合式行政的时代，在一个对公权力和私权力的创造

---

〔1〕　1989年3月3日，法国最高行政法院作出判决，认为依照当时适用的民法第2061条"若无法律明文规定，则仲裁协议无效"的规定，必须有明文规定始得例外承认仲裁协议的效力，而当时既然尚无立法规定得适用仲裁的例外，从而该仲裁协议自属无效。详细分析，参见林庆郎："论法国法上'禁止公法人适用仲裁'原则之发展"，载《东海大学法学研究》2017年第52期。

〔2〕　PETIT（J.），La police administrative, op. cit. , p. 27.

〔3〕　在一个新近的判决中，针对县长为防治口蹄疫而下令屠宰农民的牲畜及消毒建筑物，并委托私人公司进行消毒作业，最高行政法院指出："交付私人公司执行与公共卫生警察措施相关的事实活动……；……此契约结合私人来实施一个由警察权力所决定的作业，应在国家的控制和责任下来执行，原告所受的损害……归由国家来修复。"参见王必芳："论法国行政契约的特点"，载《台北大学法学论丛》2017年第102期。

〔4〕　J-M Pontier, Coopération contractuelle et coopération institutionnelle, Rev. adm. , 1994, n, 278, p. 162.

〔5〕　参见［美］珍妮特·V.登哈特（Janet V. Denhardt）、罗伯特·B.登哈特（Robert B. Denhardt）：《新公共服务　服务，而不是掌舵》，丁煌译，中国人民大学出版社2010年版，第108-109页。

性相互作用及其依赖的时代，合同乃行政法之核心"。[1]英国在本质上公法与私法的区别只是法律所规定的对象不同，不是法律所适用的规则不同，故政府合同与私人签订合同所适用的法规并无二致，不过政府所签订的合同不能束缚行政上自由裁量权的行使。[2]总之，英国政府合同的实施与其所实施的公共政策、施政方针等方面有关，并没有对政府合同运用的特殊限制。

在美国，20 世纪 80 年代后政府再造运动（Reengineering Government）兴起的背景下，政府以竞争为导向，引进公共服务的市场竞争体制，改变对公共服务垄断甚至独占的做法，允许、鼓励民间参与和提供公共服务，使得公共机构之间、公共机构与私人机构之间、私人机构之间彼此展开竞争，提供优质的公共服务。[3]为此，政府通过契约方式引导私人企业、机构等参与社会管理。最为常见的方式是，为了追求提高市场效率及节省成本的目标，美国政府推行政府职能私有化，实施购买第三方契约外包服务的方式，由私人提供相应的给付服务，并且通过订立契约的方式与私人之间分享公权力。[4]政府这种购买第三方契约外包服务的形式，也可能造成类似于大陆法系的"公法遁入私法"的陷阱，逃避司法审查。例如，按照 1970 年戈德伯格诉凯里案的要求，行政机关在契约中单方面地拒绝对方领取福利津贴等金钱上的利益，或者公房管理当局拒绝与租房续签时，应当给予后者正当法律程序所要的听证权利。[5]但是，如果政府外包给第三人提供服务，当所属行政机关指示第三方撤销受益方所享有的利益时，也就规避了给予受益方听证的权利。综上，美国通过签约外包、市场机制以及使用者付费等多种手段来寻求更富成本——收益的公共服务提供路径，其最终目标不仅要提高政府的效率（efficiency），还要提高管理的效能（effectiveness）、适应性（adaptability）以

〔1〕 ［英］卡罗尔·哈洛、理查德·罗林斯：《法律与行政（下卷）》，杨伟东、李凌波、石红心、晏坤译，商务印书馆 2004 年版，第 554 页。

〔2〕 参见王名扬：《英国行政法》，北京大学出版社 2007 年版，第 4 页。

〔3〕 参见 ［美］拉塞尔·M. 林登（Russell M. Linden）：《无缝隙政府　公共部门再造指南》，汪大海等译，中国人民大学出版社 2013 年版，第 7 页。

〔4〕 李训民："公法契约之控制——从公私合伙架构谈起"，载《行政法学研究》2012 年第 1 期。

〔5〕 参见王名扬：《美国行政法（上）》，北京大学出版社 2016 年版，第 399-400 页。

及创新的能力（capability to innovate），[1]故而，在实践中，美国广泛采用政府合同是实现上述目标的最佳方式之一。

第二节　我国行政契约适用的基本现状

在我国着力推进国家治理能力与治理体系现代化的背景下，党和政府明确提出了要转变政府职能，创新监管方式，提高行政效能。行政契约作为合作行政、民主行政、服务行政的典型方式之一，具有促进公众参与、降低社会治理成本、推进社会和谐等功能，在行政实践中越来越受到行政机关的欢迎。

一、行政契约方式兴起的成因及表现

（一）兴起的成因

我国行政契约方式的兴起、成长与壮大，是社会主义市场经济发展的必然要求，是全面正确履行政府职能的必然体现，是改进社会治理方式的必然结果。事实上，行政契约之所以能够在行政主体的日常实践中广泛适用，还有以下几个方面的原因。

一是行政民主化趋势的推动。在现代行政中，公民不再只是行政管理的客体，而是与行政机关具有平等法律地位的主体。这就要求行政主体能够考虑到行政相对人的看法、想法、做法，尽量通过协商、沟通、互动的方式来确认双方行政法上的权利义务。因而，行政主体适用行政契约方式实现与行政对人行政法上权利义务的确认，本质上是行政民主化潮流的产物，符合现代市场经济所要求的参与性、协商性、合同性、非强制性的管理手段。[2]此外，社会主义协商民主原则也要求行政主体能够使用非强制权力行为方式——行政契约与行政相对人之间促进共同利益的生成、减少矛盾、形成共

---

〔1〕　［美］戴维·奥斯本（David Osborne）、彼得·普拉斯特里克（Peter Plastrik）：《再造政府　政府改革的五项战略》，谭功荣、刘霞译，中国人民大学出版社2014年版，第8—10页。

〔2〕　参见莫于川：《民主行政法要论——中国行政法的民主化发展趋势及其制度创新研究》，法律出版社2015年版，第307页。

识，共同参与到公共管理的全过程。例如，2013 年 3 月 1 日，江苏省南京市实施的《南京市城市治理条例》第 4 条、第 14 条就明确规定，按照城市治理应当坚持公众参与的原则，政府及其城市管理相关部门可以通过行政契约的方式购买第三方服务，推进政府公共服务社会化和市场化。[1]

二是降低社会治理成本。近年来，我国的改革开放进入了"深水期"，行政主体要想更好地解决社会纠纷，就得提高社会治理水平，增强社会治理能力，改变社会治理方式。虽然，传统的高权行政方式有单方性、快速性、法效性、强制性等优点，但行政主体在未取得行政相对人理解的前提下，如要强行实现行政任务、达成行政目的，就可能造成双方的直接冲突，增加社会治理成本。诚然，有学者指出冲突调节着关系系统，发挥着维护群体的功能，表现为"排气孔""安全阀"，[2]然而，冲突宣泄路径的最好方式就是建立健全表达沟通意见通道的制度。毫无疑问，行政契约就是处理行政主体与行政相对人之间冲突的重要手段之一。例如，城市管理中的市容与环境卫生是一个老大难的问题，不少城市的城管执法机构与商户签订"门前三包"协议，用行政契约手段解决市容卫生与商户经营之间的冲突，取得了良好的社会效益与经济效益。

三是行政契约适用的范围较具体行政决定更为宽广。在我国，行政契约适用较为广泛是由行政契约自身的独特优势所决定的。首先，行政契约作为社会统制（social control）技术[3]具有双向规制的功能，除了可以对行政主体与行政相对人之间的行为进行合法、合理、合情的管控，还能够减少强烈对抗的色彩、促进双方共赢合作、完成预定行政目标。其次，行政契约具有扩大行政主体选择行政行为方式自由决定的空间，这使得行政主体可以有多

---

〔1〕《南京市城市治理条例》第 4 条规定，城市治理应当遵循依法行政、服务优先、公众参与、共同治理、柔性管理、最小损害的原则，尊重社会公德，执行国家政策和专业标准，维护公共利益。第 14 条规定，政府及其城市管理相关部门可以通过购买服务等方式，将社区服务、市政养护、环卫作业等转移给企业、事业单位、社会组织，推进政府公共服务社会化和市场化。

〔2〕 参见 [美] L. 科赛：《社会冲突的功能》，孙立平等译，华夏出版社 1989 年版，第 24-26 页。

〔3〕 社会统制是指对于社会成员施以某种压力，而使其行动符合一定的形式规范。行政契约作为社会统制的手段，其背后隐含着行政主体无形的压力，这种压力包括利益上的诱惑。关于社会统制，参见杨日然：《法理学》，三民书局 2005 年版，第 76-80 页。

种选择路径去实现行政任务。[1]最后，非典型事件处理对于行政契约是强项。行政契约内容是由行政主体与行政相对人之间协商、谈判而成，故而富含一定的灵活性、弹性，可为社会关系复杂的非典型事件的处理提供多种解决方法。正如有学者指出，在具体的事件中，行政契约能够使得市民参与行政的决定过程，并且利用市民的知识与经验在复杂难解的事实与法律关系下探求解决各种可能性的措施，调整各种各样的利益关系。[2]例如，在行政实践中，地方政府与上访群众所签订的息诉罢访协议，就是解决历史遗留问题的较好手段。

四是行政契约的内涵较单方行政行为有较大的包容性。自20世纪中叶以来，私法的公法化、公法的私法化、公私法的混合化现象日益突出，表现为公法与私法之间相互借鉴、相互吸收、相互渗透。契约这个传统私法领域的常用工具，越来越在公法领域中得到广泛的实施，体现了私法的公法化。作为私法的公法化的典型——行政契约，是行政行为的一种类型，受到依法行政原则的拘束，同时，又是行政主体与行政相对人意思一致的产物，故既具有行政性又有契约性。特别是在给付领域中，行政契约不再仅是代替单方行政行为的方式，而是具有更为广阔的实用性。[3]总之，行政契约内涵丰富，可以借鉴民事合同的相关内容在行政实践中充分运用，一定程度上缓和了依法行政原则的刚性特质。例如，在税法领域中，税务机关与纳税人签订的税务和解协议。

（二）兴起的表现

我国行政契约的适用在最近20年来迅猛发展，涉及国计民生多个领域，并且呈现出井喷式的快速增长趋势。这些领域涉及经济、文化、教育、科研、社会保障、环保、税务，等等。进而论之，我国实施的行政契约是典型的除外说而非授权说，[4]即除非法律明文规定禁止使用行政契约外，原则上

---

〔1〕　参见李震山：《行政法导论》，三民书局2007年版，第370页。

〔2〕　Vgl. H. Maurer, Der Verwaltungsvertrag-Probleme und Moeglichkeiten, in: DVBl. , 1989, S. 805 ff.

〔3〕　Vgl. Maurer, H. , a. a. O. §14, Rdnr. 1. 转引自陈慈阳：《行政法总论——基本原理、行政程序及行政行为》，翰芦图书出版有限公司2001年版，第531页。

〔4〕　所谓的授权说是指行政契约的适用以法律有明文规定者为限，法无明文规定者，行政主体不得与人民缔结隶属关系的行政契约，此与行政契约是否适用依法行政原则中的法律保留原则有关。参见李震山：《行政法导论》，三民书局2007年版，第370-371页。

行政主体可以自由选择决定是否采取行政契约去完成行政任务。可以说，在我国的行政实践中，行政契约已经成为与具体行政决定几乎并驾齐驱的主要行政作用方式之一。基本上无论是中央政府的宏观调控层面，还是地方政府的经济调节、公共服务、市场监管、社会治理、生态环境保护等方面，行政契约的使用都是大有作为。

1. 宏观调控领域中的行政契约

在宏观调控领域中，政府除了制定行政规范性文件、下发行政命令等手段，还可以采取签订行政契约的方式推行宪法与法律的落地、实施，这也是转变政府职能、提高行政效能、改进监管方式的必然要求。在我国主要有两种方式：（1）中央国家有关部委与地方政府所签订的行政协议。例如，2018年6月4日，交通运输部与湖北省政府在北京签署了《关于加快湖北省交通运输发展2018—2020合作协议》，通过部省合作，双方将以提升长江黄金水道功能、建设综合交通立体走廊、推进绿色智慧交通建设、深化行业改革为重点，共同推进湖北综合交通运输体系建设，落实交通建设有效投资、扩大运输服务有效供给、拓展新的发展空间、培育新的发展动能。（2）各级地方政府及其所属部门之间所签订的行政协定。例如，2018年10月30日，上海、江苏、浙江、安徽三省一市科技部门共同签署了《长三角地区加快构建区域创新共同体战略合作协议》，携手推进区域创新体系建设，建立了协调机制，强化了规划对接，拓展了资源共享，共建了跨区域创新生态，取得了积极成效。[1]

2. 经济调节领域中的行政契约

在继续深入推进简政放权背景下，各级政府应当严格按照党的十九届三中全会的要求，最大限度减少对市场资源的直接配置、对市场活动的直接干预，提高资源配置效率和公平性，激发各类市场主体活力。事实上，在经济调节领域中，行政主体采用行政契约的方式具有天然的优势，能够有效地吸引、利用行政相对人的资本、技术、人力、设备等，推动行政相对人积极参与到国民经济的发展中来。因此，行政契约作为非强制、非权力、柔性行政执法方式的代表，在经济发展领域中广泛运用。目前较为常见的就是，行政

---

〔1〕 参见"区域（城市）论坛：长三角地区签署战略合作协议，加快构建区域创新共同体"，载 http://www.sohu.com/a/272290118_ 225083，最后访问日期：2022年7月5日。

主体可以采取行政契约的方式加强与社会资本的合作，在可以实行市场化运作的基础设施、市政工程和其他公共服务领域推进 PPP 模式的生成、发展及壮大。[1]实际上，早在 2005 年《国务院关于鼓励支持和引导个体私营等非公有制经济发展的若干意见》就提出了非公有资本进入垄断行业和领域、公用事业和基础设施、社会事业、金融服务业、国防科技工业建设等领域；2010 年《国务院关于鼓励和引导民间投资健康发展的若干意见》梳理了民间资本可以进入基础产业和基础设施、市政公用事业和政策性住房建设、社会事业、金融服务、商贸流通、国防科技工业等领域；2014 年《国务院关于创新重点领域投融资机制鼓励社会投资的指导意见》又再次指出鼓励社会资本参与投资运营农业和水利工程、市政基础设施建设运营、民航水运基础设施建设、电力电网建设、油气管网储存设施和煤炭储运建设运营、国家民用空间基础设施建设等。在这些领域中，行政主体都可以采用行政契约的方式鼓励、支持、引导、促进民间、社会资本共同参与、共同经营、共担风险、共享收益。

3. 公共服务领域中的行政契约

在公共服务领域中，各级政府的改革突出表现在转变职能以适应社会主义市场经济的要求，坚持政企、政资、政事、政社分开，理顺政府与市场、社会的关系，简政放权、放管结合、优化服务。这优化服务的前提就是政府"减负""瘦身"。换言之，政府聚焦主业谋发展，必得先解决大而无当的全能政府问题。总体思路是原则上只要属于事务性管理服务，政府都可以通过行政契约、行政委托等方式向社会购买服务，特别是在涉及教育、文化、科研等一些专业性较强的领域。故而，相较于具体的行政决定而言，在公共服务领域中，行政主体运用行政契约更加频繁。这表现在：例如，（1）在教育领域中，部属师范大学与接受师范生公费教育的学生所签订的《师范生公费教育协议》。该行政协议的目的是吸引优秀人才从教，培养大批有理想信念、有道德情操、有扎实学识、有仁爱之心的"四有"好教师。[2]（2）在科研领

---

[1] 2019 年 3 月 5 日，李克强总理在《政府工作报告》中，要求落实民间投资支持政策，有序推进政府和社会资本合作。

[2]《教育部直属师范大学师范生公费教育实施办法》第 1 条、第 3 条。第 3 条规定，接受师范生公费教育的学生（以下称公费师范生）由部属师范大学按照《师范生公费教育协议》进行教育培养，在校学习期间和毕业后须按照有关协议约定，履行相应的责任和义务。

域中，各部委、各级政府委托学校、科研机构等所签订的科研合作协议。[1]
（3）在文化领域中，鼓励对文化产业集聚发展、特色文化传承创新、公共文化服务、非物质文化遗产保护传承，以及促进文化和旅游、农业、科技、体育、健康等领域深度融合发展的文化项目，即社会需求稳定、具有可经营性、能够实现按效付费、公共属性较强的文化项目采用 PPP 模式。[2]
（4）在社会保障领域中，对于公办养老机构，鼓励社会力量通过独资、合资、合作、联营、参股、租赁等方式，依据委托协议，推行公建民营、服务外包，[3]等等。

4. 市场监管领域中的行政契约

在市场监管中，行政主体除了采用常规的行政检查、行政处罚、行政强制等权力性行政行为作为监管手段，还实施行政契约、行政指导、行政奖励等非权力性行政行为。由于行政契约具有灵活方便、降低成本、预防和减少纠纷的优点，在监管实践中得到广泛的适用，尤其是在食品安全、产品质量、安全生产等一些难以全面有效管控的领域中。从提升行政效能、创新市场监管方式的角度看，市场监管部门可以通过行政契约与其他监管部门、行政相对人之间明确双方的权利（力）义务，形成监管合力，共同推进建立健全透明、规范、高效的动态协同监管机制。以食品安全领域为例，一般来说，大体上有两种形式：（1）各级市场监管部门与地方政府及相关职能部门之间签订的关于食品安全目标责任或者联合执法的行政协议。该类型的协议使得在食品安全领域的监管中，落实部门监管与属地管理相结合，推动多部门联合监管、综合执法。（2）各级市场监管部门与行政相对人、行政相关人之间签订的关于落实食品安全的相关制度、目标等的行政协议。譬如，在食品安全领域中，市场监管部门与食品生产者、销售者等签订的食品安全协议书。

5. 社会治理领域中的行政契约

党的十九大报告指出："加强社会治理制度建设，完善党委领导、政府

---

[1] 现在不少高校内部都制定了关于科研合同的管理办法，如《浙江大学科研合同管理办法》《西安交通大学科研合作（外协）合同管理办法》等。

[2] 参见 2018 年 11 月 13 日发布的《文化和旅游部　财政部关于在文化领域推广政府和社会资本合作模式的指导意见》。

[3] 《国务院办公厅关于全面放开养老服务市场提升养老服务质量的若干意见》。

负责、社会协同、公众参与、法治保障的社会治理体制，提高社会治理社会化、法治化、智能化、专业化水平。"在社会治理（social governance）领域中，对于适合社会组织提供的服务或者解决的问题，行政主体可以采用行政契约方式交由社会组织承担，通过行政契约规范政府、社会、居民三方面在治理中的地位、作用等，以期实现政府治理、社会调节以及居民自治良性互动。从社会治理代表性领域——治安管理分析看，随着社会主义市场经济的发展，流动人口日趋增多，多种社会矛盾交织在一起，单纯的警力已经远远不足以维护社会秩序的需要。因此，为了提高社会治安防控水平，提升人民群众的安全感，加强社会治安综合治理能力的建设，各地积极推动实施治安承包协议以解决警力不足的问题。进而论之，各级政府及公安部门通过行政契约的手段畅通交流、沟通、协商的渠道与方式，让基层群众自治组织、社会团体、企事业单位、人民群众等都积极参与到社会治理中去，共建、共治、共享、共有，有力地促进了警民合作、群防群治、共同打造平安家园。例如，2010 年湖南省邵东县社会综合治理委员会办公室与一家保安公司签订了《邵东县城城区夜间治安巡逻协议书》，让保安公司参与治安巡逻，作为警察治安防控的补充力量。[1]总之，在社会治理的实践中，行政契约的运用也较为广泛，涉及校园安全、消防安全、预防交通事故、户籍管理等多个面向。

6. 生态环境保护领域中的行政契约

生态环境保护功在当代，利在千秋。绿水青山就是金山银山，绿水青山和金山银山决不是对立的，关键在人，关键在思路。故而，各级政府及生态环保部门除了加大环保执法力度、保持严打高压态势、坚决惩治任性违法，还要采取多种柔性执法方式促进公众参与，共同面对越来越严重的环境污染问题。作为柔性执法重要方式之一——行政契约，在生态环保领域中得到广泛的应用。在环保领域中，主要有两种类型：（1）各级政府及环保部门之间以及与相关监管部门之间签订的环境保护协作协议。例如，2015 年 12 月京津冀三地环保部门正式签署了《京津冀区域环境保护率先突破合作框架协

〔1〕参见"社会治安，保安公司'承包'?!"，载 http://news.163.com/10/0918/11/6GS2LR0F0 0014AED_ mobile.html，最后访问日期：2022 年 7 月 7 日。

议》，明确以大气、水、土壤污染防治为重点，以联合立法、统一规划、统一标准、统一监测、协同治污等方面为突破口，联防联控，共同改善区域生态环境质量；[1]2021 年，为加强黄河流域生态保护省际合作，山东与河南签订《黄河流域（豫鲁段）横向生态保护补偿协议》，构建起黄河流域省际政府间首个"权责对等、共建共享"的协作保护机制。[2]（2）各级政府及环保部门与行政相对人之间签订的环境保护合作协议。例如，2017 年 6 月 23 日，洛阳市环境保护局与中国银行洛阳分行签订《绿色环保战略合作框架协议》，该协议的目的是拟在传播生态文明理念、倡导绿色办公、践行绿色生活，推进绿色金融、助力环境攻坚等领域加强全面合作。[3]

二、秩序行政中行政契约的运用探讨

秩序行政是最典型、最传统的行政类型，是古典行政法的重心，是自由主义法治国家行政观的体现。[4]在秩序行政中，国家为了实现社会秩序中的和谐、稳定，对危害公共安全、公共安宁、公共秩序的行为，实施相应的干涉。这种干涉常表现在行政主体运用公权力对人民的基本权利予以限制，故又可称为干涉行政（ordnungsstaat）。由于秩序行政中，行政主体实施的多为公权力行政行为，故受到依法行政原则的严格控制，这突出表现为职权法定主义（法律保留）与行政行为受法律约束（法律优越）。[5]事实上，对于行政契约而言，秩序行政中的很多情形属于"契约禁区"。故而，行政契约能否在秩序行政中得到应用，需要解决行政契约允许性的问题、契约类型化的问题以及契约适用规制的问题。

（一）秩序行政中行政契约允许性之分析

在秩序行政中，行政契约是否能够适用？在多大范围内可以适用？这种

---

〔1〕 参见 "京津冀签署区域环境保护合作协议"，载 http://www. most. gov. cn/dfkj/tj/zxdt/2015 12/t20151215_ 122942. htm，最后访问日期：2022 年 7 月 7 日。

〔2〕 参见 "补偿 1. 26 亿！河南赢了，山东愉快给钱"，载 https://export. shobserver. com/baijia-hao/html/506111. html，最后访问日期：2022 年 7 月 7 日。

〔3〕 参见 "与中国银行洛阳分行《绿色环保战略合作框架协议》有关事项的通知"，载 http://www. lyhbj. gov. cn/tongji/show_ 18562. html，最后访问日期：2022 年 7 月 7 日。

〔4〕 参见陈新民：《中国行政法学原理》，中国政法大学出版社 2002 年版，第 27-28 页。

〔5〕 参见胡建淼：《行政法学》，法律出版社 2015 年版，第 49-50 页。

情形我们可以称之为行政契约的允许性。换言之，就是行政契约能否以及在多大范围内可以在秩序行政中被行政主体采用。

首先，行政契约是否能够在秩序行政中适用？这个问题在不同国家可能适用的范围有所区别，不过，大体上得出的结论是行政契约可以在秩序行政领域适用。虽然，人们对行政主体适用契约方式的最大担忧是契约可能会使得行政主体不尽职履责、出卖公权力、逃避法律监督与规制等问题，但是，行政契约的出现能够有效解决非行政决定即属民事契约的两分法逻辑，借以避免"公法遁入私法"（flucht in das privatrecht）的现象，规避公法原则支配，有损法治国家的基础。[1]在法国，行政任务主要分为行政警察（police administrative）与公共服务（service public），行政警察是表达国家主权与公权力最为强烈的部门，原则上是专属于单方行政行为的领域，依其性质不得缔结包括行政契约在内的任何契约，按照法国最高行政法院的稳固判例，警察措施是单方的、绝对的排除契约；理由大致上为行政权限不可处分、契约固有效应与警察权限正常行使的不相容性、法律文本预设单方决定权等。[2]然而，在实践中，法国行政法院对行政警察领域中的事实活动也允许采用行政契约的方式，如在安全维护领域中吸收第三方参与。在德国，行政契约在秩序行政中作为行政主体的实施手段，并未有明确的严格禁止、强烈限制的规定。一般来说，按照《联邦德国行政程序法》第54条的规定，行政契约已经是法律明文规定的行政作用方式之一，故而，除法律明文禁止或者规定行政决定是唯一方式外，行政主体在秩序行政中可以选择适用行政契约代替行政决定。例如，对于税务方面的行政管理，法律不能允许以契约方式放弃国家收取税费的权利，当然这不是绝对的和没有例外的。[3]我国在现行实定法中明确规定了行政主体可以适用行政契约，不过，主要偏向于给付行政领域。至于秩序行政领域能否适用行政契约，虽有一定的争议，但持肯定态度的占有优势，特别是在实践中采用行政契约的例子颇多。例如，治安承包协议、治安处罚担保协议、行政和解协议等。

其次，行政契约在多大范围内可以在秩序行政中被行政主体采用？从比

---

〔1〕 参见李震山：《行政法导论》，三民书局2007年版，第370页。

〔2〕 参见王必芳："论法国行政契约的特点"，载《台北大学法学论丛》2017年第102期。

〔3〕 参见于安编著：《德国行政法》，清华大学出版社1999年版，第143-144页。

较法的观点看，法国在行政警察领域中，有几个禁止签订任何契约的禁区，如禁止将警察权力的行使转给私人（权限转移）、禁止以契约代替单方行为（分享公权力）、禁止针对未来之决定作出承诺（裁量权、判断自由）等。[1]这些禁区主要涉及主权性的行政职能，是国家公权力行使的象征，行政主体不能透过契约来放弃的自己履职权限，这本质上也是出于公共秩序自身特性的必然要求。在德国，行政契约的适用范围主要是行政主体拥有自由裁量权或者法律没有约束的事务，甚至是法律的羁束行政范围内活动，除非法律明文禁止使用契约方式外，行政主体也有权签订契约，只不过协议的内容法律已经确定过了。[2]笔者认为，我国在秩序行政中，除了行政权自身运作的性质不适合用行政契约方式（例如考试、检验、检测、检疫等）、法律明确禁止使用行政契约以及违反行政自由裁量权的内核，应当在实践中允许行政主体把行政契约作为与行政决定同等重要的行政手段之一，这样使得行政主体能够使用多种方式维护公共利益。[3]

（二）秩序行政中行政契约类型化之分析

我国在秩序行政中行政契约类型除了以行政处罚权、行政强制权的集中、联合、权力事项移交等的对等契约，多为不对等地位的从属（隶属、不对等）契约、双务契约。这些行政契约涉及多个传统的秩序行政领域，如税务、治安管理等。

一是行政主体之间关于行政处罚权、行政强制权的权力移交、集中使用的行政协定。[4]（1）行政处罚权、行政强制权等的权力移交的行政协定（行政执法委托协议书等）。例如，2017 年 4 月 30 日至 2019 年 4 月 30 日，

---

[1] 参见王必芳："论法国行政契约的特点"，载《台北大学法学论丛》2017 年第 102 期。

[2] ［德］哈特穆特·毛雷尔：《行政法学总论》，高家伟译，元照出版有限公司 2002 年版，第 367 页。

[3] 德国关于行政契约的规定为典型的成文法模式，相比法国行政契约的判例法模式而言，理论性、系统性较强，适合于行政实践与司法审查的运用，故借鉴德国模式相对合理，较为能够符合中国国情。

[4] 依据《最高人民法院关于审理行政协议案件若干问题的规定》第 3 条第 1 项规定："因行政机关订立的下列协议提起诉讼的，不属于人民法院行政诉讼的受案范围：（一）行政机关之间因公务协助等事由而订立的协议。"因此，行政主体之间关于行政处罚权、行政强制权的权力移交、集中使用的行政协定不属于行政诉讼的受案范围。

郑州市人民防空办公室委托给郑州航空港经济综合实验区（郑州新郑综合保税区）建设工程质量安全监督站实施行政处罚的行政执法委托协议书。[1]（2）行政处罚权、行政强制权的集中使用的行政协定（综合执法、联合执法等）。例如，2018年9月11日，山东省东营市编办、法制办、市政府有关部门单位分别同东营经济技术开发区管委会、东营港经济开发区管委会签署交接协议，将行政处罚权等权力事项移交给两个开发区管委会。[2]该类型的行政契约原则上只要不违反行政组织法上的禁止性规定，行政主体可以在自由裁量的空间范围主动缔结契约。

二是行政主体与行政相对人之间基于不对等地位所签订的从属（隶属、不对等）契约、双务契约。在行政实践中，最常出现的是行政主体与行政相对人所签订的行政和解协议。该类型的和解协议为替代单方行政决定性质的，具有从属性质的和解、双务契约。[3]例如，在城市管理中出现的行政强制执行和解协议，[4]在治安管理中出现的治安处罚担保协议，[5]在信访中出现的息诉罢访协议等。值得关注的是，在传统秩序行政的典型代表——税务领域中，我国尚无关于税务的和解协议。从比较法的观点看，在德国，联邦财务法院（BFH）虽然多次重申，国家的租税请求权不得任意由征纳双方处分，就此所缔结的行政契约如有违反租税法律主义及课税平等原则，应属无效；但在德国实务中，征纳双方却经常利用各种各样的协议解决争议，特别是关于课税要件事实认定达成的事实认定协议；事实上，联邦财务法院（BFH）也强调，在租税核课的程序中，为促进征税的效能、创造法律和平、

---

〔1〕　参见"行政执法委托协议书（行政处罚类）"，载 http://zzrfb. zhengzhou. gov. cn/notice/469923. jhtml，最后访问日期：2022年7月10日。

〔2〕　参见"我市举行行政处罚等权力事项移交协议"，载 http://zfxxgk. dongying. gov. cn/gov/jcms_ files/jcms1/web35/site/art/2018/9/11/art_ 17367_ 161240. html，最后访问日期：2022年7月10日。

〔3〕　参见黄异：《行政法总论》，三民书局2006年版，第120-121页。

〔4〕　《行政强制法》第42条规定，实施行政强制执行，行政机关可以在不损害公共利益和他人合法权益的情况下，与当事人达成执行协议。执行协议可以约定分阶段履行；当事人采取补救措施的，可以减免加处的罚款或者滞纳金。执行协议应当履行。当事人不履行执行协议的，行政机关应当恢复强制执行。

〔5〕　《治安管理处罚法》规定了治安处罚担保协议，是指公安机关与被拘留处罚的人或者其近亲属之间达成的暂缓执行的协议。在该法第107—110条有所体现。参见梁凤云："行政协议案件的审理和判决规则"，载《国家检察官学院学报》2015年第4期。

避免不合比例的调查成本，并避免诉讼成本及可能的诉讼风险，征税机关就调查将面临重大困难的课税要件事实，可以与租税义务人达成事实认定协议。该事实认定协议属于典型行政契约中之从属性质的和解契约，可类比于《联邦德国行政程序法》第 55 条的规定。[1] 与之相对比的是，在我国的税收实践中，如果对纳税人的纳税事实要件调查不清、无法具体认定时，只能采取撤销或者废止所作出的行政决定，这并不有利于维护社会的公共利益。笔者认为在我国的税收征缴中，可以借鉴德国税法中的事实认定协议。即当纳税的事实要件不明确时，税务机关不能或者需要巨大的成本支出才能排除此种情形，其可以与纳税人就事实要件达成和解协议。不过，需要注意的是，纳税的法律要件不能形成和解协议，因为，这是税收法定原则的必然要求。总之，行政主体只要不违反公权力运行的本质要求，能够降低行政成本，实现行政任务，就可以在秩序行政领域中适用行政契约作为行政作用的方式。

（三）秩序行政中行政契约适用规制之分析

在秩序行政中，行政主体适用行政契约作为行政作用的方式，需要考虑到以下要求。

一是，依法行政原则与行政契约运用的关系。行政契约作为行政作用的方式之一，以实现行政任务为目的，必须受到依法行政原则的拘束，尤其得遵守法律优先原则。[2] 也就是说，行政主体在实施行政契约时，缔结的权限、内容的限制、行政程序的遵守、契约相对方的选择以及契约的调整与终止等均应当符合法律的相关规定。进而论之，在我国，就是行政主体按照合法行政、合理行政、程序正当、高效便民、诚实守信、权责统一的要求，去采用行政契约实现行政目的。例如，最高人民法院在王某伏、李某凡诉郑州市金水区人民政府解除协议决定案中〔（2018）最高法行申 9010 号〕指出：

---

〔1〕《联邦德国行政程序法》第 55 条规定，能够在对事实状况或者法律状态的理智评价中，通过彼此让步以合同形式消除现存不确定性的，可以订立第 54 条第 2 款意义上的公法合同，如果当局根据合乎义务的裁量认为达成和解能够消除不确定性目的。

〔2〕正如有学者指出行政法并不承认有所谓"公法自治"的原则，否则整个行政法的体系即会崩溃。因此基本上无法仿效私法的契约自由原则衍生出行政契约自由原则。参见陈新民：《中国行政法学原理》，中国政法大学出版社 2002 年版，第 182 页。

"依法行政原则要求行政行为保持合法的状态，撤销一切违法的行政行为。这一原则在行政协议领域同样应当遵守。"这表明在司法实践中已经明确承认了行政协议必须遵守依法行政原则。

二是，比例原则的控制与行政契约运用的关系。比例原则发源于德国的警察法，旨在强调国家在干预行政时，不能为达目的不择手段。[1]其可以分为宪法意义上的比例原则与行政法意义上的比例原则，前者针对立法者而言，对于公民权利的限制，唯有在公共利益所必要的范围内，方可为之；后者则指行政主体在实施侵犯行政相对人权利时，除了有法律依据，还必须选择侵害行政相对人权利最小的范围行使之。[2]本质上，比例原则追求的是手段与目的之间妥当、必要、协调。按照通说，一般认为比例原则分为适当性原则（Principle of Suitability）——目的与手段的关系上是恰当的、必要性原则（Principle of Necessity）——目的与结果关系上是最少侵害结果、狭义比例（均衡）原则（Principle of Proportionality）——手段与目的成比例。[3]该原则在我国现行实定法上也有明确的体现。例如，《行政强制法》第5条规定："行政强制的设定和实施，应当适当。采用非强制手段可以达到行政管理目的的，不得设定和实施行政强制。"该条就明显体现了比例原则中的适当性与必要性原则。[4]笔者认为行政主体在秩序行政中适用行政契约时，也可以参照比例原则。即在针对具体事件：（1）行政主体使用行政契约必须有助于实现行政目的；（2）行政主体在能够同时使用行政决定与行政契约时，优先适用行政契约；（3）行政主体适用行政决定如果给公民带来了超过实现行政目的价值之侵害时，可以考虑用行政契约代替行政决定。

---

〔1〕　参见李惠宗：《行政法要义》，元照出版有限公司2007年版，第109-110页。

〔2〕　参见陈新民：《中国行政法学原理》，中国政法大学出版社2002年版，第42-45页。

〔3〕　参见城仲模：《行政法之一般法律原则（一）》，三民书局1994年版，第122-127页。

〔4〕　类似的规定，在我国现行法中也时有出现。例如，2020年1月1日起施行的《优化营商环境条例》第59条第1款就规定："行政执法中应当推广运用说服教育、劝导示范、行政指导等非强制性手段，依法慎重实施行政强制。采用非强制性手段能够达到行政管理目的的，不得实施行政强制；违法行为情节轻微或者社会危害较小的，可以不实施行政强制；确需实施行政强制的，应当尽可能减少对市场主体正常生产经营活动的影响。"

三、给付行政中行政契约的运用探讨

给付行政以增进国民生活、提高国民福利为目的，是"二战"后福利国家或者给付国家（Leistungsstaat）之新型行政。[1]最早，该类型行政是由德国学者 Forsthoff 所提出的作为给付主体的概念出发，针对人民的生存条件及改善上，以保障及生存照顾为重心，所为的直接促进或分配的行政，主要包括提供基础设施的行政、社会行政、促进（助长）行政、资讯行政等。[2]在此种背景下，行政主体已经不再是传统消极地维护社会秩序，而是积极主动地促进国民福利的生成。故而，行政主体可以采取多种手段去实现行政目的，除了单方的行政决定，在秩序行政领域中，相比较而言，行政契约的适用更加广泛，并且受到依法行政原则束缚程度较弱。

（一）给付行政中行政契约与依法行政原则之关系

在给付行政中，行政契约适用的范围较为广泛，涉及提供公共服务的众多领域。所谓公共服务是指"政府有义务实施的行为"，[3]范围从国防、外交、社会治安等管理职能到居民日常生活的各种公用事业之服务功能。从比较法的观点看，在法国，行政契约的运用与公共服务有密切联系。事实上，公共服务构成界定行政契约的关键要素，举凡被定性为公共服务活动，都必须遵守平等性、继续性、可变性三原则，确保使用者权益，但行政契约很少代替单方行为作为提供人民给付的手段，而是结合私部门以共同达成公共服务使命的工具。[4]此种意义的公共服务，包括德国法系的公权力关系、营造物关系以及国家基于私人地位的国库行为（行政之私法行为），范围至广。[5]进而论之，在法国，行政契约的适用主要是满足公共服务的需要（公共服务标准），只要不违反法律的强制性规定或者相关判例的本质要求，行政主体即可采取行政契约方式，即受到依法行政原则的拘束较弱。在德国，由于大多数的给付行政领域受到法律调整，故关于法律保留原则是否以及在何种范

〔1〕 参见李惠宗：《行政法要义》，元照出版有限公司 2007 年版，第 7 页。

〔2〕 参见李震山：《行政法导论》，三民书局 2007 年版，第 6—7 页。

〔3〕 ［法］莱昂·狄骥：《公法的变迁》，郑戈译，商务印书馆 2013 年版，第 50 页。

〔4〕 参见王必芳："论法国行政契约的特点"，载《台北大学法学论丛》2017 年第 102 期。

〔5〕 参见吴庚："行政契约之基本问题"，载《台湾大学法学论丛》1978 年第 2 期。

围内适用给付行政的争议很大程度上已失去意义。[1]实践中，德国的实务界认为不必严格遵循"法律保留"，在无法律明确规定下，也可以为服务行政（给付行政），如国家提供的补助（Subvention）；而联邦宪法法院（BVerfGE8，155/167）、联邦行政法院（BVBl，1978，212）、联邦普通法院（NVwZ1985，517）等一致见解也认为服务行政（给付行政）不以有法律依据为必要，但要遵照国会的一切意见（任何其他意思表示），如包括预算的决定。[2]然而，对于给付行政中的手段如侵害他人的宪法上的基本权利，仍需要法律上的明确依据。[3]故对于给付行政中适用非强制行为手段——行政契约，只要相关法律无明文禁止，原则上行政主体皆可用之。

　　事实上，我国现行实定法对行政契约适用范围的界定就主要体现在给付行政领域。例如，《山东省行政程序规定》第100条第2款规定，行政合同主要适用于下列事项：政府特许经营；国有自然资源使用权出让；国有资产承包经营、出售或者租赁；公用征收、征用补偿；政府购买公共服务；政策信贷；行政机关委托的科研、咨询；计划生育管理；法律、法规、规章规定可以订立行政合同的其他事项。这些适用行政契约的事项绝大部分都建立在履行公共服务职能的基础之上。公共服务除了传统的维护国家安全、社会秩序等方面，还体现在对人民生存照顾的义务上。这突出表现在给付行政领域中，法律保留原则的适用不完全等同于秩序行政。实际上，当政府为人民提供福祉时，只要有法律法规的依据作为支撑（如法律、行政法规、部门规章、民族自治条例、经济特区条例、地方性法规及规章甚至规范性法律文件等），就可以采取多种手段，不必严格地遵守"无法律、无行政"的全面保留原则。正如有学者所指出，秩序行政须符合较为严格的法律保留及比例原则等行政法一般原则，并且行政主体受到较多拘束；给付行政不必有形式意义上的法律依据，只要有经过立法机关认可的预算即足矣，但也不是完全不属于法律保留，并且行政主体享有较多的裁量空间，可以适用行政契约等非

---

〔1〕　参见［德］哈特穆特·毛雷尔：《行政法学总论》，高家伟译，元照出版有限公司2002年版，第112页。

〔2〕　参见陈新民：《中国行政法学原理》，中国政法大学出版社2002年版，第38-39页。

〔3〕　BVerwGE 6，287f；90.126.

权力性行政行为。[1]因此,行政契约作为行政作用方式之一,固然受到依法行政原则的约束,但契约自身的灵活性、合意性特点,正符合服务行政、合作行政理念的要求。

(二) 给付行政中行政契约类型之分析

在给付行政领域中,我国可以以公共服务的理念为核心,借鉴法国行政契约类型的确认作为参考,对相关的行政契约予以类型化。虽然,在法国,行政契约并不是一个用以证明例外情况的观念,而是为了容许行政主体完成其公益使命,准其具备一套由特权与特别从属所组成的完全的、自主的、源自判例的法制度。[2]然而,其以实现公共服务的目的作为类型确认标准,与德国以规制当事人之间地位不平等目的作为标准相比而言,更符合我国给付行政领域实践中行政契约类型划分的要求。

1. 法国公共服务领域中行政契约之类型

法国的公共服务类似于德国的给付行政,但远远大于德国给付行政的范围。在法国,公共服务具有公益性、持续性、平等性的特征,主要指一个公共团体为了满足普遍利益的需要而进行的活动,在司法实践中,法官把公共权力特权的存在、有违私法的条款和规则以及服务的设立与对服务运行的监督等作为确立公共服务的因素。[3]基于法国的行政契约与公法服务的本质不可分割,其类型大致上有公共采购合同与公共服务委托合同。(1) 公共采购合同 (用于获取资源),由公共当局支付报酬,借以获取财产、劳务或使得工程获得执行的契约,包括公共工程采购合同、财物采购合同、劳务采购合同等。[4]此类合同在德国多为私法契约,即行政私法行为,行政主体用私法方式实现行政目的、完成行政任务。(2) 公共服务委托合同 (用于移转行政活动),指公共当局不支付价金 (契约相对人基本上透过经营的结果获取报酬),借以托付个人或企业承担起公共服务经营的契约,包括特许 (conces-

---

〔1〕 参见李惠宗:《行政法要义》,元照出版有限公司 2007 年版,第 8 页。

〔2〕 BRENET (F.), op. cit., p.238.

〔3〕 参见 [法] 古斯塔夫·佩泽尔 (Gustave Peiser):《法国行政法》,廖坤明、周洁译,国家行政学院出版社 2002 年版,第 189 页。

〔4〕 参见王必芳:"论法国行政契约的特点",载《台北大学法学论丛》2017 年第 102 期。

sion）、租营（fermage）、托营（régie intéressée）等形式。[1]其中最为典型的是公共服务的特许经营契约，公共当局与特许人之间的争端属于公法范围，因为涉及行政契约。[2]此类合同类似于我国目前在公共服务、资源环境、生态保护、基础设施等领域推广的政府和社会资本合作（PPP）模式，即公私协力（Public-Private Partnership）契约。

2. 德国给付行政领域中行政契约之类型

在德国的给付行政领域中，行政主体大量运用行政契约的方式实现提高人民生活水准的目的。尤其是传统的授益行政行为，如提供培训资助、给予行政相对人融资等，行政主体可以用行政契约的手段来代替。实践中，行政契约与行政决定之间已呈现出相互竞争、融合的表现。按照德国行政契约的理论，行政契约可分为对等权（对等）契约、主从权（隶属）契约；义务（负担）契约、处置（处分）契约；以及《联邦德国行政程序法》第55条、第56条所规定的和解契约与双务（互易）契约。[3]事实上，正如有学者所指出的，只有在隶属关系之下和解契约与双务契约才受到行政契约法中的种种限制。[4]进而论之，德国的行政契约类型界定主要是考量缔约双方的地位不对等，通过《联邦德国行政程序法》第55条（和解契约）、第56条（双务契约）的详细规定，防止行政主体滥用行政权或者兜售公权力。故而，在给付行政中，主要类型就是行政主体之间的对等契约；行政主体与行政相对人之间的隶属契约，包括和解契约与双务契约。

3. 我国给付行政领域中行政契约之类型

在我国给付行政领域中，涉及行政契约的主要有政府采购协议、基础设施和公用事业特许经营协议、国有土地使用权出让协议、国有资产承包经营、出售或者出租协议、政策信贷协议，以及行政机关委托的科研、咨询协议等。这些协议本质上就是行政主体与行政相对人之间隶属契约、双务契

---

〔1〕 参见王必芳："论法国行政契约的特点"，载《台北大学法学论丛》2017年第102期。

〔2〕 参见［法］古斯塔夫·佩泽尔（Gustave Peiser）：《法国行政法》，廖坤明、周洁译，国家行政学院出版社2002年版，第199页。

〔3〕 参见［德］哈特穆特·毛雷尔：《行政法学总论》，高家伟译，法律出版社2000年版，第353-357页。

〔4〕 参见林明锵：《行政契约法研究》，翰芦图书出版有限公司2006年版，第12-13页。

约、处置（处分）契约、义务（负担）契约。笔者认为，从公共服务的目的来看，该领域的行政契约可以分为：（1）政府采购协议（获取资源），行政主体使用财政性资金采购货物、工程和服务的行为。该类型契约的目的是行政主体获取资源，提高采购资金的使用效益，维护国家利益和社会公共利益。例如，各级政府机关采购办公电脑设备、办公大楼的改造等。（2）服务委托协议（移转任务），行政主体支付价金，委托第三人承担起提供公共服务的契约。该类型契约的目的是在行政主体不擅长处理的领域，借助第三人的力量，承担履行公共服务的职责。例如，行政主体可以采用政府购买服务的方式，采用委托经营或转让—经营—转让（TOT）手段，将已经建成的市政基础设施项目转交给社会资本运营管理。（3）公私合作协议（共担任务），行政主体与行政相对人之间为了行政目的的实现，互相承担相应给付义务的契约。该类型契约的目的是提高行政效能、节约治理成本，让行政主体与行政相对人共同分担提供公共服务的任务。例如，在公共服务、资源环境、生态保护、基础设施等领域，规范选择项目合作伙伴，引入社会资本，增强公共产品供给能力，推广政府和社会资本合作（PPP）模式。[1]

（三）给付行政中行政契约适用规制之分析

在给付行政中，行政主体适用行政契约作为行政作用的方式，需要考虑到以下要求。

一是，平等原则与行政契约运用的关系。平等原则是指相同条件，相同对待，不同条件，区别对待。该原则又包括恣意禁止原则与行政自我拘束原则，其中恣意禁止原则不仅指禁止故意的恣意行为，而且禁止任何违反法律的基本精神及事物本质的行为；行政自我拘束原则指行政机关作出行政行为时，如无正当理由，应受到行政惯例的拘束，否则就违反平等原则。[2]在给付行政领域中，行政主体实施行政契约时，就要注意到对行政相对人平等对

---

〔1〕 参见《国务院关于创新重点领域投融资机制鼓励社会投资的指导意见》。事实上，按照《最高人民法院关于审理行政协议案件若干问题的规定》第2条第5项的规定，只有符合（一方行政机关+实现行政管理或者公共服务目标+行政法上的权利义务内容+协商一致）的政府与社会资本合作协议才属于行政协议，可以依法提起行政诉讼。

〔2〕 参见林锡尧：《行政法要义》，三民书局2000年版，第48-50页。

待，通过公平竞争的法定程序来实现。例如，《基础设施和公用事业特许经营管理办法》第15条第1款明确规定，实施机构根据经审定的特许经营项目实施方案，应当通过招标、竞争性谈判等竞争方式选择特许经营者。这些竞争方式能够保证行政相对人之间机会平等、权利平等、规则平等，防止出现行政主体单方恣意决定特许经营权的授予的情况。

二是，诚实信用原则与行政契约运用的关系。诚实信用原则在私法领域中，是指行使债权、履行债务，应依诚实及信用的方法，是私法中的"帝王条款"，为现代民法中的一大原则。[1]同样，在公法领域中，诚实信用原则也具有重要地位，为行政法之一般法律原则。该原则不仅适用于行政主体，同时也适用于人民，即人民在与行政主体的关系中，也应遵守诚信。[2]在我国的行政实践中，2004年国务院印发的《全面推进依法行政实施纲要》明确规定了诚实守信原则的内涵。[3]在给付行政领域中，行政主体实施行政契约，也应当遵守诚实信用原则，严格按照契约约定的内容行使权利、履行义务，不能言而无信，出尔反尔。例如，《国务院关于加强政务诚信建设的指导意见》明确指出，在政府采购、政府和社会资本合作、招标投标、招商引资、地方政府债务等领域开展政务诚信建设，尤其是规范地方人民政府招商引资行为，要求认真履行依法作出的政策承诺和签订的各类合同、协议，不得以政府换届、相关责任人更替等理由毁约，决不能"新官不理旧账"，解决"开门招商、关门打狗"的问题。故而，行政主体在实施行政契约时，必须坚持诚实信用原则，这样才能够树立政府清正、廉洁、公平的良好形象，进一步提升政府公信力。

三是，信赖保护原则与行政契约运用的关系。信赖保护原则（Der Grundsatz des Vertrauenchtutes）是"二战"后德国发展成功之原则，源于宪法保障人民对法的安定性的信赖及宪法对财产权保障的规定。[4]该原则最先适

---

〔1〕　参见梅仲协：《民法要义》，中国政法大学出版社2004年版，第224页。

〔2〕　参见黄异：《行政法总论》，三民书局2006年版，第81页。

〔3〕　即行政机关公布的信息应当全面、准确、真实。非因法定事由并经法定程序，行政机关不得撤销、变更已经生效的行政决定；因国家利益、公共利益或者其他法定事由需要撤回或者变更行政决定的，应当依照法定权限和程序进行，并对行政管理相对人因此而受到的财产损失依法予以补偿。

〔4〕　参见李惠宗：《行政法要义》，元照出版有限公司2007年版，第117页。

用于授益性质的行政行为的撤销或废止，当行政相对人因此类行政行为获得利益时，一旦撤销将会受到损害，故行政主体撤销授益行政行为时，应当考虑补偿行政相对人信赖该行政行为有效存续的利益。[1]我国《行政许可法》第8条明确体现了信赖保护原则。[2]在这里，行政行为的范围应当包括行政契约，即行政主体实施行政契约时，也应当受到信赖保护原则的拘束。例如，《西安市行政程序规定》第94条规定，"行政机关签订和履行行政合同，应当严格遵行诚实信用原则、信赖保护原则。因客观情势变更，需要更改或者终止行政合同，因此给当事人和利害关系人造成损失的，行政机关应当补偿。因行政机关的违法或者过错给当事人或者利害关系人造成损害的，应当赔偿"。因此，行政主体在撤销、变更或者废止行政契约时，应当受到信赖保护原则的制约，保护行政相对人的合法的信赖利益。

四是，不当联结禁止原则与行政契约运用的关系。不当联结禁止原则（Kopplungsverbot）要求行政主体所采取的手段与所追求的目的具有合理的关联性，这种关联性是事理上关联（Sachlicher Zusammenhang）的结合。[3]该原则作为一项公法原则，拘束所有国家公权力行为的运作，可适用于立法行为——拘束立法裁量权、行政行为——拘束行政裁量权、司法行为——拘束司法裁量权。[4]在给付行政领域中，不当联结禁止原则主要针对行政契约中的双务契约。也就是说，行政主体与行政相对人之间具有互为给付义务时，双方的给付应当大体相当，并且具有符合事物本质特性的正当合理的关联性。该原则要求行政主体追求实现行政目的时，应当认真考虑对行政相对人的侵害是否合理妥当，以保障人民宪法上的权利。[5]例如，在实践中，行政主体与行政相对人之间签订了只有停止上访才能发放拆迁补偿款等的息诉罢

---

〔1〕 参见吴庚：《行政法之理论与实用》，中国人民大学出版社2005年版，第41页。

〔2〕 《行政许可法》第8条规定，公民、法人或者其他组织依法取得的行政许可受法律保护，行政机关不得擅自改变已经生效的行政许可。行政许可所依据的法律、法规、规章修改或者废止，或者准予行政许可所依据的客观情况发生重大变化的，为了公共利益的需要，行政机关可以依法变更或者撤回已经生效的行政许可。由此给公民、法人或者其他组织造成财产损失的，行政机关应当依法给予补偿。

〔3〕 Vgl. Hans J., Wollff/Otto Bachof, Verwaltungsrecht I, 9. Auflage, 1974, § 30 II, S. 180.

〔4〕 参见胡建淼主编：《论公法原则》，浙江大学出版社2005年版，第468-481页。

〔5〕 参见城仲模：《行政法之一般法律原则（一）》，三民书局1994年版，第222-223页。

访协议以及对于拒签拆迁补偿协议行政相对人的亲属进行"逼签""株连式的拆迁"等，[1]笔者认为该类型的行政协议明显违反了不当联结禁止原则。故而，在给付行政领域中，行政主体采用行政契约要求行政相对人提供相应的对待给付时，必须与自己所承担的义务（职责、职能）有实质关联性，否则，就构成了违反不当联结禁止原则。

---

[1] 类似的情形，可参见"教师因父母未签拆迁补偿协议被'借调'到拆迁办"，载 http://zz. mnw. cn/zhangpu/xw/693242. html，最后访问日期：2022 年 7 月 15 日。

第二章

行政契约自身特性之考量

行政契约作为行政作用的手段之一，在实践中，已经日趋成为行政主体经常运用的方式。事实上，行政主体除了运用公法方式实现行政目的，也常利用私法的手段完成行政任务，此种情形可称之为行政私法行为。[1]一般认为，行政主体对于公法行为或者私法行为的选择享有裁量权，此为行政行为选择自由原则。[2]进而论之，行政主体可以采用行政契约或者民事合同的方式去履行自己的行政职责。由于深受大陆法系的影响，我国的行政与民事两元化分立，导致了契约公私法性质的区分关系到适用法律类型的不同、权利（力）义务的分配、人民权利救济路径的差别以及法院管辖法庭的确认等多个方面。故而，准确界定行政契约相较于民事合同的独特属性以及法律效力的相关特质，对于监督行政主体依法行政、维护行政相对人的合法权益以及解决行政纠纷有重大作用。

第一节　行政契约的判别

行政契约是指行政主体之间及与行政相对人之间经过协商、讨论、沟通达成意思一致，所缔结的发生、形成、变更、消灭行政法上权利义务关系的协议。行政契约具有行政性与合意性相结合的特点，其作为行政行为的一种类型必须受到依法行政原则的拘束，相较于民事合同中双方当事人互受拘束乃是建立在契约自由原则之上，确有一定的差异之处。

---

〔1〕　参见吴庚：《行政法之理论与实用》，中国人民大学出版社 2005 年版，第 11 页。
〔2〕　参见林锡尧：《行政法要义》，三民书局 2000 年版，第 5 页。

一、行政契约之特性

行政契约源自私法契约，为私法公法化发展的必然结果。其既具有与私法契约相同的特征，也内含自身相对独特的属性。我国有学者认为，行政契约是行政主体与行政相对人的平等法律地位的体现，是行政性与契约性的结合，两者属于同等地位，但是契约性应当高于行政性。[1]还有学者针对给付行政领域中出现的政府采购、国有土地使用权出让、公共工程合同、国有资产转让等性质比较有争议的契约，认为契约所交易资源的公共性决定了上述合同为行政合同。[2]此上论点，不一而足。笔者认为行政契约特性的归纳要结合其中"行政"与"契约"的本质属性，故主张特性有四个方面：行政性、公共性、合意性以及公法法效性。

（一）行政契约的行政性

行政契约的行政性是指行政契约本质上属于行政行为的一种类型，是行政作用的一种表现方式，受到依法行政原则的指引、调整、控制。这种行政性主要表现在主体与手段上的行政性。[3]

一是主体上的行政性。行政契约主体的一方原则上必须是拥有国家公权力、承担行政职能、履行行政职责的行政主体。在法国，只有公法人才能缔结行政契约，当然在实践中，由行政权力机关（如市长）以法人的名义负责缔结时常需要获得批准（市议会）。[4]至于私人之间可能缔结行政契约的情形，主要涉及法国行政法关于行政契约的定义。只要契约的目的是实行公共服务（service public）或者内容含有超越一般民事契约所未有的特殊条款（des clauses exorbitantes du droit commun），则在两私人之间就有可能成立行

---

[1]　参见杨勇萍、李继征："从命令行政到契约行政——现代行政法功能新趋势"，载《行政法学研究》2001年第1期。

[2]　参见陈国栋："作为公共资源配置方式的行政合同"，载《中外法学》2018年第3期。

[3]　事实上，正如最高人民法院在苏某良与河北省唐县人民政府、河北省唐县仁厚镇人民政府集体土地征收补偿订立行政协议行为案〔（2020）最高法行申9647号〕所指出的："行政协议同时具有行政性和协议性，但是，将其明确为行政诉讼受案范围，主要是基于其行政性特质，而非协议性。"

[4]　参见〔法〕古斯塔夫·佩泽尔（Gustave Peiser）：《法国行政法》，廖坤明、周洁译，国家行政学院出版社2002年版，第87页。

政契约。〔1〕在德国，虽然根据《联邦德国行政程序法》第 54 条第 1 款的规定，〔2〕认为契约的法律性质根据客体，与契约当事人的法律身份没有太大关系；但是，实践中，都是公法上主体一方或者双方签订的行政契约，至于私人之间签订行政契约更是凤毛麟角，只有在法律明确授权的前提下才能成立，如《德国建设法典》第 110 条规定，征收（此处征收机关不是当事人，是合同中介人）的受益人与关系人是私人之间性质，达成了以合同方式接受打扫街道的公法义务协议。〔3〕在近邻日本，行政契约的当事人是行政主体，除作为行政活动的手段外，其形式与原则上适用民商法有关契约的规定，与市民之间的契约相同。〔4〕事实上，日本的行政契约还是根据签订契约的主体而不是根据契约性质建立起来的观念。〔5〕就我国而言，行政契约的主体行政性体现在签订主体一方或者双方应当是行政主体，包括行政机关与法律、法规、规章授权组织。对于在实践中出现新的行政主体样态如开发区管委会、村民委员会或者居民委员会、高等学校等事业单位以及律师协会、注册会计师协会等行业协会，我国也已经从法律层面、制度层面、司法实践层面等方面予以规制。例如，2018 年 2 月 8 日起施行的《最高人民法院关于适用〈中华人民共和国行政诉讼法〉的解释》第 21 条、第 24 条就对上述新型行政主体的样态进行了明确规定。〔6〕

---

〔1〕 参见林庆郎："论法国法上'禁止公法人适用仲裁'原则之发展"，载《东海大学法学研究》2017 年第 52 期。

〔2〕《联邦德国行政程序法》第 54 条第 1 款规定："公法领域的法律关系，可以通过合同建立、变更或者解除（公法合同），但以不违反法律规定为限。"

〔3〕 参见 ［德］哈特穆特·毛雷尔：《行政法学总论》，高家伟译，法律出版社 2000 年版，第 350 页。

〔4〕 参见 ［日］室井力主编：《日本现代行政法》，吴微译，中国政法大学出版社 1995 年版，第 143 页。

〔5〕 参见 ［日］南博方：《日本行政法》，杨建顺、周作彩译，中国人民大学出版社 1988 年版，第 65 页。

〔6〕《最高人民法院关于适用〈中华人民共和国行政诉讼法〉的解释》第 21 条规定，当事人对由国务院、省级人民政府批准设立的开发区管理机构作出的行政行为不服提起诉讼的，以该开发区管理机构为被告；对由国务院、省级人民政府批准设立的开发区管理机构所属职能部门作出的行政行为不服提起诉讼的，以其职能部门为被告；对其他开发区管理机构所属职能部门作出的行政行为不服提起诉讼的，以开发区管理机构为被告；开发区管理机构没有行政主体资格的，以设立该机构的地方人民政府为被告。第 24 条规定，当事人对村民委员会或者居民委员会依据法律、法规、规章的授权履行行政管理职责的行为不服提起诉讼的，以村民委员会或者居民委员会为被告。当事人对

二是手段上的行政性。由于行政契约是双方行政行为，必然会受到依法行政原则的拘束，因此，私法领域中的契约自由原则在行政契约中的适用是有所限制的。这种限制表现在通过行政程序对行政主体的缔结自由权进行规制，着重凸显在缔结对象的选择过程中要公开、公正、公平，本质上是依法行政原则中的平等原则的必然要求。在法国，原则上行政主体是不能自由选择共同缔约方的。这表现在：行政契约（特别是对那些政府采购合同来说）经历了从传统的廉价征招制度到寻求在公共契约的缔结中引入更多透明度和竞争的措施、手段、方式，如招标投标等。[1]由于深受欧盟法的影响，无论是政府采购契约（支出对价）、公共服务委托契约（不支付费用）还是新类型的行政契约类型——伙伴契约（contrat partenariat public-privé），法国的公法人选任缔约相对人的程序，都必须至少遵守公示（publicité）与开放竞争（mise enconcurrence）的程序，以达到程序内容实质正当的要求。在德国，按照《联邦德国行政程序法》第54条规定，只要不违反法律的规定（如考试、公务员任命等），行政主体就能够缔结行政契约（还可以代替单方的行政决定），因此，行政契约的缔结自由远比法国广泛。但是，行政契约作为行政作用的一种类型，必须受到行政程序的规制。[2]例如，在行政主体作出代替单方行政决定的行政契约时，应当告知缔约相对人的陈述权、申请权或者给予缔约相对人的听证权，以及必要时告知缔约相对人在行政程序中享有的权利与应当承担的义务。此外，关于行政契约的解除，如果法律没有规定其他形式，要求解除合同需要书面形式，并且应当说明理由。[3]因此，

（接上页）村民委员会、居民委员会受行政机关委托作出的行为不服提起诉讼的，以委托的行政机关为被告。当事人对高等学校等事业单位以及律师协会、注册会计师协会等行业协会依据法律、法规、规章的授权实施的行政行为不服提起诉讼的，以该事业单位、行业协会为被告。当事人对高等学校等事业单位以及律师协会、注册会计师协会等行业协会受行政机关委托作出的行为不服提起诉讼的，以委托的行政机关为被告。

〔1〕参见［法］古斯塔夫·佩泽尔（Gustave Peiser）：《法国行政法》，廖坤明、周洁译，国家行政学院出版社2002年版，第88—90页。

〔2〕《联邦德国行政程序法》第9条规定，本法意义上的行政程序是指当局对行政行为条件的审查、行政行为的准备和公布，或者对公法合同的缔结采取的具有外部效力的活动。它包括行政行为的公布或者行政契约的缔结。

〔3〕《联邦德国行政程序法》第60条规定，法律没有规定其他形式的，解除合同需要书面形式。解除应当说明理由。

德国的行政主体缔结、变更、解除、终止行政契约所采取的手段都应当符合《联邦德国行政程序法》的规定，只不过在不同领域中（秩序行政或者给付行政）缔约手段受到限制程度不同罢了。在日本，行政契约被认为是非权力性行政行为，但它是一种行政手段，也应当受到法律的规定。[1]例如，行政主体运用行政契约所采用的手段应当符合《日本宪法》第 23 条对基本人权保障的精神以及《日本行政手续法》的规定。我国虽然没有统一的行政程序法，但是，不少地方政府的规章已经制定了关于行政程序的相关规定。故而，行政主体在实施行政契约中所采用的手段应当遵守当地关于行政契约的程序规定。譬如，《湖南省行政程序规定》第 94 条就规定，订立行政合同应当遵循竞争原则和公开原则。订立行政合同一般采用公开招标、拍卖等方式。这些方式体现了行政契约手段上的行政性。

（二）行政契约的公共性

行政契约的公共性是指行政主体实施行政契约是为了实现公共利益，包括维护国家安全、社会公共秩序与提供公共服务，内容涉及国家与社会的管理或者治理。这种公共性主要表现在目的与内容上的公共性。[2]

第一，目的上的公共性是指为了实现公共利益。从本质上看，行政主体采用行政契约所追求的就是行政目的的实现。而所谓行政目的的实现是指公益或公共性的实现，甚至是为了公共福祉的实现。[3]事实上，行政主体无论是采用行政契约还是采用民事合同，其最根本的目的都是实现公共利益（public interest），否则就有违行政主体本身存在的意义。公共利益为典型的不确定法律概念，具有利益内容的不确定性与受益对象的不确定性，在民主

---

〔1〕 参见［日］室井力主编：《日本现代行政法》，吴微译，中国政法大学出版社 1995 年版，第 147 页。

〔2〕 例如，在孟某民与山东省枣庄市薛城区人民政府、山东省监狱管理局确认煤矿转让协议无效及继续履行移交其档案材料义务一案［（2020）最高法行申 8358 号］中，最高人民法院以薛城区人民政府与山东省监狱管理局签订的《枣庄市薛城区人民政府将徐庄煤矿协议转让给山东省监狱管理局协议书》及《移交协议书》，系双方在平等协商的基础上签订的有关国有企业经营管理权主体变更的转让协议及转让协议的履行协议，不具有履行行政管理职权的性质，也不是行政机关为实现行政管理目标、提供公共服务而签订的协议，没有行政法上的权利义务内容。因此，认定该协议书及《移交协议书》不属于行政协议。

〔3〕 参见城仲模：《行政法之一般法律原则（二）》，三民书局 1997 年版，第 13 页。

法治国家中必须从法的角度予以充实公益的内涵（结合变迁社会中的政治、经济、文化、社会等因素及事实），为此，应当以宪法理念，衡量国家、社会的现实状况，寻出一个最高价值理念，作为界定公益概念（内容）的层次。[1]故而，行政契约存在的目的就是便于行政主体更好地履行自己的行政职能，维护国家与人民的公共利益，实现宪法上的基本价值与基本人权。在法国，采用行政契约的目的除了用来安排行政主体相互之间以及行政主体与其人员之间的关系，主要是帮助行政主体作为公权力行政获取资源、移转行政活动以及活化公产利用的工具。[2]事实上，法国的行政契约是作为行政主体满足公共利益（尤其是公共服务）的手段，是处理公共利益与私人利益之间的工具。在德国，行政主体选择协商、沟通、交流的方式与人民签订行政契约，目的还是要实现自身所承担的行政任务的要求。故行政主体实施无论是《联邦德国行政程序法》第55条的和解契约还是第56条的双务契约，都是为了执行公共任务，实现公共利益。以隶属行政契约为例，其不仅已经被认为是一个必要的和合法的管理手段，而且也是符合现代民主法治的观念——公民被作为独立的法律主体和行政伙伴与行政机关一起担负起行政责任。[3]我国在行政实践中采用行政契约就是为了实现公共利益。这里的公共利益不仅是指维护秩序行政中的公共安全、公共安宁、公共和谐，还包括提高给付行政中的公共服务质量、水平。例如，我国推行的基础设施和公用事业特许经营协议，就明确要求兼顾经营性和公益性平衡，维护公共利益。[4]

第二，内容上的公共性是指为了推进国家与社会的管理或者治理。行政契约的内容必须是与行政主体履行法定职责有关的，也就是说，涉及国家、

---

〔1〕　参见陈新民:《德国公法学基础理论（上册）》，山东人民出版社2001年版，第182-205页。

〔2〕　参见王必芳:"论法国行政契约的特点"，载《台北大学法学论丛》2017年第102期。

〔3〕　参见［德］哈特穆特·毛雷尔:《行政法学总论》，高家伟译，法律出版社2000年版，第361-362页。

〔4〕　《基础设施和公用事业特许经营管理办法》第4条规定:"基础设施和公用事业特许经营应当坚持公开、公平、公正，保护各方信赖利益，并遵循以下原则:（一）发挥社会资本融资、专业、技术和管理优势，提高公共服务质量效率;（二）转变政府职能，强化政府与社会资本协商合作;（三）保护社会资本合法权益，保证特许经营持续性和稳定性;（四）兼顾经营性和公益性平衡，维护公共利益。"

社会的管理或者治理，即维护秩序与提供公共服务。诚然，自 20 世纪 80 年代起，新公共管理运动在西方兴起，提出了让私部门或者第三部门提供服务借以打破所谓的政府垄断，故政府通过契约委外（contracting out）的形式以期实现提升效率、降低成本及追求政治上的正当性与合理性的目的。但是，这并不意味着政府放弃自己的治理或者管理责任，逃避所应承担的法定职责。事实上，政府将契约委外（也称为外包 outsourcing）作为管制工具，应用公私部门所签订的契约，由政府的行政机关管理私部门组织，来达成政府设定的预期政策目标。故而，政府可以采用行政契约的手段，借助私部门、私人的专业、技术、能力、资金等，增进行政效能、提高公共服务品质、鼓励制度创新以及减轻财政压力，共同推进国家与社会治理能力的提升与治理体系的现代化。在法国，行政契约的出现与大量运用，与国家任务的扩大及介入经济领域有相当关联性，并且也受到欧盟法中开放竞争、透明化、平等对待以及比例原则等的影响，目前主要可分为：购买工程、设备或服务的政府采购契约；铁路、自来水、瓦斯及电力等领域中的公共服务委托契约；行政权有意识地创造一个新类型的行政契约——鼓励私人参与公共事务并引入私部门人才与财源以弥补公部门不足的伙伴关系契约。这些行政契约的内容都是涉及行政主体对国家、社会的管理或者治理，表现为行政主体在公共服务中所承担之公法义务的履行。在德国，行政主体实施行政契约就是为了完成相应的行政管理任务，在此种背景下，通过行政契约方式代替传统的单方行政决定，能够更好地取得行政相对人的理解，实现良好的公法效果。因此，行政契约内容的公共性凸显在契约所体现权利义务的公法性上，也就是说，行政主体自身的行政职责是否得到履行，维持秩序、提供公共服务的职能能否得以发挥。我国行政契约内容的公共性，蕴含在行政主体的管理或者治理之中，是行政主体应当承担法定职责的生动体现。进而论之，此种公共性反映在：秩序行政中行政主体落实法的安定性原则；给付行政中行政主体履行对人民生存照顾的义务。例如，为了推进精准扶贫任务，行政机关与行政相对人之间签订的精准扶贫帮扶协议。

（三）行政契约的合意性

行政契约的合意性是指行政主体之间及与行政相对人之间经过沟通、交流、协商等方式，就双方公法上的权利义务的安排达成一致意见。[1]与民事合同相比较而言，行政契约的内容由于受到依法行政原则的拘束，契约自由的内容限制较大，主要体现在行政契约的合意性具有"残缺性""不完全性""灵活性较差"等方面。笔者认为行政契约的合意性有以下几个方面的影响。

一是公益与私益的不平等性。行政契约作为行政主体履行法定职责的一种方式，当以追求公共利益为优先考虑的目标，因此，在行政主体与行政相对人缔结契约的过程中，双方的合意性受到法律法规的约束。此种约束除了表现为行政主体自身的职权范围、职能需求等方面的限制，还受到行政相对人私益维护的抵触。从比较法的观点看，在法国，行政契约一般被认为与私法一样，签订需要当事人的意思一致，但必须考虑到此处的利益不平等，即考虑到财政利益、行政利益优先。[2]这体现在行政主体在行政契约中享有单方的行政优益权，涉及对契约执行的监督权、指挥权、变更权、解除权、处罚权等。[3]不过，法国最终还是要追求行政契约中公益与私益之间的相对平衡，否则，私人是不会积极参与到契约缔结过程中的。以法国的公共服务特许为例，公共服务特许契约必须设法维持特许机构对于公共服务的权威与保障特许权人所得合法企求的利益，即整个公共服务特许的古典理论就在于调和两个对立的理念：一方面，被特许的服务依然是公共服务，必须服从公益的诫命；另一方面，管理公共服务的是私人，其是为了自身利益而为管理，并且只能在取得好处的情形下才会愿意接受公共服务的使命。[4]与此相对应的是，我国也在现行实定法中明确规定了行政契约中公益优先性，尤其是给付行政领域中的公共服务的持续性原则。例如，《基础设施和公用事业特许经营管理办法》第48条、第52条就规定了，因不可抗力等原因确实无法继

---

〔1〕　例如，在马某青与河南省郑州市二七区人民政府撤销承诺书案〔(2020)最高法行申2312号〕中，最高人民法院认为，参照《最高人民法院关于审理行政协议案件若干问题的规定》第1条的规定，行政机关为了实现行政管理或者公共服务目标，与公民、法人或者其他组织协商订立的具有行政法上权利义务内容的协议，属于《行政诉讼法》第12条第1款第11项规定的行政协议。本案中，马某青申请撤销的承诺书是其单方作出的承诺，而并非行政诉讼法规定的行政协议。

〔2〕　参见[法]古斯塔夫·佩泽尔(Gustave Peiser)：《法国行政法》，廖坤明、周洁译，国家行政学院出版社2002年版，第87页。

〔3〕　参见王名扬：《法国行政法》，北京大学出版社2007年版，第370-375页。

〔4〕　参见王必芳："论法国行政契约的特点"，载《台北大学法学论丛》2017年第102期。

续履行特许经营协议以及特许经营协议存续期间发生争议，当事各方应当采取措施，保证持续稳定地提供公共产品或公共服务。[1]此外，我国还要求在行政契约中充分保护行政相对人的合法权益。例如，《基础设施和公用事业特许经营管理办法》第4条规定："……（三）保护社会资本合法权益，保证特许经营持续性和稳定性。"总之，从充分发挥合作双方的积极性、主动性、创造性的角度看，行政契约的合意性需要在行政主体所追求的公共利益与行政相对人所实现的私人利益之间保持一种适度的均衡。

二是缔结方式的弹性不足。行政契约作为国家公共权力的运作方式之一，相较于单方的行政决定，具有很大的形塑空间。具体言之，行政主体在秩序行政领域中适用行政契约处理非典型事件，在给付行政领域中则运用行政契约实施公共资源的分配。总之，无论在哪个领域，行政主体实施行政契约都会涉及公共行政资源如何使用、分配的问题。在法国，相关法律与行政判例创设行政契约是考量到行政主体所缔结的某些契约，因涉及与满足公益有关的特殊问题，在本质上具有行政性质。[2]该行政性质要求行政主体缔结行政契约的方式必须符合法律相应的规定，即行政契约之缔约手段的弹性空间要远比民事合同狭小。例如，从1993年"loi Spain"之后，所有被认定是公共服务委托契约的行政行为，均强制使用该法公告之程序规定（la procédure de publicité），即当公法人与他人（不论是私人还是公法人）缔结公共服务委托契约，至少必须遵守开放投标（une offre de candidatures）与应标（une offre de prestations）两个程序。在德国，行政契约还出现了固定化、格式化的问题。如果行政契约成为行政主体的日常管理活动的方式，行政主体就会转向拟定预先印刷好的、典型的格式契约，以确定契约的主要内容。[3]实际上，在此种情形下，合意变更性的范围狭小，行政相对人并没有讨价还价的空间，也就是说，无所谓缔约的方式，有的只有签或者不签两种选择。在我

---

〔1〕 《基础设施和公用事业特许经营管理办法》第48条规定，特许经营者因不可抗力等原因确实无法继续履行特许经营协议的，实施机构应当采取措施，保证持续稳定提供公共产品或公共服务。第52条规定，特许经营协议存续期间发生争议，当事各方在争议解决过程中，应当继续履行特许经营协议义务，保证公共产品或公共服务的持续性和稳定性。

〔2〕 参见王必芳："论法国行政契约的特点"，载《台北大学法学论丛》2017年第102期。

〔3〕 参见［德］哈特穆特·毛雷尔：《行政法学总论》，高家伟译，法律出版社2000年版，第362页。

国，行政契约的缔结方式也较为局促。在秩序行政中，行政主体采用的缔结方式只要不违反法律法规的强制性规定即可；在给付行政中，特别是在公共资源的配置中，则需要按照法律法规规定的方式去签订行政契约。例如，对于以公建民营等方式运营的养老机构，应当采用招标投标、委托运营等竞争性方式确定运营方，具体服务收费标准由运营方依据委托协议等合理确定。[1]

（四）行政契约的公法法效性

行政契约的公法法效性是指行政主体与行政相对人之间意思表示一致所形成的行政法上的法律效果，即该契约以设立、变更或者终止行政法上的权利义务为目的。[2]故如果行政主体选择行政契约作为行为方式，性质上仍然属于公权力行政而非私经济行政（国库行政），盖其适用的规范及所产生的法律效果均属公法性质。[3]由此，行政契约的法效性可表现为适用规范的公法性及形成效果的公法性。

1. 适用规范的公法性

在大陆法系中，契约的概念源自私法，经过调适后才在公法体系内受到接纳，事实上，行政契约的运作，仍有许多准用或者借用民法的理论与实践。[4]不过，由于公法与私法的二元分立，使得行政契约适用的规范主要是公法规范，至于是否参照私法规范，也只有在法律没有专门规定的情形下才可以适用。故行政契约作为行政行为的一种类型，必然适用公法规范，而公法的本质就是要实现公共利益。进而论之，若国家遵守与私人相互间的关系同样的规律则将与公益的要求不相容，那就算是非权力发动之经济的内容的

---

〔1〕 参见《国务院办公厅关于全面放开养老服务市场提升养老服务质量的若干意见》。

〔2〕 例如，在游某喜与福建省莆田市秀屿区人民政府未按约定履行行政协议案［（2019）最高法行申 2322 号］中，最高人民法院认为："经审查，本案诉争《协议书》系秀屿区人民政府为了拆迁工作的顺利进行而签订的，为《秀屿区秀屿村整体搬迁征地拆迁补偿安置协议书》的补充协议，该协议具有行政法上权利义务内容，符合行政协议的特征，属于行政诉讼受案范围。"这表明《秀屿区秀屿村整体搬迁征地拆迁补偿安置协议书》及诉争《协议书》为游某喜与福建省莆田市秀屿区人民政府设立了行政法上权利义务——具有公法法效性（为了拆迁工作的顺利进行），故而，该《秀屿区秀屿村整体搬迁征地拆迁补偿安置协议书》及诉争《协议书》为行政协议。

〔3〕 参见吴庚：《行政法之理论与实用》，中国人民大学出版社 2005 年版，第 269 页。

〔4〕 参见李震山：《行政法导论》，三民书局 2007 年版，第 381 页。

规律，亦不属于私法而属于公法。[1]因此，行政契约凸显自身的亮点就是主要适用公法规范，换言之，即便是借用私法上有关规范，也还是属于公法范畴。在法国，由于契约被认为属于私法的工具，故在一个行政法创建的时期，最高行政法院必须致力于进行差异化（différenciation）以便证立有别于私法契约的行政契约的存在。[2]这种行政契约的差异化特性体现在适用的公法规范上。例如，法国的不可预见理论，是指由于独立于缔约各方意愿的、不可预见的事件（战争、严重的经济危机、货币贬值）导致对行政契约产生根本影响，如果共同缔约方应继续履行契约，则它有权从共同缔约的行政主体获得对不可预见结果的补偿。[3]故而，行政契约之所以能够产生不同于民事合同的公法法律效果，正是由于其适用了不同于私法领域中的公法规范。在德国，《联邦德国行政程序法》第 9 条已经确认行政契约取得了与行政行为相同的法律地位，现在的主要课题并不是行政契约原则上的适法性，而是得阐明行政契约的合法要件、法律形式以及违法后果，因为这些是行政契约在实践中得到有效利用的前提。[4]事实上，德国的行政契约主要适用《联邦德国行政程序法》所规定的公法规范，这也是行政契约法效性的一个表现。在我国，行政契约能够形成不同于民事合同的法律效果，也是因为适用了公法规范，这同时也是区分行政辅助行为、行政营利行为以及行政私法行为[5]的重要标志。例如，2015 年《江苏省行政程序规定》第 81 条、第 82 条就规定，行政机关对行政合同履行的单方面指导、监督权以及单方面的变更或者解除权。[6]行政主体能够有这些特权，正是适用公法规范所产生的结果，这就是行政契约法效性的一大表现。

---

〔1〕　[日] 美浓部达吉：《公法与私法》，黄冯明译，中国政法大学出版社 2003 年版，第 47 页。

〔2〕　参见王必芳："论法国行政契约的特点"，载《台北大学法学论丛》2017 年第 102 期。

〔3〕　参见 [法] 古斯塔夫·佩泽尔（Gustave Peiser）：《法国行政法》，廖坤明、周洁译，国家行政学院出版社 2002 年版，第 93-94 页。

〔4〕　参见 [德] 哈特穆特·毛雷尔：《行政法学总论》，高家伟译，法律出版社 2000 年版，第 361 页。

〔5〕　参见陈新民：《中国行政法学原理》，中国政法大学出版社 2002 年版，第 19-21 页。

〔6〕　2015 年《江苏省行政程序规定》第 81 条规定，行政机关有权对行政合同的履行进行指导和监督，但是不得妨碍对方当事人履行合同。第 82 条第 1 款至第 2 款规定，行政合同受法律保护，合同当事人不得擅自变更、中止或者解除合同。行政合同在履行过程中，出现严重损害国家利益或者公共利益的情形，行政机关有权变更或者解除合同。

2. 形成效果的公法性

行政契约法效性的最大特点就是产生的法律效果为公法效果，这与单方行政决定既能产生私法上法效又能形成公法上法效有明显区别。[1]此外，特别是在给付行政领域中，行政主体享有选择公法或者私法管理方式一定的选择权，如果选择的是私法契约形式，那么所产生的法律效果必然是私法性的。[2]因此，行政契约法效性的最终结果就体现为是否形成公法上的法律效果——公共利益的获得，即表现为产生、变更或者废止公法上的法律关系。在法国，公法法效性体现在公益与私益的不平等性上，即追求公共利益的相对优先性。也就是说，行政主体为建设公共工程或者建立公用事业（如电力、自来水、燃气等）与行政相对人签订的合同，本质上也表现为不平等性——行政主体也可以用单方的行政决定将义务强加于公民。[3]事实上，当事人地位的不平等构成了法国行政契约法建构的理念及制度的特征，正如学者 Gaston Jèze 所言，行政契约根本上就是以两造缔约人互相承认位置处于不平等地位为前提。[4]在德国，行政契约以发生行政法上的效果为表征，突出呈现在依据契约的内容作出确定，至于双方当事人法律地位是否平等并非关键。因此，法律效果的公法性取决于是否针对根据公法判断的事件，特别是合同约定的义务或者履行合同的处置是否具有公法性质。[5]在我国，行政契约法效性也体现为发生行政法上的效果，即突出表现为在缔约双方中产生、变更或者终止行政法律关系。例如，2015 年《最高人民法院关于适用〈中华人民共和国行政诉讼法〉若干问题的解释》第 11 条第 1 款，就以是否具有形成行政法上权利义务的内容作为判断行政协议的依据。[6]

---

〔1〕　参见黄异：《行政法总论》，三民书局 2006 年版，第 105 页。

〔2〕　参见［德］哈特穆特·毛雷尔：《行政法学总论》，高家伟译，法律出版社 2000 年版，第 350 页。

〔3〕　参见［法］勒内·达维：《英国法与法国法：一种实质性比较》，潘华仿、高鸿钧、贺卫方译，清华大学出版社 2002 年版，第 107 页。

〔4〕　参见王必芳："论法国行政契约的特点"，载《台北大学法学论丛》2017 年第 102 期。

〔5〕　参见［德］哈特穆特·毛雷尔：《行政法学总论》，高家伟译，法律出版社 2000 年版，第 350-351 页。

〔6〕　该解释第 11 条第 1 款规定，"行政机关为实现公共利益或者行政管理目标，在法定职责范围内，与公民、法人或者其他组织协商订立的具有行政法上权利义务内容的协议，属于行政诉讼法第十二条第一款第十一项规定的行政协议"。

二、行政契约与民事合同的区分

行政契约源于民事合同，双方既有相同的地方，也有不同之处。由于划分行政契约与民事合同涉及行政主体法律地位的判断、公民权利救济的路径以及司法两元化的管辖等问题，故而，试图准确界定两者成为理论界与实务界共同追求的热点与目标。

（一）引子：若干政府签订契约的性质争议

在我国的行政实践中，对于行政契约与民事合同的界定、区分，在部分领域中并不完全明朗化。例如，政府采购协议、PPP 协议、招商引资协议、国有土地使用权出让协议等合同性质，备受争议。其中具有突出代表性的是政府采购协议与 PPP 协议性质的探讨。

一是，政府采购协议性质争论观点不统一。

在理论层面，学界看法不一。民法学界认为政府采购协议为典型的民事合同。有学者指出行政机关具有多重角色性，既可能是行政主体又可能是民事主体，需要借鉴近因理论区分民事合同与行政契约；由于政府采购协议中最接近合同的因果链条蕴含市场规律，并且该协议下的权利义务呈现对等性，故而政府采购协议为民事合同。[1]也就是说，政府采购协议中的各级国家机关、事业单位以及团体组织（采购人）与供应商权利义务之间按照平等、自愿的原则予以确认，体现市场经济规律，发挥市场在资源配置中所起的决定性作用。反之，行政法学界则大多认为政府采购协议为典型的行政契约。一般认为政府采购协议缔约的目的、形式、内容、制度及功能等明显区别于民事合同，突出特点在于其公共性、行政性、公法效果性等方面。例如，有学者指出政府采购合同使用的是财政性资金，采购的目的是公共事务、采购的功能是维护公共利益等，故无论是从订立还是从履行看都具有不同民事规则的要求。[2]还有学者从资源公共性的角度主张政府采购协议为典型的行政合同，具有公益性，体现为合同的目的是实现公共资源效益的

---

〔1〕 参见崔建远："行政合同族的边界及其确定根据"，载《环球法律评论》2017 年第 4 期。

〔2〕 参见于安："我国政府采购法的合同问题"，载《法学》2002 年第 3 期。

最大化，[1] 等等。

在实定法层面，法律体系内部也有抵触之处。《政府采购法》以及《政府采购法实施条例》明确认定 "政府采购合同适用合同法"。[2] 故而，政府采购协议中采购人和供应商之间的权利和义务，按照平等、自愿的原则适用合同法的相关规定。例如，《政府采购法实施条例》第 76 条规定，政府采购当事人违反政府采购法和本条例规定，给他人造成损失的，依法承担民事责任。但是，在《政府采购法》及其实施条例中出现了很多超越普通合同法规定的特别条款，突出体现在政府采购协议的根本目的是维护国家利益和社会公共利益。例如，政府采购方式、采购的程序具有法定性，与合同自由原则有明显冲突。[3] 特别是在部分省市制定的行政程序规定中，对于政府采购协议认定属于行政契约的范围。例如，2015 年《江苏省行政程序规定》第 77 条第 2 款就规定了行政合同适用于政府采购。[4]

二是，PPP 协议性质判断标准不一致。

在理论层面，我国的 PPP 协议是行政契约还是民事合同尚不明确。在欧盟主要成员方的法国，于 2008 年 7 月 28 日经由国会立法通过伙伴契约法，明确伙伴契约是一个行政契约，即国家或者国家的公务机构，通过此契约，于投资偿还期限或资金回收方式加以计算出的确定期限内，赋予第三人，公共服务必须的工程、设备或无形资产的投资、建造、改良、保养、维持、开发或管理的整体任务。也就是说，PPP 协议即公私伙伴契约（contrats de partenariat public-privé）与适用公共采购合同法典所签订的契约是法律明示为行政契约的。[5] 在德国，也出现了所谓的 "公私协力关系"（Public-Pri-

---

〔1〕　参见陈国栋："行政合同行政性新论——兼与崔建远教授商榷"，载《学术界》2018 年第 9 期。

〔2〕　《政府采购法》第 43 条第 1 款规定，"政府采购合同适用合同法……"。

〔3〕　《政府采购法》第 26 条规定："政府采购采用以下方式：（一）公开招标；（二）邀请招标；（三）竞争性谈判；（四）单一来源采购；（五）询价；（六）国务院政府采购监督管理部门认定的其他采购方式。公开招标应作为政府采购的主要采购方式。"

〔4〕　2015 年《江苏省行政程序规定》第 77 条第 2 款规定："行政合同主要适用于下列事项：（一）政府特许经营；（二）国有自然资源使用权出让；（三）国有资产承包经营、出售或者租赁；（四）征收、征用补偿；（五）政府采购；（六）政策信贷；（七）行政机关委托的科研、咨询；（八）法律、法规、规章规定可以订立行政合同的其他事项。"

〔5〕　参见王必芳："论法国行政契约的特点"，载《台北大学法学论丛》2017 年第 102 期。

vate Partnership）以及"合作国家"（Kooperativer Staat）的概念。[1]不过，在德国学者看来，公共任务的履行并不一定会导出公法合同的缔结，而公私合作合同也并非就一定是公法合同，进而言之，《联邦德国行政程序法》中有关公法合同的规范也不能毫无差异地适用于 PPP 模式下的合作合同（Kooperationsvertraege）。与德国相类似的是，我国对于 PPP 协议也并未明确为行政契约或者民事合同，处于一种相对游离的状态。正如有学者指出，事实上，在司法实践中，政府与社会资本合作争议出现了适用于民事诉讼、仲裁、行政诉讼程序等多种途径解决。[2]

在实定法层面，财政部的《政府和社会资本合作项目政府采购管理办法》对 PPP 项目的采购方式、争议处理和监督检查等方面作出了回应。[3] 2014 年的《财政部关于规范政府和社会资本合作合同管理工作的通知》也强调 PPP 模式要"按合同办事"，表现为在基础设施和公共服务领域政府和社会资本基于合同建立的一种合作关系，并且提出了依法治理、平等合作、维护公益、诚实守信、公平效率、兼顾灵活等原则。但是，对于"按合同办事"中的"合同"性质并未予以正面界定。而 2015 年的《基础设施和公用事业特许经营管理办法》则认为基础设施和公用事业特许经营应当坚持公开、公平、公正，保护各方信赖利益，当发生争议时，特许经营者认为行政机关作出的具体行政行为侵犯其合法权益的，有陈述、申辩的权利，并可以依法提起行政复议或者行政诉讼。[4]这表明，财政部与发展改革委对于 PPP 协议性质的认定并不完全一致。

综上，无论是理论上还是实践中，行政契约与民事合同的区分并不完全明朗、明确、明晰，尤其是涉及两者的边缘交互地带，故而，建立健全两者的区分标准不仅具有理论上的必要性，还有适应实践中可操作性的需求。

---

〔1〕 参见黄学贤、陈铭聪："行政契约和行政处分的替代关系和选择标准之研究"，载《江淮论坛》2011 年第 4 期。

〔2〕 参见焦洪宝："政府与社会资本合作项目争议的解决方式"，载《政法论丛》2018 年第 4 期。

〔3〕《政府和社会资本合作项目政府采购管理办法》第 22 条规定："参加 PPP 项目采购活动的社会资本对采购活动的询问、质疑和投诉，依照有关政府采购法律制度规定执行。项目实施机构和中标、成交社会资本在 PPP 项目合同履行中发生争议且无法协商一致的，可以依法申请仲裁或者提起民事诉讼。"

〔4〕《基础设施和公用事业特许经营管理办法》第 4 条、第 51 条。

（二）我国行政契约与民事合同的区分标准

如前所述，政府所签订的契约是行政契约还是民事合同，涉及合同双方权利义务的确定、当事人救济路径的选择以及人民法院内部管辖的分工等多个方面。因此，对于行政契约与民事合同区分标准的界定，不仅蕴含了重大理论价值，还有重大的实践价值。例如，在司法实践中，2020 年 1 月 1 日起施行的《最高人民法院关于审理行政协议案件若干问题的规定》第 1 条，就从主体要素、目的要素、内容要素以及意思要素等几个面向明确行政契约与民事合同的区别。[1]鉴于此，笔者结合我国的司法实践以及相关的理论总结，认为可以分为形式判断标准与实质判断标准。

1. 形式判断标准

所谓的形式判断标准主要是指从缔约的主体角度来观察，即如果缔约的主体一方或者双方为行使公权力的行政主体，则可以判断此类契约为行政契约。也就是说，契约的内容涉及应为一定公权力的行政主体，就可以据此认定契约的公法性质，此种形式判断标准可以称之为契约主体说。[2]此种判断标准具有快捷、简便、高效的特点，表现为反面否决的功能，即只要某种类型契约的缔结双方均非行政主体，那么原则上该契约就不是行政契约。不过，该形式判断标准无法准确界定行政机关在不同类型契约的缔结过程中，由于扮演角色的不同所形成契约性质的差异。

从比较法的观点看，在法国，原则上缔约一方必须是公共法人，两个私人之间的契约永远不可能是行政契约，除非签约人之一是代表某一公共法人行事的，因为，后者可以说是他的委托人。[3]事实上，法国最高行政法院（以及权限争议法院）自行发展出界定行政契约的标准——机关标准，即除

---

[1] 其第 1 条规定："行政机关为了实现行政管理或者公共服务目标，与公民、法人或者其他组织协商订立的具有行政法上权利义务内容的协议，属于行政诉讼法第十二条第一款第十一项规定的行政协议。"该条明确了行政协议的内涵：一是主体要素，即必须一方当事人为行政机关；二是目的要素，即必须是为了实现行政管理或者公共服务目标；三是内容要素，协议内容必须具有行政法上的权利义务内容；四是意思要素，即协议双方当事人必须协商一致。参见黄永维、梁凤云、杨科雄："行政协议司法解释的若干重要制度创新"，载《法律适用》2020 年第 1 期。

[2] 参见李震山：《行政法导论》，三民书局 2007 年版，381 页。

[3] 参见［法］古斯塔夫·佩泽尔（Gustave Peiser）：《法国行政法》，廖坤明、周洁译，国家行政学院出版社 2002 年版，第 83 页。

非例外情形，否则契约当事人中至少要有一方是公法人。[1]因此，行政契约的形式判断标准在法国就表现为机关标准。在德国，虽然行政机关可以作为不同的主体身份去缔结不同性质的契约，也就是说，契约的性质取决于行政机关的意志；但是，私人之间签订的契约能够成为行政契约还是较为少见。[2]虽然传统德国通说与见解并不采取契约主体说，然而，还是有部分学者主张主体说（即推定主体说），以减轻实务上的判断困难。[3]进而论之，行政契约的形式判断标准在德国表现为推定主体说。我国台湾地区也有学者认为采用契约主体推定说，即契约只要至少一方当事人为行政机关时，应先推定该契约为行政契约，以减少与民事合同区别上的困难，但行政机关或人民仍得举证推翻此一契约属性的初步定性。[4]还有学者对契约主体推定说进一步细化，主张以契约主体理论为中心，认为凡契约当事人一方为行政机关者，至少推定为行政契约；而契约当事人双方均为私人者，则推定为私法契约。总之，上述表明判断行政契约与民事合同的形式标准——是否具有公权力表征的行政主体，在行政实践中运用具有一定的合理性、必要性、可行性。

在我国，对于行政契约与民事合同的区别，也是首先适用形式判断标准——是否为行政主体。这里的行政主体包括行政机关、法律、法规、规章授权组织以及委托行使公共事务管理的组织。在学术界，用缔约方主体的特殊法律地位作为判断行政契约与民事合同的标准也是颇有市场的。有学者就认为主体要件是区别行政协议与民事合同的一个显著的识别特征，并且明确指出作为行政协议的一方当事人是行政机关或者法律、法规、规章授权的组织，具有恒定性。[5]还有学者指出可以直接采用主体说作为划分行政合同与民事合同的标准，即行政机关，行政机关的授权主体、委托主体签订的合同都被认为是行政合同，同时，认为这一标准简单易行、容易判断，防止诉讼途径选择的不确定，最大限度保障当事人诉权等。[6]同样，在实定法上，缔

---

〔1〕 参见王必芳："论法国行政契约的特点"，载《台北大学法学论丛》2017年第102期。

〔2〕 参见［德］哈特穆特·毛雷尔：《行政法学总论》，高家伟译，法律出版社2000年版，第349-350页。

〔3〕 Vgl. Schmidt-Amßann/Kerbs, Recthsfragen stdätebaulicher Verträge, 2 Aufl. 1992. S. 168ff（169）.

〔4〕 参见林明锵：《行政契约法研究》，翰芦图书出版有限公司2006年版，第109页。

〔5〕 参见程琥："审理行政协议案件若干疑难问题研究"，载《法律适用》2016年第12期。

〔6〕 参见陈无风："行政协议诉讼：现状与展望"，载《清华法学》2015年第4期。

约主体说（推定主体说）也有相应法律法规的规定。例如，2015 年《江苏省行政程序规定》第 77 条第 1 款规定，本规定所称行政合同，是指行政机关为了维护公共利益，实现行政管理目的，与公民、法人和其他组织之间，经双方意思表示一致达成的协议。该条明确规定了行政合同必须是行政机关签订的协议，即以缔约方是否为行政主体作为判断行政契约的形式判断标准。

此外，在行政审判中，行政契约的形式判断标准也有司法解释的支持。2015 年《最高人民法院关于适用〈中华人民共和国行政诉讼法〉若干问题的解释》第 11 条把行政机关签订的具有行政法上权利义务内容的协议认定为行政协议，此也是以形式判断标准——是否为行政主体作为相应的依据。例如，2016 年 12 月 28 日发布的萍乡市亚鹏公司诉萍乡市国土资源局不履行行政协议案（指导案例 76 号）就指出："行政协议是行政机关为实现公共利益或者行政管理目标，在法定职责范围内与公民、法人或者其他组织协商订立的具有行政法上权利义务内容的协议，本案行政协议即是市国土局代表国家与亚鹏公司签订的国有土地使用权出让合同。"此处行政协议形式判断标准就是萍乡市国土资源局代表国家签订合同的行政主体身份识别特征。

2. 实质判断标准

所谓的实质判断标准主要是指从缔约的标的或者目的来观察，即如果签订契约的内容涉及行政法上权利义务的形成、变更、终止或者契约的整体内涵是为了实现公共任务、公益目的，就可以判断此类契约为行政契约。进而论之，行政契约的显著特征表现为就公法事件（契约标的）发生公法效果（契约目的），[1]即不得作私法契约标的的事项，而以契约形态作成时，自应视为行政契约，若契约标的在性质上非私法或行政契约所独占，则应参酌契约目的的所在，综合判断其属性（契约标的为准，兼采契约目的衡量）。[2]此种以契约的内容或目的作为区分行政契约与民事合同的标准，可称为行政契约的实质判断标准。该判断标准具有较为周延、全面的特点，但是，标准的内涵相对模糊、不易把握。故而，我们需要对行政契约的实质判断标准内容予以充实、细化，以便在实践中便于适用。

---

〔1〕　参见李惠宗：《行政法要义》，元照出版有限公司 2007 年版，第 383 页。
〔2〕　参见吴庚：《行政法之理论与实用》，中国人民大学出版社 2005 年版，第 270 页。

从比较法角度看，在法国，如果契约中含有超出普通法范围的条款——那些实现公共权力特权的条款（内容标准），或者契约的目的在于履行公共服务本身（目的标准），则可以判断该契约为行政契约。[1]进而言之，在司法实践中，除了依据上述两个判例标准界定契约属性，还需要考量为了简化审判权限分派所建立起的"权限统包"（blocs de compétence）法则，即法国的公共服务分为行政公共服务（services publics administratifs：如公立学校或医院）与工商公共服务（services publics industriels et commerciaux：如水、电、瓦斯的供应或是公共运输），前者原则上适用行政法，表现在行政公共服务与不具有任用资格的人员间的契约都视为行政契约（如公立学校与约聘雇员的契约），即使这些人员并不参与公共服务的执行；后者适用私法，凡是涉及工商公共服务与其人员或使用者之间的纠纷（如电力公司与其员工或用户），即便契约中包含超越普通法的条款，也被视为私法契约。[2]总之，法国通过制定法的规定与判例的补充对行政契约的实质判断标准提出了内容标准、目的标准以及权限统包法则，这突出反映了行政契约中行政主体与行政相对人之间事实上的不平等性与在法律中形式地位平等的特点。在德国，行政主体原则上可以自由选择采用行政契约或者民事合同去完成行政任务。由于《联邦德国行政程序法》第54条对于行政契约中公法上的法律关系含义并未明确规定，故学说上即依此种需要发展出契约标的理论（vertragsgegenstand），以契约标的是否具有公法性质作为判断行政契约与民事合同区别的实质标准。[3]进而论之，只要契约标的具有目的是执行公法规范，包含作出行政行为或其他主权性职务行为的义务以及针对公民公法上的权利义务之一者，就可以认定为行政契约。[4]此外，如果契约的给付义务（尤其是金钱给付）本身具有中立性，较难以判断时，应由给付义务的目的（Zweck）及契约的全体特性而判断。[5]

---

〔1〕 参见［法］古斯塔夫·佩泽尔（Gustave Peiser）：《法国行政法》，廖坤明、周洁译，国家行政学院出版社2002年版，第83页。

〔2〕 参见王必芳："论法国行政契约的特点"，载《台北大学法学论丛》2017年第102期。

〔3〕 参见林明锵：《行政契约法研究》，翰芦图书出版有限公司2006年版，第105页。

〔4〕 参见［德］哈特穆特·毛雷尔：《行政法学总论》，高家伟译，法律出版社2000年版，第351页。

〔5〕 参见林锡尧：《行政法要义》，三民书局2000年版，第393页。

在我国，对于行政契约与民事合同区分的实质判断标准，形式上是以契约文本中是否有体现履行行政职责、实现公共服务的条款判断，本质上也是以契约的内容是否具有行政法上的权利义务关系与契约目的是不是履行行政职责、实现公共利益判断。从学术界看，有学者将公权力的作用作为区分行政契约与民事合同的核心标准；[1]还有学者认为将行政法上的权利义务作为界定行政契约核心判断标准；[2]另有学者认为在司法实践中，最高人民法院行政庭法官倾向于通过对行政主体履行行政职责要素内涵的细化对行政协议的范围进行扩张解释；[3]等等。总之，我国学者对行政契约标准的确立均未离开过契约内容性质以及契约目的内涵的分析。也就是说，契约内容的公法性与契约目的的公共服务性决定着行政契约的行政性、公共性、公法法效性等特性，这些特性决定了行政契约与民事合同区分的本质内涵。在行政立法中，我国湖南、江苏、山东、浙江、西安、汕头等省市在制定地方行政程序政府规章中都明文规定了行政合同的定义、范围、内涵、缔结程序、权利义务等。[4]这些地方政府规章中明确表明了行政契约作为行政主体履行行政职能的一种手段，本质上就是为了维护公共利益，实现行政管理目的，体现了判断行政契约的实质标准，即契约内容的公法性与契约目的的公共服务性。

此外，在司法实践中，行政契约的实质判断标准也在司法解释中得到相应的体现。2020年1月1日起施行的《最高人民法院关于审理行政协议案件若干问题的规定》第1条、2015年《最高人民法院关于适用〈中华人民共和国行政诉讼法〉若干问题的解释》第11条对行政协议的实质判断标准规定如下：契约内容——法定职责范围+订立行政法具有行政法上权利义务内容；契约目的——为实现公共利益或者行政管理目标。故而，契约内容与契约目的相结合可以作为司法实践中判断行政契约与民事合同区分的实质标

---

〔1〕　参见于立深："行政协议司法判断的核心标准：公权力的作用"，载《行政法学研究》2017年第2期。

〔2〕　参见韩宁："行政协议判断标准之重构——以'行政法上权利义务'为核心"，载《华东政法大学学报》2017年第1期。

〔3〕　参见陈天昊："行政协议的识别与边界"，载《中国法学》2019年第1期。

〔4〕　例如，《汕头市行政机关合同管理规定》第3条规定，本规定所称行政机关合同，是指市政府及其工作部门为了实现行政管理和公共服务目的，作为一方当事人与公民、法人或者其他组织之间所达成的书面协议及其他合意性法律文件。

准。例如，在黄石市明灯食品厂诉大冶市人民政府、大冶市金山店镇人民政府不履行法定职责一案中，最高人民法院明确指出："一个协议，到底属于行政协议，还是属于民事合同，有时的确较难判断。……但通说认为，协议的属性应由协议本身客观判断，协议当事人的主观意思并不能作为判断标准。……据此，认定行政协议的客观标准应当包括以下三个方面：第一，协议的一方当事人是行政机关；第二，协议的内容涉及行政法上的权利义务；第三，协议的目的是实现公共利益或者行政管理目标。"[1]

第二节　行政契约的法律效力分析

行政契约是行政作用的一种方式，是行政权运作的一项手段，与传统的单方行政决定一起共同成为行政行为中的两大重要类型。[2] 在我国，2015年5月1日实施的《行政诉讼法》第2条将"具体行政行为"改成"行政行为"，第12条第11项把政府特许经营协议、土地房屋征收补偿协议等协议列入行政诉讼的受案范围，这使得行政契约作为行政主体重要的运作方式得到了法律上的明确支持。从上述法条的逻辑分析，笔者认为该处的行政行为可以理解为最少包括单方行政决定（具体行政行为）+双方行政行为（行政契约）。事实上，作为可以代替单方行政决定的行政契约，是行政主体就行政法上的具体事件与行政相对人协商一致达成对外直接产生公法上效果的双方行政行为，对行政相对人的权利义务有重大影响，同样受到行政程序的规制。故而，行政契约是否具有与单方行政决定同样的法律效力？行政契约的合法性要件是什么？行政契约的违法、无效、撤销以及效力未定的法律效果是什么？等等。这些问题值得我们深入地分析、讨论、探究。

一、行政契约效力的探讨

行政契约成立后，即会发生行政契约效力的问题。行政契约的效力不仅

---

[1]　参见最高人民法院（2017）最高法行再72号行政判决书。

[2]　行政行为是指行政主体为达到实现其职权的目的，而依据各种法规所为的各种行为。包括行政立法行为、行政处分（具体行政行为）、行政契约、行政计划等。参见黄异：《行政法总论》，三民书局2006年版，第93-94页。

受到法治国家中法的安定性原则的束缚，还受到契约自身效力的规制。在英美法系中，行政契约与民事合同都受到相同的法律管控，都表现为两个以上当事人间具有法律约束力之协议（binding agreement），或由一个以上当事人所为一组具有法律约束力之允诺。[1] 只有在例外的情况下，为了公共利益起见，政府所签订的合同不能束缚行政上的自由裁量权的行使。[2] 故而，一般情况下，只要契约标的非不合法或者无效，国家会认可双方协议具有法律效力，并赋予一定的强制执行力。在大陆法系中，行政契约的效力内容较为复杂，这与行政契约本身为行政行为的一种方式不无关系。行政主体采取行政契约的目的，本质上是为了履行行政职责、落实治理职能、实现公共利益，因此，行政契约作为行政行为的一种类型必然受到行政程序的制约。按照类似于单方行政决定效力内容的借鉴，我们认为行政契约的效力可以分为公定力、确认力、存续力、拘束力、履行力（执行力）。

（一）行政契约的公定力

公定力的概念由日本的美浓部达吉最先提出，其认为在公法关系上，国家的意思行为有决定该关系的权力，并且这种行为至被有正当权限的机关取消或确认无效时为止，是受到"合法的"推定的，对方的人民不得否认其效力。[3] 换言之，公定力系指违法的行政处分原则上仍属有效之力，同时，又涵盖了适法性推定的概念。[4] 然而，行政契约作为行政行为的一种类型是否与单方行政决定一样也具有公定力？我国有学者对行政契约的公定力作出分析，总结出行政契约是否具有公定力在学说及实践上主要有两种不同意见：一是否定说，该说认为行政契约不能创设公定力，只能通过民事方法保障有效性（日本学者盐野宏）；二是肯定说，该说认为行政契约具有公定力，并且为法国行政实践制度所认可。[5] 笔者认为应当赋予行政契约以公定力。首

---

〔1〕 See G. C. Lindsay, Contract, (3rd ed. 1992) at 6-7.

〔2〕 参见王名扬：《英国行政法》，北京大学出版社 2007 年版，第 4 页。

〔3〕 参见［日］美浓部达吉：《公法与私法》，黄冯明译，中国政法大学出版社 2003 年版，第114 页。

〔4〕 参见林锡尧：《行政法要义》，三民书局 2000 年版，第 259 页。

〔5〕 参见杨解君："行政法的义务、责任之理念与制度创新——契约理念的融入"，载《法商研究》2006 年第 3 期。

先，行政契约是行政主体履行行政职责的一种重要方式，赋予其公定力能够有效地维护公共利益。其次，行政契约与单方行政决定都受到行政程序的规制，特别是替代单方行政决定的行政契约本质上与行政决定并无太大区别，则赋予行政决定以公定力必然也要赋予行政契约以公定力。再次，行政契约中的行政主体能够享有行政优益权也是来自公定力。最后，在行政审判的实践中，已经明确了行政契约具有公定力。[1]

（二）行政契约的确认力

确认力是指行政处分对其他机关、法院或者第三人的拘束效果（Bindungswwirkung）而言，即无论行政处分的内容为下命、形成或者确认，均有产生一种行政法上法律关系的可能，不仅应受到其他国家机关的尊重，而且在其他行政机关甚至法院有所裁决时，倘若涉及先前由行政处分所确认或据以成立的事实（通常表现为先决问题），应予以承认及接受；并且上述事实可为以后其他机关裁决的既定构成要件，又可称之为构成要件效力。[2]作为行政行为的重要组成部分，行政契约是否拥有与行政处分类似的确认效力及构成要件效力？笔者认为，为了实现公共利益的需要，行政契约作为行政主体履行行政职责的一种手段，具有行政性、公共性、公法法效性等特性，尤其是在代替单方行政决定时，应当享有确认效力。当然，这种确认效力是通过行政主体与行政相对人之间协商产生出规制双方行政法上权利义务关系而来的。

（三）行政契约的存续力

存续力一般又称为确定力，指行政处分的内容一经最后决定，即不得予以变更的效力。[3]存续力又分为形式意义上的存续力与实质意义上的存续力，前者又称为既决力，指行政处分不能再经由法定救济来撤销，即不可撤销性（Unanfechtbarkeit）；后者则指一个决定，不论是否为合法的处分，已经产生实质的存续力，不仅行政机关，甚至连法院也无法改变其效力之谓

---

〔1〕 在福建省天晟物流诉被上诉人泰宁县国土资源局解除行政合同决定案〔（2018）闽04行终6号〕中，人民法院认为："行政协议作为一种行政行为，一经作出即具有公定力和执行力，对双方当事人具有法律约束力，当事人应当按照合同约定履行义务。"

〔2〕 参见吴庚：《行政法之理论与实用》，中国人民大学出版社2005年版，第241页。

〔3〕 参见李震山：《行政法导论》，三民书局2007年版，第355页。

也。[1]在德国，存续力是德国学者基于法治国家中的法安定性原则推论而来；因行政处分与判决的本质不同，为避免将行政处分的效力与法院判决的效力同视，乃适用存续力；与日本学者主张行政处分公定力基于行政争讼制度等实定法制度推演而来略有不同。[2]公定力原则上最初意义是指行政行为受合法性推定，而存续力则指的是有效性推定。也就是说，合法的一定有效，有效的不一定合法。不过，现在学界对公定力的内涵也多从合法推定转向仅为有效推定。[3]笔者认为行政契约作为行政作用的一种手段，也应当获得与行政处分相同的存续力。首先，行政契约的公共性使得行政契约必须具有相对稳定性，这种稳定性要求赋予行政契约存续力。进而论之，不论是维护社会秩序还是提供公共服务，国家都不能让行政契约的效力处于极端不稳定的状态，必然要求对该契约的效力给予一种安定的秩序，因此，行政契约具有存续力是法安定性原则的必然要求。其次，行政契约的公法法效性也要求行政契约具有存续力。行政契约本质上是行政主体与行政相对人以协商一致实现公法上法律效果为目的，这种追求公法上的法律效果导致公共利益的相对优先性，故而，赋予行政契约的存续力能够维护公共利益。最后，行政契约中行政相对人的信赖保护需要赋予行政契约以存续力。行政契约的行政性要求行政主体按照依法行政的原则去实施行政契约时，应当诚实守信、保障人民对行政契约的信赖。此外，行政契约作为行政行为的一种类型还受到行政程序的规制——将信赖保护以存续保护（Vertrauenschutz als Bestandss-chutz）[4]的形式予以落实。故而，为了实现实质正义、落实法治国家的必然诉求，行政契约具有实质意义上的存续力是能够对行政相对人的信赖利益予以保护的。

（四）行政契约的拘束力

拘束力指行政处分生效后（即经过送达、公告、通知或使得知悉而发生

---

〔1〕　参见陈新民：《中国行政法学原理》，中国政法大学出版社 2002 年版，第 174 页。

〔2〕　参见林锡尧：《行政法要义》，三民书局 2000 年版，第 268—270 页。

〔3〕　笔者认为公定力与存续力有明显区别，公定力本质上是行政处分的效果不受到任何瑕疵的影响，也就是说，合法的一定有效；存续力则不然，行政处分的效果即便有瑕疵也是有效的，因为，有效的不一定合法。

〔4〕　参见吴庚：《行政法之理论与实用》，中国人民大学出版社 2005 年版，第 238 页。

外在效力后），按照行政处分规定的内容发生拘束力（内在效力）。[1]通常这种行政决定的拘束力表现在内容拘束原作出机关及其他机关与相对人的效力。[2]与之相类似的是，行政契约的拘束力就是指行政主体与行政相对人协商一致签订了协议后，按照协议的内容发生的具有公法上法律效果的内在效力。这种内在效力除了拘束行政主体与行政相对人遵守协议内容，是否如传统的具体行政行为一样，能够对关系人及其他机关也有拘束的效力？在民事合同中，合同相对性原理已经明确表明这种拘束力只产生在合同当事人的双方。但是，行政契约公共性的特性使得行政主体在运用行政契约时要考虑到公共利益的问题，故而，需要在一定程度上突破合同相对性原理。正如有学者指出从承认行政契约的理论来看，行政契约原则上应当具有第三人效力，例外才予以排除（如具有一身专属性的契约或本质上不得继受的关系）。[3]笔者认为，行政契约拘束力的产生主要有三方面原因：一是，上述行政契约公共性的必然要求；二是，行政契约合意性的直接体现；三是，行政契约存续力效力的重要衍生。也就是说，鉴于以上原因，行政契约拘束力得以突破合同相对性原理，使得行政契约拘束力的范围要远大于民事合同拘束力的范围。

（五）行政契约的履行力（执行力）

执行力在行政处分中指的是下命行政处分——限于因处分有作为或不作为义务者，即此类行政处分一旦生效，就有执行力，欲停止其执行力通常应循行政争讼途径提起救济。[4]该执行力表现为当命令处分，课以人民某种义务，而人民不履行义务，已有执行的必要，行政机关得依照相关法律规定自己或者申请法院予以执行，强制其履行义务。[5]也就是说，该下命行政处分本身可以作为执行依据，只不过执行方式是自力执行还是他力执行而已。与此相类似的是，行政契约也有相应的执行力（履行力），体现在行政主体与行政相对人协商达成意思一致，共同实现公法上权利义务，当一方不依法履行、未按照约定履行契约，另一方可以按照契约的约定、法律的规定自己执

---

〔1〕 参见林锡尧：《行政法要义》，三民书局 2000 年版，第 270 页。

〔2〕 参见陈新民：《中国行政法学原理》，中国政法大学出版社 2002 年版，第 173 页。

〔3〕 参见李惠宗：《行政法要义》，元照出版有限公司 2007 年版，第 398 页。

〔4〕 参见吴庚：《行政法之理论与实用》，中国人民大学出版社 2005 年版，第 243 页。

〔5〕 参见林锡尧：《行政法要义》，三民书局 2000 年版，第 276 页。

行或者诉讼到法院强制对方履行义务。[1]此种执行力（履行力）既体现为作为替代下命行政处分的行政契约的必然要求，也凸显契约自身的特点——契约不可不严守（Pacta sum servanda）。[2]

二、行政契约合法性要件的分析

行政契约作为行政主体经常运用的一种行政行为类型，既具有传统行政决定的部分特征，又具有契约这一合意性为标志的法律行为的直观反映。从行政契约源于民事合同的角度看，行政契约的成立、有效、合法的要件与民事合同有相同之处。例如，行政契约的成立要件也是订立的主体为双方或多方当事人、具备要约与承诺两个法律阶段、意思一致等。[3]不过，行政契约也有其不同于民事合同的独特地方。以下，笔者从行政契约的形式合法性要件与实质合法性要件两个面向进行分析。

（一）行政契约的形式合法性要件

行政契约的形式合法性是指行政主体为了履行行政职责、实现公共利益，在法律法规规定的范围内，与行政相对人协商一致产生具有公法约束力协议所必须适用的符合法律规定的契约方式。具体言之，就是行政活动可以通过行政契约进行吗（使用方式合法性）？如果通过行政契约形式进行，有哪些具体要求（形式规定合法性）？由于行政契约是行政主体履行行政职责

---

〔1〕　各国对于行政契约的执行方式有所差异，就我国而言，我国的行政诉讼体制为"民告官"，这就决定了在实践中行政主体只有依照契约或者法律、法规的规定自己执行或者申请人民法院强制执行。例如，《最高人民法院关于审理行政协议案件若干问题的规定》第24条规定，公民、法人或者其他组织未按照行政协议约定履行义务，经催告后不履行，行政机关可以作出要求其履行协议的书面决定。公民、法人或者其他组织收到书面决定后在法定期限内未申请行政复议或者提起行政诉讼，且仍不履行，协议内容具有可执行性的，行政机关可以向人民法院申请强制执行。法律、行政法规规定行政机关对行政协议享有监督协议履行的职权，公民、法人或者其他组织未按照约定履行义务，经催告后不履行，行政机关可以依法作出处理决定。公民、法人或者其他组织在收到该处理决定后在法定期限内未申请行政复议或者提起行政诉讼，且仍不履行，协议内容具有可执行性的，行政机关可以向人民法院申请强制执行。

〔2〕　《民法典》第502条第1款规定，依法成立的合同，自成立时生效，但是法律另有规定或者当事人另有约定的除外。1999年《合同法》第8条规定，依法成立的合同，对当事人具有法律约束力。当事人应当按照约定履行自己的义务，不得擅自变更或者解除合同。依法成立的合同，受法律保护。

〔3〕　一般而言，行政契约与民事合同相同，契约成立了即发生法律效力，除非是附条件或者附期限等类型的契约——成立与生效有一定的间隔。

的一种手段,故而,传统民事合同领域中的契约自由原则必然受到限制。这些突出表现在以下几个方面。

一是,在行政实践中,行政主体在多大程度、多大范围内可以推行行政契约?按照学界通说,除非有法律法规明确禁止使用行政契约或者相关事项的性质根本不适合契约形式,行政主体可以在法定职责范围内实施行政契约。在德国,按照《联邦德国行政程序法》第 45 条的规定,除非法律有相反规定,行政机关有权以合同的方式活动;这里的相反规定主要是指其目的和意义排除合同处理的规定,尤其在法律明确规定或者案件具体情况需要行政行为时,行政合同没有适法性,如公务员的任命、兵役登记、确认或者征收税金、捐税、考试决定等。[1]我国对于行政契约的方式合法性并没有明确的规定,在行政立法中,常采用"列举+兜底"的方式,多偏向给付行政领域中。[2]不过,在司法实践中,人民法院对于行政契约使用的方式合法性问题多按照实质判断标准采用扩大化支持态度。也就是说,人民法院按照"公共利益或者行政管理目标+法定职责范围+协商订立+行政法上权利义务内容"标准对行政主体涉及非典型事件使用行政契约给予司法上的支持。例如,在黄某诉江苏省教育厅不履行教育行政协议案中,人民法院认为江苏省教育行政主管部门依据 2007 年《国务院办公厅转发教育部等部门关于教育部直属师范大学师范生免费教育实施办法(试行)的通知》、2012 年《国务院办公厅转发教育部等部门关于完善和推进师范生免费教育意见的通知》的规定,落实免费师范生就业工作,与免费师范生及实行师范生免费教育的教育部直属师范大学签订的三方协议,属于具有行政法上权利义务内容的行政协议。[3]

二是,行政主体实施行政契约时形式上有哪些具体要求?

行政契约是行政主体履行行政职责的一种方式,受到依法行政原则的拘束,因此,从保护公民、法人或者其他组织合法权益的角度考虑,其与传统民事合同中契约自由原则相比较而言,对形式上的要求,相关法律法规规定

---

〔1〕 参见 [德] 哈特穆特·毛雷尔:《行政法学总论》,高家伟译,法律出版社 2000 年版,第 363 页。

〔2〕 例如,《湖南省行政程序规定》第 93 条,2015 年《江苏省行政程序规定》第 77 条。

〔3〕 参见江苏省高级人民法院 (2015) 苏行终字第 00282 号行政判决书。

得较为严格。

首先，行政主体缔结行政契约原则上要求书面形式。在德国，《联邦德国行政程序法》第 57 条规定，行政契约应当采用书面形式，比单方的行政决定要求严格，后者作出不拘泥于一定的形式，尽管大多数情况下均采用书面形式。[1]在我国，相关法律法规也规定，行政契约以书面形式为主。例如，《湖南省行政程序规定》第 95 条规定，行政合同应当以书面形式签订。之所以规定行政契约以书面形式签订，是因为这有利于确保诚信政府的建设与人民合法权益的维护，特别是保障了人民在行政复议或者行政诉讼中的证据举证更为容易。例如，在姜某娜诉蚌埠高新技术产业开发区管委会行政协议一案中，最高人民法院虽然承认行政契约可以适用 1999 年《合同法》第 10 条第 1 款的规定，"当事人订立合同，有书面形式、口头形式和其他形式"，但是认为"在实践中，口头形式的合同一般也只适用于标的数额不大、内容不复杂而且能即时结清的合同关系。这是因为，尽管口头形式的合同具有简便易行、直接迅速的特点，但因缺乏文字证据，一旦发生纠纷，将会难以举证，不易分清责任"。[2]

其次，行政主体签订行政契约要有法定权限。行政契约作为行政主体运用公权力的一种样态，也要遵守职权法定主义。职权法定主义是保障职权来源合法的前提，包括职权由法律设定、职权由法律授予以及职权的委托以法律许可为前提。[3]因此，行政主体在签订行政契约时应当具有法律赋予的相应职权。原则上，无权限的机关不得越权订立行政契约。[4]也就是说，行政主体对该行政契约所规定的标的，有事物上与地域上的管辖权，且参与缔结的公务员，必须对行政主体有代理权。[5]特别是行政主体实施侵害第三人权益或者涉及其他行政机关权限范围的行政契约，需要得到第三人或者其他行政机关的同意。在德国，《联邦德国行政程序法》第 58 条就明确规定，涉及

---

〔1〕 参见［德］哈特穆特·毛雷尔：《行政法学总论》，高家伟译，法律出版社 2000 年版，第 365 页。

〔2〕 参见最高人民法院（2018）最高法行申 2032 号行政裁定书。

〔3〕 参见胡建淼：《行政法学》，法律出版社 2015 年版，第 49-50 页。

〔4〕 参见吴庚：《行政法之理论与实用》，中国人民大学出版社 2005 年版，第 273 页。

〔5〕 参见林锡尧：《行政法要义》，三民书局 2000 年版，第 400 页。

第三人权利的公法契约，只有得到第三人同意才能生效；如果行政机关以行政契约替代行政行为，而相应的行政行为需要其他行政机关同意的，行政契约的签订应当经过其他行政机关参与，才能生效。在我国，对于侵害第三人的合法权益或者涉及其他行政机关权限范围的行政契约，也是如此。例如，2015年《江苏省行政程序规定》第80条规定，行政合同依照法律、法规规定应当经其他行政机关批准或者会同办理的，经批准或者会同办理后，行政合同方能生效。

最后，行政主体签订行政契约要遵守法定程序。行政契约作为行政行为的一种类型，受到行政程序的相应规制。一般认为，行政程序是行政行为在时间与空间存在的方式，是由法规所设定行政主体在实施行政行为时必须遵循的途径、方式、步骤和时限等义务的总称。[1]故而，行政主体在签订行政契约的过程中要遵守相应的法定程序，否则该行政契约就可能导致无效。尤其是在行政主体选择缔约相对人时，为了保证公正、公开、公平，防止寻租问题的出现，就需要法律规定的程序、方式、步骤来选择。事实上，在给付行政领域中，常涉及公共资源的公平分配问题，为此，国家必然要求以公平的方式给予公民的平等机会，而这种机会平等的前提是规则平等。例如，根据《基础设施和公用事业特许经营管理办法》第2条、第15条的规定，在中华人民共和国境内的能源、交通运输、水利、环境保护、市政工程等基础设施和公用事业领域的特许经营活动，实施机构根据经审定的特许经营项目实施方案，应当通过招标、竞争性谈判等竞争方式选择特许经营者。特许经营项目建设运营标准和监管要求明确、有关领域市场竞争比较充分的，应当通过招标方式选择特许经营者。

（二）行政契约的实质合法性要件

行政契约的实质合法性是指行政主体签订行政契约的内容是否符合法律法规的相应规定，即契约内容的适法性。这里的内容适法性除了公共利益的维护，还需要着重关注人民合法权益的保障。主要表现在以下方面。

一是，契约的内容不能违反现行实定法的规定。行政契约也是契约的一种类型，故而，也不能违反现行实定法中关于契约合法内容的规定。例如，

---

〔1〕 参见胡建淼：《行政法学》，法律出版社2015年版，第602页。

行政契约的内容应当遵循公平原则确定各方的权利和义务；行政契约的当事人行使权利、履行义务应当遵循诚实信用原则；订立、履行行政契约，应当遵守法律、行政法规，尊重社会公德，不得扰乱社会经济秩序，损害社会公共利益，等等。此外，行政契约作为行政行为的一种类型，也不能违反现行实定法中关于行政行为合法的相关规定。在德国，在法律羁束行政的范围内，除非法律禁止契约方式，行政主体有权签订契约，不过契约内容法律已经明确确认；在法律裁量行政的范围内或者法律没有约束的事务，行政主体可以选择适用行政契约，但需要注意公民的权益、遵守法律的约束（裁量限制）；和解协议与双务协议需要遵守行政程序法规定的各自特殊的合法要件等。[1]在我国，对于行政契约也有特殊的行政程序规定，契约的内容不得违反之。例如，《基础设施和公用事业特许经营管理办法》第 21 条规定，政府可以在特许经营协议中就防止不必要的同类竞争性项目建设、必要合理的财政补贴、有关配套公共服务和基础设施的提供等内容作出承诺，但不得承诺固定投资回报和其他法律、行政法规禁止的事项。

　　二是，契约的内容不能违反行政法的一般原则。行政法的一般原则是指指导行政法律的制定，规范行政权力的运作，以及提供行政权力的监督者判断标准的基本原理。[2]行政契约作为行政权力运作的一种方式，也必然受到行政法的一般原则的支配。进而论之，行政契约的内容不能违反依法行政、比例、平等、不当联结禁止、信赖保护等规范行政权运作的行政法上的特有原则。例如，《西安市行政程序规定》第 94 条规定，行政机关签订和履行行政合同，应当严格遵行诚实信用原则、信赖保护原则。

三、行政契约瑕疵的法律后果分析

　　行政契约瑕疵是指行政主体与行政相对人签订契约时的事实或者法律状态有一定的缺陷或不足。这种缺陷或不足使得契约的法律后果形成了效力未定、违法以及无效等情形。[3]事实上，行政契约是广义契约的一种类型，是

---

〔1〕　参见［德］哈特穆特·毛雷尔：《行政法学总论》，高家伟译，法律出版社 2000 年版，第 367-368 页。

〔2〕　参见陈新民：《中国行政法学原理》，中国政法大学出版社 2002 年版，第 32 页。

〔3〕　严格地说，违法包括无效，无效是严重的违法。

行政权重要运作方式之一，不仅受到行政法的相关原理拘束，还受到契约法理论的影响。故而，行政契约瑕疵的法律后果的确认，需要结合行政行为与民事合同效力类型的分类。具体言之，行政契约瑕疵的法律后果可分为效力未定、无效及可撤销三大类型。

（一）行政契约的效力未定

行政契约的效力未定是指行政契约成立后，还欠缺一定的法律条件，使得契约的效力在行政主体与行政相对人之间尚未确定。进而论之，一方面，行政契约作为契约的一种类型，可以适用民事合同中关于效力待定合同的相应规制；另一方面，行政契约作为行政主体履行行政职责的一种方式，还要适用行政程序法中关于行政契约效力未定的相关规定。故而，行政契约的效力未定问题就会出现两个面向：契约的有效与否取决于第三方是否同意；代替具有附款的行政行为的行政契约有效与否取决于附款的要求是否满足。

一是，契约的有效与否取决于第三方的承认。这主要体现为：行政契约进一步的生效需要相关部门的批准或者认可；当涉及第三人的合法权益的时候，需要第三人书面意见予以同意。首先，在民事合同中，限制民事行为能力人、无权代理人（没有代理权、超越代理权或者代理权终止后）以被代理人名义、无处分权的人处分他人财产等订立的合同为效力未定的合同，需要等待法定代理人、被代理人以及权利人或者无处分权的人订立合同后取得处分权等的追认后，合同才生效。[1]与之相对应的是，在行政契约中，主要是涉及行政主体的缔结权限问题与损害第三人权益的问题。事实上，行政主体是为了人民的利益而存在，因此，其缔结权限是由相关法律明确规定的。进而论之，行政主体原则上只能在职能权限的范围内缔结行政契约。如果依照法规规定作出行政处分需要经过其他机关的核准、同意或者参与，缔结行政契约以代替此类处分时，如未经该其他机关的核准、同意或参与，则属于效力未定。[2]此外，行政契约作为意定之债的一种类型，也表现为特定债权人

---

[1]　参见《民法典》第145条、第171条、第172条；1999年《合同法》第47条、第48条、第51条。

[2]　参见吴庚：《行政法之理论与实用》，中国人民大学出版社2005年版，第273页。

得向特定债务人请求给付之法律关系，这在学说上称为债权（或债之关系）的相对性。基于债权相对性原理，如果行政契约的效力涉及第三人的权利义务时，原则上应当征得第三人书面同意，否则，该契约也属于效力未定。在行政实践中，我国一些地方政府为了自身利益，"新官不理旧账"，以上述两种情形欠缺生效要件为由使得行政契约由效力未定转变为无效，逃避承担契约所约定的法定义务。例如，《国务院关于加强政务诚信建设的指导意见》就明确强调："规范地方人民政府招商引资行为，认真履行依法作出的政策承诺和签订的各类合同、协议，不得以政府换届、相关责任人更替等理由毁约。"笔者认为，如果效力未定契约的生效要件能够嗣后补正、更订，那么就应该尽量让契约有效——守信践诺，这正是打造诚信政府的必然要求。

二是，代替具有附款的行政行为的行政契约有效与否取决于附款的具体情况是否实现。所谓行政行为的附款（Verwaltungsakt mit Nebenbestimmung），是指行政主体以条件、期限、负担或者保留废止等方式，借以补充或者限制行政行为的主要内容的意思表示。[1]在附款中，附停止条件、附始期的期限等类型涉及效力未定的问题；其他的如附解除条件、附终期的期限、附负担、保留废止权等不触及效力未定的问题。与之相对应的是，在代替具有附款的行政行为的行政契约中，如果行政主体与行政相对人约定了附停止的条件或附始期的期限，那么在该条件或期限未成就前，契约属于效力未定。事实上，在民事合同中，我国的《民法典》也规定，当事人对合同的效力可以约定附条件或者期限：附生效条件的合同，自条件成就时生效；附生效期限的合同，自期限届至时生效。[2]此外，还需要注意的是，行政决定附停止条

---

〔1〕　参见李震山：《行政法导论》，三民书局 2007 年版，第 351-352 页。

〔2〕　参见《民法典》第 158 条、第 159 条、第 160 条；1999 年《合同法》第 45 条、第 46 条。例如，在马某红、田某富与宁夏回族自治区银川市兴庆区月牙湖治沙林场、宁夏回族自治区银川市兴庆区人民政府土地补偿协议纠纷案［最高人民法院（2018）最高法行申 7399 号行政裁定书］中，最高人民法院指出，人民法院审查行政机关是否依法履行、按照约定履行协议或者单方变更、解除协议是否合法，在适用行政法律规范的同时，可以适用不违反行政法和行政诉讼法强制性规定的民事法律规范。1999 年《合同法》第 45 条规定："当事人对合同的效力可以约定附条件。附生效条件的合同，自条件成就时生效。附解除条件的合同，自条件成就时失效。"据此，行政机关与公民、法人或者其他组织签订行政协议，双方按照协议约定享有权利、履行义务，如果协议对某项约定内容附生效条件，该项约定涉及的权利义务只有在所附条件成就时才发生效力。

件的内容不得违反强行规定与公序良俗、不得违背行政决定的目的、必须与行政决定的目的具有正当合理的关联、符合有关裁量的一般原则（如比例、平等原则等）。[1]故而，代替具有附停止条件行政行为的行政契约中约定的停止条件内容也得符合上述的要求。

（二）行政契约的无效

作为行政契约瑕疵的一种类型——无效是指行政契约成立后，由于其严重的违法行为，使得缔结的行政契约自始（ex tunc）就不能产生效力。[2]一般来说，行政契约的瑕疵达到了重大并且明显违法的程度，在不可以补正或者转换的情形下，就必须使其无效。此处的重大可以理解为瑕疵已经达到连信赖保护原则都无法为其辩护的程度；明显则指行政契约的瑕疵普通人都能够一目了然地观察、发现、判断。[3]进而论之，行政契约的无效具有某种不可逆性的特点，即一旦契约无效，行政主体与行政相对人就不能采用相应的补救措施（如补正、转换等）使得契约重新生效。以下，笔者将着重讨论行政契约无效的原因与法律后果。

1. 行政契约无效的原因

行政契约作为行政行为的一种类型，同时，又是契约的一种样态，故而，行政契约无效不仅适用于可代替的单方行政决定无效的原因，还适用于一般契约无效的缘由。在德国，按照《联邦德国行政程序法》第 59 条的规定，行政契约的无效原因主要有：适用民法典的相应规定无效；有相应内容的行政行为无效；有相应内容的行政行为违法，不但违反程序、形式或者地域管辖权的规定等程序或形式错误，而且合同订立人对此是知悉的；不具备订立和解合同的法定条件；不具备订立双务合同的法定条件。其中，适用民法典相应规定的无效是指：当事人没有行为能力；具有内心保留、虚伪行为或者缺乏真意等情况；违反法定形式；违反善良风俗；代理人无权代理；契约标的是不可能履行的给付，这种给付限于原始的、客观的不可能性，原始的无能力；通过撤销造成的无效，如契约一方当事人因误解、错误通知、欺

---

〔1〕 参见林锡尧：《行政法要义》，三民书局 2000 年版，第 203-205 页。

〔2〕 参见陈新民：《中国行政法学原理》，中国政法大学出版社 2002 年版，第 66-67 页。

〔3〕 参见黄异：《行政法总论》，三民书局 2006 年版，第 113 页。

诈或者胁迫而撤销其意思表示，行政契约无效。[1]目前，我国对于行政契约的无效情形尚未有体系化的法律规定，只有通过 2015 年施行的《行政诉讼法》第 75 条以及结合 2015 年《最高人民法院关于适用〈中华人民共和国行政诉讼法〉若干问题的解释》第 15 条第 2 款的规定，我们可以推导出两种情形的无效情况，即行政行为有实施主体不具有行政主体资格或者没有依据等重大且明显违法情形，可以认定行政契约无效。此外，2019 年 11 月 12 日，最高人民法院发布的《最高人民法院关于审理行政协议案件若干问题的规定》第 12 条，还明确了人民法院可以适用民事法律规范确认行政协议无效。[2]笔者认为，借鉴域外的行政契约无效原因的分类，我国可以分为普通行政契约无效的一般原因与代替单方行政决定的行政契约无效原因。其中，普通行政契约无效的一般原因主要是指，涉及本予契约共通的法理，类推适用民法有关规定，应属于无效的情形，并且不论是对等关系契约还是隶属关系契约均有其类推适用；[3]依照事务本身性质或法律规定不得订立行政契约者，订立的契约无效。[4]例如，我国《民法典》第 153 条、第 154 条、第 155 就明确规定，有"违反法律、行政法规的强制性规定（效力性规定）；违背公序良俗；恶意串通，损害他人合法权益"之一者，民事合同无效，[5]同样，可以适用于行政契约。至于代替单方行政决定的行政契约无效原因主要是指具有隶属关系的行政契约无效的特殊原因，除了包括上面的一般原因，主要包括与其内容相同的行政决定无效；与其内容相同的行政决定，订立双方所明知的有得撤销的违法原因；契约的相关内容有重大违法事由，如

---

〔1〕 参见［德］哈特穆特·毛雷尔：《行政法学总论》，高家伟译，法律出版社 2000 年版，第 371-372 页。

〔2〕 该规定第 12 条明确："行政协议存在行政诉讼法第七十五条规定的重大且明显违法情形的，人民法院应当确认行政协议无效。人民法院可以适用民事法律规范确认行政协议无效。行政协议无效的原因在一审法庭辩论终结前消除的，人民法院可以确认行政协议有效。"

〔3〕 参见林锡尧：《行政法要义》，三民书局 2000 年版，第 404-405 页。

〔4〕 例如，考试测验，技术标准、技术规范的检验、检测、检疫等。

〔5〕 此外，《民法典》第 506 条规定，合同中有造成对方人身损害的/因故意或者重大过失造成对方财产损失的免责条款无效，也应适用于行政契约。需要注意的是，1999 年《合同法》第 52 条的规定，有"一方以欺诈、胁迫的手段订立合同，损害国家利益；恶意串通，损害国家、集体或者第三人利益；以合法形式掩盖非法目的；损害社会公共利益；违反法律、行政法规的强制性规定"之一者，民事合同无效，1999 年《合同法》已于 2021 年 1 月 1 日起废止。

涉及构成刑事犯罪、违反公序良俗，等等。

2. 行政契约无效的法律后果

行政契约的无效涉及契约行为的违法性问题。在早期，对于行政契约的效力只有有效（合法）与无效（违法）两种选择。换言之，行政契约一旦违法均属无效。例如，《联邦德国行政程序法》就认为行政契约在有效与无效之间，并无得撤销的中间地带，其理由就是契约严守（Pacta sunt servanda），行政契约经当事人合意而成立，应尽量使之有效。[1]目前通说则认为，违法的行政契约，并非均属无效，仅限于特定原因始为无效，即非特定原因的违法，仍属有效，有拘束力，得据以主张权利义务。[2]总之，行政契约的瑕疵已经达到严重的违法程度，并且该违法行为在无法补正或者转换的前提下，才构成了无效。

一般来说，行政契约构成了无效，其效力就是自始无效、当然无效、绝对无效。也就是说，无效的行政契约，不产生任何法律效力，即不产生公法上的给付义务与权利义务的变动，任何人均可主张其无效；如果一方基于无效的行政契约发生给付行为，原则上必须恢复原状，已经给付的契约当事人享有公法上的返还请求权。[3]按照我国 1999 年《合同法》第 56 条的规定，无效的合同自始没有法律约束力；合同部分无效，不影响其他部分效力的，其他部分仍然有效。进而论之，行政契约也是如此，主要看契约内容的效力状况与双方当事人的意思表示作出判断。[4]例如，在魏某华与永济市财政局、永济市城东街道办事处、永济市教育局确认行政协议无效纠纷案中，人民法院就以"原告魏某华为提高永济市现代学校的资产评估金额，多次找到被告永济市财政局工作人员张某民让其从中帮忙，被告与原告根据评估报告

---

〔1〕 Vgl. Mayer/Kopp, aaO. , S. 271. 转引自吴庚：《行政法之理论与实用》，中国人民大学出版社 2005 年版，第 275 页。

〔2〕 Maurer, § 14 Rn 36ff. 转引自林锡尧：《行政法要义》，三民书局 2000 年版，第 404 页。

〔3〕 参见林锡尧：《行政法要义》，三民书局 2000 年版，第 407 页。

〔4〕 例如，我国台湾地区"行政程序法"第 143 条规定，行政契约之一部无效，全部无效。但如可认为欠缺该部分，缔约双方亦将终结契约者，其他部分仍为有效。德国学者毛雷尔也认为行政合同部分无效，整个合同无效，除非当事人在缺少该违法部分时也会签订该合同，当然这取决于行政合同内容的可分性与可以预知合同当事人的意志。参见 ［德］哈特穆特·毛雷尔：《行政法学总论》，高家伟译，法律出版社 2000 年版，第 376 页。

签订的《收购永济市现代学校资产协议》存在无效情形，继续履行会损害国家利益和社会公共利益"为由，确认原、被告恶意串通，损害国家、集体或者第三人利益，认定 2011 年 11 月 14 日签订的《收购永济市现代学校资产的补充协议》无效。[1]

（三）行政契约的可撤销

行政契约的可撤销是指已经生效但存在瑕疵的行政契约失去效力。一般来说，行政契约的瑕疵根据违法的程度不同法律后果也不同。瑕疵的违法性可分为轻微违法、一般违法、严重违法。进而论之，轻微的瑕疵违法行为可以采取补正或者转换的方式，使得行政契约变为合法；[2]严重瑕疵的违法行为使得行政契约成为无效；一般的瑕疵违法行为使得行政契约成为可撤销。虽然，《联邦德国行政程序法》采取行政契约的瑕疵仅有一项无效，但是，德国联邦行政法院也不是完全受到立法的拘束，其倾向于认为违法行政契约的效果不限于无效，违法行政决定的不同效果，原则上也适用于行政契约。[3]事实上，正如有学者所指出，基于尽量使行政决定有效的法理，也应当尽量使行政契约有效，因此，行政契约可以类推适用民法有关撤销的规定。[4]总之，行政契约的可撤销来源于行政契约作为行政行为的一种类型与基于契约自身法理的综合产物。

1. 行政契约可撤销的类型

行政契约可撤销是以自始违法的行政契约为对象，主要功能是纠正行政契约的瑕疵。此种瑕疵的违法程度是一般性的违法行为，即高于轻微违法行为、低于严重违法行为的程度。由于行政契约是行政主体与行政相对人之间就公法上权利义务达成意思一致的产物，故而，其类型要结合单方行政决定

---

〔1〕　参见山西省夏县人民法院（2017）晋 0828 行初 12 号行政判决书。

〔2〕　例如，《最高人民法院关于适用〈中华人民共和国行政诉讼法〉的解释》第 96 条就对程序轻微违法类型作出了一定的梳理。第 96 条规定："有下列情形之一，且对原告依法享有的听证、陈述、申辩等重要程序性权利不产生实质损害的，属于行政诉讼法第七十四条第一款第二项规定的'程序轻微违法'：（一）处理期限轻微违法；（二）通知、送达等程序轻微违法；（三）其他程序轻微违法的情形。"

〔3〕　BVerwGE 55, 337, 341. 转引自吴庚：《行政法之理论与实用》，中国人民大学出版社 2005 年版，第 275 页。

〔4〕　参见李惠宗：《行政法要义》，元照出版有限公司 2007 年版，第 395 页。

的撤销类型与契约撤销的共同法理予以认定。

（1）代替单方行政决定的行政契约的可撤销类型。

一般认为，行政契约作为行政主体履行行政职责的一种手段，必然受到依法行政原则的拘束。以违法的单方行政决定为例，行政主体虽然在任何时候得依职权予以撤销，但是，基于信赖保护原则的影响，授益行政行为的撤销应当有所限制。也就是说，授益行政行为是否撤销，要在依法行政原则与信赖保护原则之间进行权衡。这种权衡体现了恢复合法行为的公共利益与保护行政相对人对该违法行政行为的信赖利益之间谁优先的问题。事实上，就给付行政决定而言，如果受益人具备信赖保护要件者，行政主体不得撤销；就其他行政决定而言，受益人具备信赖保护者，行政主体仍得依职权撤销，但应当补偿受益人损失。[1]作为代替单方行政决定的行政契约是否可撤销，不仅受到依法原则与信赖保护原则的制约，还受到行政契约合意性的影响。进而论之，原则上契约必须严守的原理要求行政契约的订立双方能够忍受一定程度的违法，并且，契约一方为行政主体，多处于强势地位，拥有行政优益权，故而，无论是从诚实信用原则还是从信赖保护原则来看，为了实现公益与私益之间的相对平衡，应尽量使得契约有效。换言之，只有当行政契约中的行政相对人一方，因自身的过错而没有信赖保护的必要时，行政主体在依法行政原则的支配下，为了实现公共利益，才可以主张撤销该行政契约。这种自身过错体现在行政契约的签订上是：由于行政相对人的欺诈、胁迫或者贿赂造成的；基于行政相对人提供的不正确、不合法的资料或者虚假陈述所形成的；以及行政相对人明知或者因重大过失而不知契约内容违法。[2]

---

〔1〕 参见林锡尧：《行政法要义》，三民书局2000年版，第300页。

〔2〕 类似的情形，有我国《行政许可法》第69条的规定。该条规定："有下列情形之一的，作出行政许可决定的行政机关或者其上级行政机关，根据利害关系人的请求或者依据职权，可以撤销行政许可：（一）行政机关工作人员滥用职权、玩忽职守作出准予行政许可决定的；（二）超越法定职权作出准予行政许可决定的；（三）违反法定程序作出准予行政许可决定的；（四）对不具备申请资格或者不符合法定条件的申请人准予行政许可的；（五）依法可以撤销行政许可的其他情形。被许可人以欺骗、贿赂等不正当手段取得行政许可的，应当予以撤销。依照前两款的规定撤销行政许可，可能对公共利益造成重大损害的，不予撤销。依照本条第一款的规定撤销行政许可，被许可人的合法权益受到损害的，行政机关应当依法给予赔偿。依照本条第二款的规定撤销行政许可的，被许可人基于行政许可可取得的利益不受保护。"

（2）与民事合同得撤销理由相同的行政契约类型。

行政契约作为契约的一种类型，本质上也是契约相对人合意的产物，故而，契约的共同法理也适用于行政契约。在民事合同中，合同当事人在缔结合同的过程中，因意思表示的瑕疵可以依照法律的规定对合同予以撤销。一般来说，意思表示的瑕疵系指行为意思有欠缺，而影响意思表示的效力，主要包括：意思与表示不一致（故意不一致——心中保留、虚伪表示，非故意不一致——表示行为的错误、意思表示内容的错误、传达的错误）；意思发生的瑕疵（诈欺与胁迫、动机的错误）。[1]我国《民法典》第147条、第148条、第149条、第150条、第151条与1999年《合同法》第54条都明确规定，当事人可以凭借意思表示的瑕疵作为理由，主张撤销合同。具体言之，民事合同的可撤销涉及订立合同时有重大误解或者显失公平情形，以及一方以欺诈、胁迫的手段或者乘人之危，使对方在违背真实意思的情况下订立合同状况。[2]此外，《民法典》第152条与1999年《合同法》第55条还规定了行使撤销权的期限原则上为1年（除斥期间）。[3]与之相对应的是，行政契约也可以

---

〔1〕　参见梅仲协：《民法要义》，中国政法大学出版社2004年版，第106-116页。

〔2〕　《民法典》第147条规定，基于重大误解实施的民事法律行为，行为人有权请求人民法院或者仲裁机构予以撤销。第148条规定，一方以欺诈手段，使对方在违背真实意思的情况下实施的民事法律行为，受欺诈方有权请求人民法院或者仲裁机构予以撤销。第149条规定，第三人实施欺诈行为，使一方在违背真实意思的情况下实施的民事法律行为，对方知道或者应当知道该欺诈行为的，受欺诈方有权请求人民法院或者仲裁机构予以撤销。第150条规定，一方或者第三人以胁迫手段，使对方在违背真实意思的情况下实施的民事法律行为，受胁迫方有权请求人民法院或者仲裁机构予以撤销。第151条规定，一方利用对方处于危困状态、缺乏判断能力等情形，致使民事法律行为成立时显失公平的，受损害方有权请求人民法院或者仲裁机构予以撤销。1999年《合同法》第54条规定："下列合同，当事人一方有权请求人民法院或者仲裁机构变更或者撤销：（一）因重大误解订立的；（二）在订立合同时显失公平的。一方以欺诈、胁迫的手段或者乘人之危，使对方在违背真实意思的情况下订立的合同，受损害方有权请求人民法院或者仲裁机构变更或者撤销。当事人请求变更的，人民法院或者仲裁机构不得撤销"。

〔3〕　《民法典》第152条规定，"有下列情形之一的，撤销权消灭：（一）当事人自知道或者应当知道撤销事由之日起一年内、重大误解的当事人自知道或者应当知道撤销事由之日起九十日内没有行使撤销权；（二）当事人受胁迫，自胁迫行为终止之日起一年内没有行使撤销权；（三）当事人知道撤销事由后明确表示或者以自己的行为表明放弃撤销权。当事人自民事法律行为发生之日起五年内没有行使撤销权的，撤销权消灭"。1999年《合同法》第55条规定，"有下列情形之一的，撤销权消灭：（一）具有撤销权的当事人自知道或者应当知道撤销事由之日起一年内没有行使撤销权；（二）具有撤销权的当事人知道撤销事由后明确表示或者以自己的行为放弃撤销权"。

类推适用上述民事合同有关撤销的规定。[1]事实上，2015 年《最高人民法院关于适用〈中华人民共和国行政诉讼法〉若干问题的解释》第 14 条就已规定，人民法院审查行政协议的合法性问题时，在适用行政法律规范的同时，可以适用不违反行政法和行政诉讼法强制性规定的民事法律规范。2020年 1 月 1 日起施行的《最高人民法院关于审理行政协议案件若干问题的规定》第 27 条也强调："人民法院审理行政协议案件，应当适用行政诉讼法的规定；行政诉讼法没有规定的，参照适用民事诉讼法的规定。人民法院审理行政协议案件，可以参照适用民事法律规范关于民事合同的相关规定。"这就明确表明了上述民事合同的撤销权理由、期限等规定可以适用行政契约。例如，在湖北隆德利公司与谷城县国土局确认行政合同违法并予以撤销返还出让金上诉案中，二审法院就认为，"本案中，谷城县国土局报经规划部门许可并经谷城县人民政府批准，挂牌出让了上述争议土地，隆德利公司经举牌交纳保证金竞得该地块的土地使用权，并于 2013 年 8 月 1 日签订了《国有建设用地使用权出让合同》，该合同约定出让人谷城县国土局于 2013 年 11月 1 日前交付出让土地。但在实际履行合同过程中，因欠皮家洼社区征地款、银纺公司自备水源 120 万元应否纳入征地成本以及规划道路上两户未拆

---

[1] 例如，在林某明与江苏省泰州高新区管委会、江苏省泰州医药高新技术产业开发区明珠街道办事处撤销补偿安置协议一案 [（2020）最高法行申 7048 号] 中，最高人民法院归纳本案的争议焦点为"被诉补偿安置协议是否存在法定的可撤销情形，以及再审申请人提起本案之诉是否已超过撤销权的行使期限"，并认定依照《最高人民法院关于审理行政协议案件若干问题的规定》第 10 条第 2 款规定，原告主张撤销、解除行政协议的，对撤销、解除行政协议的事由承担举证责任。第 14 条规定，原告认为行政协议存在胁迫、欺诈、重大误解、显失公平等情形而请求撤销，人民法院经审理认为符合法律规定可撤销情形的，可以依法判决撤销该协议。1999 年《合同法》第 55 条第 1 项规定，具有撤销权的当事人自知道或者应当知道撤销事由之日起一年内没有行使撤销权的，撤销权消灭。根据上述规定，当事人以行政协议违背真实意思表示主张撤销行政协议的，应当对行政协议存在法定的可撤销情形承担举证责任。同时，当事人行使撤销权应当在除斥期间届满前行使，超出该期间即丧失撤销权的行使权利。人民法院可依职权主动对除斥期间是否届满进行审查。本案中，经原审法院查明，再审申请人林某明于 2016 年 6 月 19 日与被申请人泰州高新区管委会签订涉案补偿安置协议，其中载明被搬迁房屋的航拍图面积为 56.46 平方米。再审申请人于签约当日即在房屋验收单上签字并将房屋钥匙交出，后在回迁安置房单上签字。由上述事实可知，涉案补偿安置协议应系协议双方经过协商后自愿达成，且已实际履行。再审申请人主张该协议签订时系空白协议，违背其真实意思表示，并未提供证据予以证明。同时，再审申请人在签订协议时即应知晓该协议所涉房屋补偿面积等内容，其于 2018 年 12 月 5 日提起本案撤销协议之诉，亦已超过上述法律规定的一年除斥期间。

民房问题等导致交付土地的合同目的不能实现，双方发生纠纷后，隆德利公司、谷城县国土局均请求谷城县人民政府予以解决处理，隆德利公司已经按照 1999 年《合同法》第 55 条的规定在一年内行使了相应合同请求撤销权，应受法律保护"。[1]

2. 行政契约可撤销的法律后果

行政契约撤销权的行使，原则上都是由一方请求人民法院依法予以撤销双方签订的涉及公法上权利义务的契约。进而析之，行政契约被撤销后，就会出现溯及既往的失去法律效力的后果，不过，为了维护公共利益，也可以另外订立失效日期。事实上，行政契约的可撤销与无效还是有一定区别的，可撤销的契约在撤销前依然有效，而无效的契约则是自始无效，即"有权确认的行政机关或法院只不过是确认这种行为是否达到无效的程度而已"。[2] 与之相类似的是，在民事合同中，按照《民法典》第 155 条、第 156 条与 1999 年《合同法》第 56 条的规定，被撤销的合同也是自始没有法律约束力；合同部分无效，不影响其他部分效力的，其他部分仍然有效。该条同样可以作为行政契约可撤销的法律后果的依据。此外，由于（特别是代替单方行政决定）行政契约的可撤销又涉及行政相对人的信赖保护问题，故而，行政主体撤销已经生效的行政契约应当依法给予契约相对方相应的赔偿或者补偿。[3] 例如，《浙江省行政程序办法》第 8 条第 2 款规定，行政机关撤销、撤回、变更已经生效的行政行为，造成公民、法人和其他组织合法权益损失或者损害的，应当依法予以补偿或者赔偿。

---

[1]　湖北省襄阳市中级人民法院（2017）鄂 06 行终 1 号行政判决书。

[2]　陈新民：《中国行政法学原理》，中国政法大学出版社 2002 年版，第 169 页。

[3]　我国《民法典》第 157 条规定："民事法律行为无效、被撤销或者确定不发生效力后，行为人因该行为取得的财产，应当予以返还；不能返还或者没有必要返还的，应当折价补偿。有过错的一方应当赔偿对方由此所受到的损失；各方都有过错的，应当各自承担相应的责任。法律另有规定的，依照其规定。"1999 年《合同法》第 58 条同样规定："合同无效或者被撤销后，因该合同取得的财产，应当予以返还；不能返还或者没有必要返还的，应当折价补偿。有过错的一方应当赔偿对方因此所受到的损失，双方都有过错的，应当各自承担相应的责任。"

第三章

行政契约实施中的法律适用之解构

　　行政契约作为行政主体实施针对具体个案的规范，与单方行政决定一样同为行政程序的终结行为，不同的只是行政契约是行政主体与人民双方所形成的意思合致的产物。[1]故而，行政主体在实施行政契约的过程中，必然受到行政法领域中相关理论、制度的控制。同时，行政契约自身重要特性之一是合意性。本质上，合意性是一切契约的共性特征。因此，在行政契约自身的理论与制度并不完善的背景下，行政契约作为行政作用的重要手段，可以借鉴、吸收民事领域中相类似的制度成为一种必然。本章着重分析行政契约从订立契约、变更与终止契约到履行契约中的法律适用全过程，探究行政契约在何种程度、多大范围内可以适用民事领域（民事合同）相关制度，以期为实践中我国行政契约的合理运用作出一定的规范指引。

第一节　行政契约缔结过程中的法律适用之探讨

　　行政契约与民事合同的订立大体上一致，也是通过行政主体与行政相对人协商一致形成共同的意思表示的过程，即分为要约与承诺两个阶段。[2]在双方履行契约的过程中，行政契约也会出现一些特殊情况或原因，使得契约

---

　　〔1〕　参见陈慈阳：《行政法总论——基本原理、行政程序及行政行为》，翰芦图书出版有限公司 2001 年版，第 541 页。

　　〔2〕　有学者认为，从行政过程的视角看，行政协议的合意订立过程采取要约承诺的方式，合同法上有关成立地点、成立时间的规定可适用于行政协议的成立。参见韩宁："论行政协议的订立"，载《浙江学刊》2022 年第 1 期。笔者认为，行政协议具有合意性是区别于其他行政行为的重要标志，合意的体现就在于行政主体与行政相对人之间的协商、沟通，因而，采取要约、承诺方式实现行政协议的成立是必然的路径之一。

发生调整与终止，最终导致行政契约法律关系的变更与消灭。此外，行政契约在履行的过程中，也会发生类似民事合同中给付不能、不完全给付、瑕疵等情形，即表现为不依法履行协议、不按照约定履行协议或者单方变更、解除协议等情形。行政契约的行政性、公共性、合意性、公法法效性等特性，使得缔约过程中的法律适用糅合了公法规范与私法规范，与民事合同既有相同之处、也有差异的地方。

一、行政契约形成阶段法律适用之分析

行政契约与民事合同的成立是一致的，一般都是要经过要约与承诺两个阶段形成。[1]只不过，行政契约作为行政主体履行行政职能的一种手段，还受到依法行政原则的拘束，契约的自由形成空间相对较小。正如有学者指出，当行政主体对于日常事务皆以行政契约作为行为措施或手段时，行政契约的类型会日益精细与复杂，即以事先印制的契约格式，使得行政契约所要规定的内容确定于其中，在此情形下契约当事人的形成空间会受到压缩——人民只有签名同意与否的权利。[2]进而论之，行政契约在形成阶段的法律适用不仅受到民事合同相关法律规定的影响，还受到公法规范的限制。

（一）行政契约中的要约之法律适用

行政契约的要约（offer）是指以一定行政契约成立为目的的确定的意思表示。[3]行政契约与民事合同在合意性上具有共同之处，在行政性、公共性、公法法效性上又与民事合同有重大差异。故而，行政契约要约的法律适用分析，不仅需要借鉴民事合同中要约的相关理论，还要符合行政契约的自身特性。

1. 行政契约中的要约性质

行政契约发源于民事合同，故而，分析行政契约的要约性质必先讨论民事合同中的要约性质。在民事合同中，要约为意思表示，且为须受领的意思

---

〔1〕《民法典》第471条规定，当事人订立合同，可以采取要约、承诺方式或者其他方式。

〔2〕 参见陈慈阳：《行政法总论——基本原理、行政程序及行政行为》，翰芦图书出版有限公司2001年版，第535页。

〔3〕 参见史尚宽：《债法总论》，中国政法大学出版社2000年版，第19页。

表示,《民法典》关于意思表示的规定均有适用的余地。例如,我国《民法典》在第 6 章民事法律行为中的第 2 节,专门对意思表示作出了明确规定。[1]一般来说,意思表示是指人心中所含蓄的意思必须经过表示之后,开始有法律上的意义。[2]有学者进一步分析,认为意思表示系由两个要素构成:内心意思、为此项内心意思的外在表示,即内心意思依其外部表示而客观化,合为一体构成意思表示。[3]换言之,民事合同的要约性质就是合同当事人欲订立合同的内心意思通过外部表示而实现。与之相对应的是,行政契约中的要约也应该是意思表示,不过,该意思表示为行政法上的意思表示,即涉及行政法上的权利义务关系。[4]进而论之,行政契约中行政相对人的行政法上意思表示可以参照民事合同的意思表示原理,即行政相对人内心中所含有的行政法上的意思经过外在行为的表示之后,开始具有行政法上的意义。而行政契约中的另一方——行政主体,基于行政自由裁量权等理论基础,具有独立、自由的意思表示,享有一定的自由空间;然而,行政主体实施行政契约是为了实现公共利益,并且涉及公权力的运用,必然受到依法行政原则的拘束,作出意思表示时,比私法主体受到更多的限制。例如,缔约权限、缔约对象的选择、契约的内容与形式等都受到限制。[5]

2. 行政契约中的要约要件

行政契约中的要约要件与民事合同的要约要件大体一致,一般涉及缔约前的协商过程、须明确表示有缔结契约的意思、契约内容的必要之点须具备、要约须传达于相对人等几个方面。[6]在民事合同中,要约要件的构成原则上包括:要约应为特定契约当事人的意思表示;要约须对于将来应为契约当事人的相对人为之;要约须以于有相对人承诺即成立契约而受其拘束的确

---

〔1〕 参见《民法典》第 137—142 条。

〔2〕 参见梅仲协:《民法要义》,中国政法大学出版社 2004 年版,第 102 页。

〔3〕 参见王泽鉴:《民法总则》,中国政法大学出版社 2001 年版,第 335—336 页。

〔4〕 意思表示属于公法上与私法上法律行为的共同特征,但有一定的区别。私法上的意思表示效力充其量表意人本身受其约束;形成行政处分的意思表示如属于对行政相对人课予义务者,相对人应受其拘束。参见吴庚:《行政法之理论与实用》,中国人民大学出版社 2005 年版,第 200 页。

〔5〕 参见施建辉:"论行政契约的形式与缔结方式",载《东南大学学报(哲学社会科学版)》2008 年第 1 期。

〔6〕 参见杨桢:《英美契约法论》,北京大学出版社 2007 年版,第 30-36 页。

定意思为之；要约须含有足以决定契约内容的事项。[1]与之相对应的是，在行政契约中，要约的要件构成与民事合同相类似，但是，由于涉及公共利益，其要约部分构成要件也有一定的特殊之处。主要表现在：首先，要约应为特定契约当事人的行政法上意思表示。所谓的行政法上意思表示，我国有学者借鉴民法上的意思表示概念，认为是行政机关或私人作为表意人，将其期望发生一定法律效果的意思，以一定方式表现于外部，并由行政法对其法律效果予以确认的表示行为。[2]这种行政法上的意思表示在行政契约中最为典型，因为，行政契约的合意性特性要求行政主体与行政相对人要经过充分的沟通协商形成意思一致。值得关注的是，行政主体的行政法上的意思表示具有客观性的特点，体现在内部行政程序得出抽象统一的意思通过外部表现而实定化。其次，要约原则上对于行政主体而言，应当通过行政程序实施法律规定的手段或方式，对将来应为契约当事人的相对人为之。这是因为行政契约是行政主体履行行政职责的一种手段，是维护公共利益、防止权力寻租的必然需要。再次，行政主体须通过法定程序公开表达有相对人承诺即成立契约而受其拘束的确定意思。该"行政主体受其拘束"体现为行政契约中要约的效力——拘束力。所谓的拘束力是指行政主体作为要约人于要约效力发生后，为要约所拘束，不得撤回其要约。[3]这种拘束力不仅是契约相对性原理的反映，更是提升政府公信力、打造诚信政府、推进国家治理体系和治理能力现代化的必然要求。最后，要约须含有足以决定契约公法性质内容的行政法上权利义务的具体事项。

3. 行政契约中的要约表示方法

行政契约中的要约是行政法上的意思表示，其表示方法既有民法上意思表示的方法，也有自己独有的表示方法，盖与行政契约本身是为了公共利益的目的有关。在民事合同中，要约为意思表示，故其表示方法与一般意思并无不同，契约为要式，其要约也为要式，除了赠与契约以书面为必要时，仅

---

〔1〕　参见史尚宽：《债法总论》，中国政法大学出版社 2000 年版，第 19-20 页。我国 1999 年《合同法》第 14 条明确规定："要约是希望和他人订立合同的意思表示，该意思表示应当符合下列规定：（一）内容具体确定；（二）表明经受要约人承诺，要约人即受该意思表示约束。"

〔2〕　参见汪厚冬："论行政法上的意思表示"，载《政治与法律》2014 年第 7 期。

〔3〕　参见史尚宽：《债法总论》，中国政法大学出版社 2000 年版，第 23 页。

赠与人的意思表示为书面形式，受赠人的意思表示无需书面形式，即仅赠与人为要约人时，应当依书面为之。〔1〕一般来说，意思表示有明示与默示之分，具有同一表示价值，明示是指行为人直接将其效果意思表示于外；默示则是指由特定行为间接推知行为人的意思表示。〔2〕总之，民事合同从合同自由的角度观察，以不要式为原则，要式为例外。与之相对，在行政契约中，要约为行政法上的意思表示，由于涉及维护公共利益、控制国家公权力的滥用与保障行政相对人的合法权益，意思表示以要式为原则，即行政契约的签订主要是书面形式，口头形式为例外。进而论之，在秩序行政中，行政主体实施行政契约的行为方式法律尚未明确规定，但书面是必要的；在给付行政中，由于涉及公共资源分配问题，基于公平、公开、公正的原则，行政主体实施行政契约的行为方式是法律明文规定的要式方式。例如，我国的国有土地使用权出让合同就明确要求采用协议、招标、拍卖等方式。此外，行政契约中行政主体的意思表示以明示为原则、默示为例外，除非相关公法规范明定行政主体的默示为意思表示。〔3〕

（二）行政契约中的承诺之法律适用

行政契约中的承诺（acceptance）是指有相对人的行政法上的意思表示，即要约的相对人，向要约人表示其欲使得行政契约成立的意旨。〔4〕该要约的相对人既可以是行政主体，也可以是行政相对人。在行政契约中，对于承诺的相关规定，可以参照民事合同的承诺内涵予以适用，同时，也要结合行政契约作为行政主体实施行政行为的一种手段予以相应的公法规范。

1. 行政契约中的承诺性质

承诺是行政契约与民事合同成立的共同必要要件，只有要约与承诺达成一致的意思表示，契约才能成立。在民事合同中，承诺也是意思表示，应适用《民法典》关于意思表示的规定，以与要约结合而使成立契约为目的，其

---

〔1〕 参见史尚宽：《债法总论》，中国政法大学出版社 2000 年版，第 20 页。

〔2〕 参见王泽鉴：《民法总则》，中国政法大学出版社 2001 年版，第 339 页。

〔3〕 相类似的，我国《行政许可法》第 50 条第 2 款也规定，行政机关应当根据被许可人的申请，在该行政许可有效期届满前作出是否准予延续的决定；逾期未作决定的，视为准予延续。

〔4〕 参见梅仲协：《民法要义》，中国政法大学出版社 2004 年版，第 124 页。1999 年《合同法》第 21 条规定，承诺是受要约人同意要约的意思表示。

并非为一个独立的法律要件，即非法律行为。承诺系有相对人，须受领的意思表示；对话人为承诺时，其意思表示以相对人了解时，发生效力；非对话而为承诺者，其意思表示于通知到达相对人发生效力，但撤回的通知同时或先时到达不在此限。[1]也就是说，民事合同的承诺以是否通过言语交流的方式作为基准，分不同情形判断承诺是否生效。不过，在大陆法系中，承诺的生效基本上是以到达主义为原则，而不采用英美法系中的发信主义。例如，我国《民法典》第 137 条、第 480 条、第 481 条、第 484 条与 1999 年《合同法》第 26 条就明确规定，承诺通知到达要约人时生效。与之相类比，在行政契约中，承诺是行政法上的意思表示，也是要与要约结合而使行政契约成立。但是，行政契约中的承诺由于涉及公共利益，故还应受到公法规范的相应限制，其生效有特定的规程、程序、方式，并且对承诺人的条件也有一定的要求。例如，在政府采购中，基于采购的目的是有助于实现国家的经济和社会发展政策目标，包括保护环境，扶持不发达地区和少数民族地区，促进中小企业发展等公共利益的需求，故而对承诺人规定了特殊要求，承诺的生效也必须通过法定的公开招标、邀请招标、竞争性谈判、单一来源采购、询价等方式实现。[2]

2. 行政契约中的承诺要件

行政契约中承诺作为行政法上的意思表示，除了具有一般意思表示的共同要件，还需要具备一定的特别要件。在此，笔者结合行政契约自身特性，认为行政契约中承诺要件包括：[3]一是，承诺需由要约受领人去实施。该要约受领人要符合公法规范的特别要求。例如，在政府采购中，采购人（要约人）可以要求参加政府采购的供应商（要约受领人）提供有关资质证明文件和业绩情况，并根据《政府采购法》规定的供应商条件和采购项目对供应商的特定要求，对供应商的资格进行审查。[4]二是，承诺应对于要约人进行。在行政契约中，尤其是在给付行政中，要约受领人需要通过法定的程

〔1〕　参见王泽鉴：《债法原理　第一册　基本原理·债之发生》，中国政法大学出版社 2001 年版，第 176 页。

〔2〕　参见《政府采购法》第 22 条、第 26 条。

〔3〕　参见史尚宽：《债法总论》，中国政法大学出版社 2000 年版，第 26-27 页。

〔4〕　参见《政府采购法》第 23 条。

序、方式向要约人表示承诺。例如，《基础设施和公用事业特许经营管理办法》第 15 条第 1 款规定，实施机构（要约人）根据经审定的特许经营项目实施方案，应当通过招标、竞争性谈判等竞争方式选择特许经营者（要约受领人）。该条表明要约受领人只能通过招标、竞争性谈判等法律规定的程序、方式对要约人表示承诺。三是，承诺须以成立行政契约的意思为之。原则上要约受领人知道要约的内容，对要约人按照行政程序的规定表示承诺。例如，在德国，行政主体与行政相对人缔结双务契约、和解契约的过程中，双方应当按照行政程序的规定实施要约、承诺。四是，承诺的内容与要约的内容相一致。在行政契约中，承诺的内容原则上与要约的内容相一致，判断的标准需要依据承诺与要约的意思表示，依照诚实信用原则作解释。[1]五是，要约人限定承诺的方式、方法、手段、措施等，要约受领人要按照要约人的要求作出承诺。例如，在涉及大型基础设施、公用事业等关系社会公共利益、公众安全的项目时，投标人（要约受领人）应当按照招标文件的要求（要约人）编制投标文件；投标文件应当对招标文件提出的实质性要求和条件作出响应。[2]六是，承诺应在要约规定的有效期内为之。例如，在政府采购中，货物和服务项目实行招标方式采购的，自招标文件开始发出之日起至投标人（要约受领人）提交投标文件截止之日止，不得少于 20 日；并且投标人（要约受领人）应当在招标文件要求提交投标文件的截止时间前，将投标文件送达投标地点，在招标文件要求提交投标文件的截止时间后送达的投标文件，招标人（要约人）应当拒收。[3]

3. 行政契约中的承诺表示方法

行政契约中的承诺也是行政法上的意思表示，其表示方法同样分为明示与默示。行政契约本质上涉及行政权的运作，其存在的最终目的是公共利益，此就是"国家是为人民而存在"的必然体现。从依法行政的原则与保护行政相对人的合法权益角度看，原则上，行政契约中的承诺表示方法以明示为原则、默示为例外。也就是说，承诺要以符合相关法律规定的要式行为（如书面协议）为根本要求。进而论之，在秩序行政中，特别是代替单方行

---

[1] 参见史尚宽：《债法总论》，中国政法大学出版社 2000 年版，第 26 页。

[2] 参见《招标投标法》第 27 条第 1 款。

[3] 参见《政府采购法》第 35 条、《招标投标法》第 28 条。

政决定的行政契约多为行政主体主动发出要约，行政相对人表示承诺。行政相对人表示承诺多受到行政主体背后强大的行政权的压力，在实践中的极端情况下，只有同意与否的问题，并无真正交涉博弈的空间。正如有学者指出，就公民参与行政的机会而言，行政契约与行政行为并不像表面看起来那么大，在签订行政契约的过程中，如果想得到相关的好处，除了接受行政主体提出的处理，公民留下的空间寥寥无几。[1]在给付行政中，行政相对人表示承诺也得按照法律明确规定的方式去表达，这同样是公开、公正、公平原则的必然要求。例如，在涉及公共资源的分配上，基于公开透明原则、公平竞争原则、公正原则以及诚实信用原则，行政主体采用竞争的方式，以公开招标为主，去实现公共利益，故而，行政相对人也得按照投标程序投标，经过开标、评标的过程，最终中标，即承诺发生效力之际，就是行政契约成立之时。

二、行政契约调整与终止阶段法律适用之分析

行政契约调整与终止是指行政契约在履行的过程中，出现了不可抗力、意外事件、情事变更等非缔约时所能预料的因素，使得契约当事人双方履行协议显失公平或者不能继续履行协议时，为了维护公共利益与契约本身目的的需要，契约当事人可以采用相应的手段、措施、方式调整契约的内容或者消灭行政契约法律关系。由于行政契约本质上是行政行为与契约行为相糅合的产物，其调整与终止涉及公共利益的维护与行政相对人合法权益的保障，故而，当对契约调整与终止的权力（利）进行分配时，需要考虑到公益与私益的平衡、行政职权功能的发挥以及行政契约自身的特性。事实上，行政契约调整与终止的法律适用不仅受到民事合同的变更与终止影响，而且也需要斟酌行政契约自身特征。在实践中，大体言之，行政契约调整与终止的类型有三种：适用变更与终止民事合同的事由、行政主体的单方契约调整或终止权、情事变更的缔约双方调整或终止权。

---

〔1〕 参见 ［德］哈特穆特·毛雷尔：《行政法学总论》，高家伟译，法律出版社 2000 年版，第363 页。

（一）适用变更与终止民事合同的事由

行政契约作为广义的契约的一种类型，与民事合同有相似性，其调整或终止原则上在不抵触公共利益的前提下，可以适用民事合同的变更与终止的事由。从比较法的角度观察，行政契约合意性的特性使得借鉴民事合同成为理之当然。例如，《联邦德国行政程序法》第59条就规定，适用民法典的相应规定无效的，行政契约无效。事实上，在我国现行实定法虽无明确的规定，但是在司法解释、司法判例中也有类似的规定或者描述。[1]行政契约类推适用民事合同上的变更与终止事由，乃是类推适用的必然的结果。[2]

一是，行政契约类推适用民事合同上的变更事由情况。首先，在民事合同中，协商一致，可以变更合同，当事人对变更内容约定不明确的，推定为未变更。[3]同样，在行政契约中，也是如此，行政主体与行政相对人可以协商对契约内容予以相应的变更。[4]但是，在给付行政领域中，当涉及人民群众的民生问题时，对于协商变更契约内容，需要保证公共服务可持续性。[5]例如，《基础设施和公用事业特许经营管理办法》第52条规定，特许经营协议存续期间发生争议，当事各方在争议解决过程中，应当继续履行特许经营协议义务，保证公共产品或公共服务的持续性和稳定性。其次，在民事合同中，合同权利的转让、合同义务的转移、权利和义务一起转让以及订立合同后合并或者分立等情形，《民法典》第545—556条有明确的规定，都可以适用到行政契约中。[6]不过，由于行政契约涉及公共利益，故而，对契约内容

---

〔1〕 例如，2015年的《最高人民法院关于适用〈中华人民共和国行政诉讼法〉若干问题的解释》第14条、2020年1月1日起施行的《最高人民法院关于审理行政协议案件若干问题的规定》第27条；指导案例76号：萍乡市亚鹏公司诉萍乡市国土资源局不履行行政协议案等。

〔2〕 参见吴庚：《行政法之理论与实用》，中国人民大学出版社2005年版，第276页。

〔3〕 参见《民法典》第543条、第544条。这就是契约合意性的表现，协商变更契约内容。当然，变更的原因多种多样，也可能是不可抗力、意外事件等造成了契约的调整。

〔4〕《基础设施和公用事业特许经营管理办法》第49条规定，实施机构和特许经营者就特许经营协议履行发生争议的，应当协商解决。协商达成一致的，应当签订补充协议并遵照执行。

〔5〕 在法国，只要被定性为公共服务活动，不论是公法人还是私法人管理，也不论是行政还是工商性质，都必须遵守平等性、继续性、可变性三大原则，借此确保使用者的权益。参见王必芳："论法国行政契约的特点"，载《台北大学法学论丛》2017年第102期。

〔6〕 例如，《民法典》第545条第1款对债权转让规定了三种不能转让的类型，即根据债权性质不得转让、按照当事人约定不得转让、依照法律规定不得转让。

的协商、谈判、调整、变更还有一些特殊规定。例如，《政府和社会资本合作项目政府采购管理办法》第 16 条规定，确认谈判不得涉及项目合同中不可谈判的核心条款，不得与排序在前但已终止谈判的社会资本进行重复谈判。

二是，行政契约类推适用民事合同上的终止事由情况。终止（Kuendigung），是指契约关系或因契约所产生的法律关系终止，而使得契约的效力向将来消灭为内容之一方的意思表示，无须相对人的承诺。[1]按照《民法典》第 557 条的规定，合同权利义务的终止包括按约履行、合同解除、债务抵销、依法提存、债权人免除债务、债权债务混同、法律规定或者当事人约定终止的其他情形。进而论之，在行政契约中，民事合同终止的上述事由原则上都可以适用。但是，行政契约的行政性、公共性等特性，决定了适用民事合同终止的理由还有其自身特色。首先，行政契约是行政主体推行行政任务、履行行政职责的一种手段，特别是当作为代替传统的单方行政决定时，其不仅要依约履行契约义务，更要依法履行相关法律规定赋予的义务（包括契约义务）。例如，在开封市国土资源局与河南康采恩公司土地行政合同纠纷再审案中，人民法院在判决中指出，土地使用权出让合同作为行政合同与普通的民事合同相比具有特殊性，其主体一方是负有行政管理职责的国土资源部门，签订土地使用权出让合同即是在履行法律法规赋予的行政管理职能，必然要受土地行政管理方面的法律、法规和规范性文件的约束。2006 年《国务院办公厅关于规范国有土地使用权出让收支管理的通知》第 7 条规定，土地使用权出让合同、征地协议等应约定对土地使用者不按时足额缴纳出让收入的，按日加收违约金额 1‰的违约金。……此条关于土地使用权出让合同违约金计算标准的规定，系针对国有土地使用权出让问题作出政策性的强制性规定，在土地使用权出让合同中有具体体现，不属于国土资源部门与受让人能够任意协商约定的条款。[2]即人民法院认为行政主体履行协议包括依约履行与依法履行。其次，合同解除、债务抵销、依法提存、债权人免除债务、债权债务混同、行政相对人死亡、附解除条件的条件成就、附终期的期限届至等民事合同终止事由在行政契约中的适用，还需要关注是否损害了社

---

〔1〕　参见史尚宽：《债法总论》，中国政法大学出版社 2000 年版，第 572 页。
〔2〕　参见河南省高级人民法院（2018）豫行再 88 号行政判决书。

会公共利益，是否违反了行政法上特有的原则。例如，职权法定原则、比例原则、不当联结禁止原则、自然正义原则、正当程序原则等。[1]最后，在合同履行过程中，发生了不可抗力、意外事件、情事变更等情形，使得合同无法继续履行，双方依照合同约定或法律规定终止合同。此种终止情形也适用于行政契约，但由于其行政性、公共性的特点，特别是在给付行政中，对于终止契约后的处理措施有相应的规定，以保持公共服务的可持续性。例如，《市政公用事业特许经营管理办法》第19条规定，特许经营权发生变更或者终止时，主管部门必须采取有效措施保证市政公用产品供应和服务的连续性与稳定性。

（二）行政主体的单方契约调整或终止权

行政主体在与行政相对人所签订的行政契约中，为了避免公共利益遭受重大损失，基于公益优先原则，可以在法律规定的范围内单方面调整契约内容或者终止契约。[2]此种单方调整或终止权只能是行政主体才可以主张，但是必须补偿行政相对人所受财产上的损失。[3]进而论之，之所以赋予行政主体单方契约调整或终止权，是因为行政契约是行政主体实现行政任务的一种手段，而该手段本质上是出于公共利益的需要。[4]

从比较法角度看，在法国，主要表现为两种样态：行政主体基于公共利益的单方调整或终止权与契约相对人的损失补偿请求权。进而论之，行政主体享有某些特权，具有单方面修改、终止契约的权力，条件是公共服务所必须的，只不过，修改契约不能超过一定的限度——契约规定的财务平衡得遵守，终止契约时共同缔约方只有获得赔偿的权利。[5]有学者指出，此种情形

---

〔1〕 我国实定法中明确规定了行政契约的基本原则。譬如，《政府采购法》第3条规定，政府采购应当遵循公开透明原则、公平竞争原则、公正原则和诚实信用原则；《招标投标法》第5条规定，招标投标活动应当遵循公开、公平、公正和诚实信用的原则。

〔2〕 参见李震山：《行政法导论》，三民书局2007年版，第384页。

〔3〕 参见李惠宗：《行政法要义》，元照出版有限公司2007年版，第395页。

〔4〕 有学者指出只有在缔约行政主体所不能预见、不能避免之客观事变乃源于公共利益需求新变化，并且涉案具体情形满足行政协议下单方高权行为之行使条件时，缔约行政主体才可以适用行政协议单方变更解除制度。详细分析参见陈天昊："行政协议变更、解除制度的整合与完善"，载《中国法学》2022年第1期。

〔5〕 参见 [法] 古斯塔夫·佩泽尔（Gustave Peiser）：《法国行政法》，廖坤明、周洁译，国家行政学院出版社2002年版，第91-92页。

在法国行政契约法理上可称为公役务可变性原则，即因配合行政需要及情况变化，有必要变更或停止某项公役务。[1]此外，在法国的行政审判中，1910年法国电车公司与国家的特许契约案，就改变了传统司法判例确认行政主体仅在契约明白约定的情形下才能调整契约相对人的义务，即其不在寻找当事人的意图以解释契约的沉默，而是直接认可基于公益的单方调整权；同时，在相同逻辑下，基于公益的单方终止权日后也获得承认。[2]

在我国，赋予行政主体单方变更与终止权是有一定争议的。因为，行政契约中行政主体凭借着公益优先原则而占有优势，会动摇民事合同中的当事人地位平等原则、无双方当事人合意不能变更契约条款原则、契约义务必须遵守原则。[3]故而，2002年《政府采购法》第50条就规定："政府采购合同的双方当事人不得擅自变更、中止或者终止合同。政府采购合同继续履行将损害国家利益和社会公共利益的，双方当事人应当变更、中止或者终止合同。有过错的一方应当承担赔偿责任，双方都有过错的，各自承担相应的责任。"也就是说，政府采购合同中并未赋予行政主体单方面变更与终止权。不过，行政主体实施行政契约是为了公共利益的需要，实践中赋予行政主体的单方面变更与终止权确有一定的必要性与合理性。因此，我国不少省市在制定行政程序的地方性立法中都规定了行政主体单方面调整与终止权。例如，2015年《江苏省行政程序规定》第82条第2款就明确规定，行政合同在履行过程中，出现严重损害国家利益或者公共利益的情形，行政机关有权变更或者解除合同；《西安市行政程序规定》第92条第2款规定，"为避免对公共利益造成重大损害，行政机关有权在必要范围内单方变更、终止行政合同，但应当书面说明：（一）变更、终止行政合同的事由；（二）对公共利

---

〔1〕　参见林锡尧：《行政法要义》，三民书局2000年版，第410页。

〔2〕　此案的本质是为了满足人民的需要，B省长在拟定本省的电车日时刻表时，要求法国电车公司增加电车班次，是否仅能由双方协商透过附加条款来调整数目。对此，法国的最高行政法院明确指出："行政机关不仅有权核定火车时刻表以确保交通的安全与便利，且为了公众利益，有权下令为必要的调整和添加，以确保服务的正常运作。"参见王必芳："论法国行政契约的特点"，载《台北大学法学论丛》2017年第102期。

〔3〕　参见李震山：《行政法导论》，三民书局2007年版，第385页。

益的影响；（三）是否给予当事人补偿及理由"；等等。〔1〕此外，在司法实践中，最高人民法院相关案例也支持行政主体出于公共利益的需要，可以行使单方的变更或者解除权。例如，在向某松与贵州省铜仁市碧江区人民政府、贵州省铜仁市碧江区灯塔街道办事处、第三人铜仁市九龙房屋拆迁安置公司房屋征收补偿协议案中，最高人民法院认为："与民事合同主体签订合同是为了自身利益不同，行政机关签订行政协议是为实现公共利益或者行政管理目标。不仅签订行政协议本身是实现公共利益或者行政管理目标的方式，而且在履行协议过程中，行政机关可以根据实现公共利益或者行政管理目标的需要单方变更、解除协议，甚至可以依法单方作出行政强制、行政处罚。当然，行政机关只有在协议订立后出现了由于实现公共利益或者行政管理目标的需要或者法律政策的重大调整，必须变更或者解除时，才能行使单方变更、解除权，由此造成公民、法人或者其他组织合法权益损失的，亦应依法予以补偿。"〔2〕

（三）情事变更的缔约双方调整或终止权

行政契约签订后，作为订立基础的情事发生重大变更，且此项变更非出于当时所能预料，如果基于前述变更仍然要求契约当事人遵守契约，显失公平，则契约双方当事人可基于前述理由要求变更契约内容或终止契约效力，〔3〕此可称之为基于情事变更原则所形成的双方调整或终止权。情事变更原则（Clausula sic rebus stantibus）沿革于罗马法，其理论根据认为契约常包含一种默示条件，即有"若情事依同样之状态继续存在"之默契，如此萌生情事变更原则之观念，在13—14世纪后期的注释法学派遂认为系法律的规范。〔4〕在我国，1999年《合同法》中尚未明确规定情事变更原则，但在2009年《最高人民法院关于适用〈中华人民共和国合同法〉若干问题的解释（二）》第26条有明确规定，2021年1月1日实施的《民法典》第533

---

〔1〕　此外，我国台湾地区"行政程序法"也吸收了法国行政主体单方调整与终止的制度与理论，在第146条作出了明确的规定。

〔2〕　参见最高人民法院（2017）最高法行申4595号行政裁定书。

〔3〕　参见黄异：《行政法总论》，三民书局2006年版，第123页。

〔4〕　参见史尚宽：《债法总论》，中国政法大学出版社2000年版，第444—445页。

条则对情事变更原则作出较为详尽的规定。[1]在行政契约中，情事变更原则也有一定的适用空间。诚然，法的安定性原则要求行政契约有效存在时，当事人原则上被期待遵守契约，但在情事变更的情形下，从当事人期待可能性的角度考虑，为了实现公共利益，自然应当赋予当事人调整契约内容的权利。[2]

从比较法的角度看，在德国，《联邦德国行政程序法》第 60 条第 1 款第 1 项，采纳了传统的情事变更原则，即如果状态发生重大变更，不能期望自己履行原契约义务的，契约双方当事人有权要求变更契约；如果不能变更契约，或者变更对所有当事人都是不可预期的，可以解除或终止契约。[3]在法国，最高行政法院考量情事变更并非为了解除契约相对人的义务，而是要课予行政主体财务上的协助义务，以确保契约相对人履行契约；此种情形是不可预见理论的产物，其创设的基础在于确保公共服务的继续性，本质上是为了避免未预见的情事危及公共服务的运作，因此，在财务上支援公共服务的执行者。[4]也就是说，赋予行政主体的特权，为维护公共利益，否认契约相对方的调整或者终止请求权，命其继续履行原约定的义务，不过，应先补偿其损失，这在法国行政契约的法理上又称为公役务继续原则。[5]法国的不可预见理论或公役务继续原则，在我国台湾地区"行政程序法"第 147 条第 2 项也有所体现，[6]即纵然情事变更，行政主体仍不同意调整或终止契约，执意命令人民继续履行原约定的契约，其合理化基础为：维护公益+补偿相对

---

〔1〕《民法典》第 533 条规定，合同成立后，合同的基础条件发生了当事人在订立合同时无法预见的、不属于商业风险的重大变化，继续履行合同对于当事人一方明显不公平的，受不利影响的当事人可以与对方重新协商；在合理期限内协商不成的，当事人可以请求人民法院或者仲裁机构变更或者解除合同。人民法院或者仲裁机构应当结合案件的实际情况，根据公平原则变更或者解除合同。

〔2〕参见城仲模：《行政法之一般法律原则（一）》，三民书局 1994 年版，第 287 页。

〔3〕这种状态的变更包括事实根据与法律依据的变化。参见［德］哈特穆特·毛雷尔：《行政法学总论》，高家伟译，法律出版社 2000 年版，第 380 页。

〔4〕参见王必芳："论法国行政契约的特点"，载《台北大学法学论丛》2017 条第 102 期。

〔5〕参见林锡尧：《行政法要义》，三民书局 2000 年版，第 409 页。

〔6〕其第 147 条第 2 项规定："前项情形（情事变更），行政契约当事人之一方为人民时，行政机关为维护公益，得于补偿相对人之损失后，命其继续履行原约定之义务。"

人的损失（调和契约双方的利益冲突）。[1]

在我国，基于情事变更原则的行政契约双方调整或终止权，在现行实定法与司法实践中也有一定的体现。首先，不少省市的地方性立法明文规定了情事变更原则。例如，《西安市行政程序规定》第 94 条规定，"行政机关签订和履行行政合同，应当严格遵行诚实信用原则、信赖保护原则。因客观情势变更，需要更改或者终止行政合同，因此给当事人和利害关系人造成损失的，行政机关应当补偿……"。其次，在司法实践中，人民法院也承认在行政契约中存在着基于情事变更原则形成的变更或终止权。例如，在孙某秋诉佳木斯市城市管理行政执法局行政合同一案中，人民法院就明确指出："原告以佳木斯市政府文件精神，与原佳木斯市环境卫生管理处签订合同真实有效，但因国家对环卫事业的政策改变，环卫公共设施由政府统一管理，本案争议的水冲公厕所有权登记在原告的合同目的已履行不能，该情况属情事变更，该合同目的不能履行的责任不能归责于双方。"[2]

三、行政契约履行阶段法律适用之分析

行政契约的履行是指行政主体与行政相对人之间按照法律的规定与双方的约定全面实现行政法上的权利义务。由于行政契约具有行政性、公共性、合意性、公法法效性的特性，故而，其履行的法律适用同时受到公、私法领域中相关理论、制度的影响。进而论之，行政契约的履行与单方行政决定履行的区别就在于其合意性，而与民事合同履行的差异就在于其行政性、公共性、公法法效性。因此，行政契约履行的法律适用不仅需要结合自身的特性，还要准用民事合同中履行的相关规定，以便更好地解决实践中所出现的问题。

---

〔1〕 参见李震山：《行政法导论》，三民书局 2007 年版，第 384 页。

〔2〕 参见黑龙江省佳木斯市前进区人民法院（2018）黑 0804 行初 2 号行政判决书。在我国的司法实践中，把法律变更也作为情事变更的一种类型，并不单独列出。不过，有学者把法律变更作为单独的一种类型，认为行政契约约定的权利义务事项，为嗣后制定的法律直接规范时，原契约：若契约内容与法律的规定一致者，契约失其标的，自然解消；若契约内容抵触法律，以法律有溯及效力为限，契约无效；若法律无溯及力时，则当事人得于继续履行或终止之间作一选择。参见吴庚：《行政法之理论与实用》，中国人民大学出版社 2005 年版，第 277 页。

（一）行政契约履行阶段法律适用的类型

一般来说，民事合同中履行的核心是给付。所谓的给付，在民法领域中是指债之关系上的特定人间得请求的特定行为，其中不作为也得为给付，并且不以有财产价值为限，包括给付行为（Leistungsverhalten）或者给付效果（Leistungserfolge）。[1]与之相对应的是，行政契约在履行阶段的核心是公法上的给付。所谓公法上的给付，就是指在公法上债之关系中，行政主体与行政相对人之间得请求的特定行为，该行为也包括作为与不作为，涉及公法给付行为与公法给付效果。进而论之，行政契约在履行阶段关系的展开本质上是伴随着公法上给付义务实现的程度，即公法上给付义务的完成与变更。综上，笔者认为围绕着公法上的给付义务的实现程度，行政契约履行阶段法律适用的类型可分为行政契约的履行与行政契约履行的瑕疵两种类型。

1. 行政契约的履行

我国《民法典》第 509 条规定："当事人应当按照约定全面履行自己的义务。当事人应当遵循诚信原则，根据合同的性质、目的和交易习惯履行通知、协助、保密等义务。当事人在履行合同过程中，应当避免浪费资源、污染环境和破坏生态。"行政契约的履行也是如此，即应当根据诚信原则，依照契约的约定内容依法行使公法权利、履行公法义务。然而，行政契约是行政主体维护公共利益、履行行政职能的一种重要手段，受到依法行政原则的拘束，相比于民事合同而言，行政契约实施的限制较为严格。也就是说，行政契约的履行不仅是按照契约自身的约定全面履行公法义务，还要依照法律规定全面履行公法义务。[2]

一是，行政契约双方当事人依约履行。行政契约作为公法上债之一种类型，原则上，行政主体与行政相对人应当按照双方的约定全面履行公法上的给付义务、附随义务以及不真正义务。首先，公法上的给付义务在借鉴民法上的债之关系的基础上，可以分为主给付义务（决定行政契约的类型）与从

---

〔1〕 参见王泽鉴：《债法原理　第一册　基本原理·债之发生》，中国政法大学出版社 2001 年版，第 35 页。

〔2〕 这就是我国 2015 年《行政诉讼法》第 12 条第 11 项明确把行政机关不依法履行、未按照约定履行政府特许经营协议、土地房屋征收补偿协议等协议作为受案范围的原因之一。

给付义务（辅助主给付义务的功能）。[1]以《联邦德国行政程序法》第55条、第56条典型的有名行政契约的和解契约、双务契约为例，和解契约的主给付义务是行政主体与行政相对人之间互相让步、签订契约以代替具体行政行为，从给付义务则指行政主体依职权调查不能确定具体行政行为所依据的事实或者法律状况不确定性；双务契约的主给付义务是双方互为对等给付，从给付义务则指符合特定目的、执行公共任务、给付合理等。[2]其次，基于诚信原则所形成的公法上的附随义务主要涉及照顾义务、保密义务、协力义务、保管义务以及其他行为义务等。[3]此种附随义务又可分为两种：辅助或非独立的附随义务，其功能是保证主给付义务的履行；补充或独立的附随义务，其功能是为达一定的附从的目的而担保债的效果完全实现。[4]例如，在政府采购协议中，采购人应当对知悉供应商的商业秘密予以保密。最后，公法上的不真正义务。所谓不真正义务（Obliegenheiten），又称为间接义务，是指契约相对人通常不得请求履行，而其违反并不发生损害赔偿责任，仅使负担此项义务者，遭受权利的减损或丧失不利益而已。[5]事实上，民事合同中的减损规则正是不真正义务的具体体现。[6]进而论之，例如，在特许经营协议存续期间发生争议，当事各方在争议解决过程中，应当继续履行特许经营协议义务，如果一方违约后停止履行，另一方没有采取适当措施

---

〔1〕 主给付义务是债（尤其是契约）的关系固有、必备，并用以决定债之关系（契约）类型的基本义务（债之关系的要素）；从给付义务具有补助主给付义务的功能，不在于决定债之关系的类型，乃在于确保债权人的利益能够获得最大的满足。参见王泽鉴：《债法原理 第一册 基本原理·债之发生》，中国政法大学出版社2001年版，第36-38页。

〔2〕 参见［德］哈特穆特·毛雷尔：《行政法学总论》，高家伟译，法律出版社2000年版，第355-357页。

〔3〕 参见王泽鉴：《债法原理 第一册 基本原理·债之发生》，中国政法大学出版社2001年版，第39-40页。

〔4〕 参见史尚宽：《债法总论》，中国政法大学出版社2000年版，第341-342页。不过，也有学者把第二种情形补充或独立的附随义务认为是从给付义务。参见王泽鉴：《债法原理 第一册 基本原理·债之发生》，中国政法大学出版社2001年版，第37页。

〔5〕 参见王泽鉴：《债法原理 第一册 基本原理·债之发生》，中国政法大学出版社2001年版，第47页。

〔6〕 参见《民法典》第591条规定："当事人一方违约后，对方应当采取适当措施防止损失的扩大；没有采取适当措施致使损失扩大的，不得就扩大的损失请求赔偿。当事人因防止损失扩大而支出的合理费用，由违约方负担。"

致使损失扩大的，不得就扩大的损失要求赔偿。

二是，行政契约双方当事人依法履行。行政契约作为行政行为的一种类型，受到依法行政原则的拘束，必然要求行政主体在法定职权范围内依法履行契约。这里的依"法"履行的"法"不仅涉及实定法层面的公法与私法性质的禁止性规定、强制性规定，还包括公法与私法的一般法律原则、法理、习惯法、判例等。在我国，行政契约依法履行的范围，涉及宪法、法律（含立法解释等）、条约、行政法规、地方法规（地方性法规/民族自治法规）、司法解释等。[1]此外，在民事合同中相关的法律、司法解释等也可以适用。只不过，行政契约履行阶段涉及民事合同的法律、司法解释适用时，还得考虑到自身的特性。例如，确认民事合同履行过程中的无效，是以"法律和行政法规为依据，不得以地方性法规、行政规章为依据"，1999年《合同法》第52条第5项违反法律、行政法规的强制性规定是指效力性强制性规定，而非管理性强制规定为根据时，[2]其如在行政契约中适用确有值得商榷之处。申言之，从实质合法性的角度考虑，行政契约要遵守依法行政原则，即由法律的拘束扩展到受法的拘束，这对于公民权利的保障更为周全、对法治国家的理念也增加了实践的可能性，[3]故而，笔者认为确认行政契约履行过程中契约无效的理由还应当包括地方性法规、行政规章以及规范性法律文件，违反法律、行政法规的强制性规定中不区分什么效力性强制性规定与管理性强制规定，而是一体适用。

2. 行政契约履行的瑕疵

契约必须严守（Pacta sunt serbanda），行政契约与民事合同皆然。然而，"天有不测风云"，常有意外情事之发生，使得契约难以履行，此谓之履行之

---

[1]　参见陈新民：《中国行政法学原理》，中国政法大学出版社2002年版，第45-55页。

[2]　参见1999年《最高人民法院关于适用〈中华人民共和国合同法〉若干问题的解释（一）》第4条的规定，合同法实施以后，人民法院确认合同无效，应当以全国人大及其常委会制定的法律和国务院制定的行政法规为依据，不得以地方性法规、行政规章为依据；2009年《最高人民法院关于适用〈中华人民共和国合同法〉若干问题的解释（二）》第14条，以及1999年《合同法》第52条第5项规定的"强制性规定"，是指效力性强制性规定。事实上，1999年《合同法》第52条第5项体现在《民法典》第153条，即"违反法律、行政法规的强制性规定的民事法律行为无效。但是，该强制性规定不导致该民事法律行为无效的除外。违背公序良俗的民事法律行为无效"，但表述有所调整。

[3]　参见陈新民：《中国行政法学原理》，中国政法大学出版社2002年版，第38-40页。

瑕疵。事实上，行政契约履行的核心是公法上给付，即公法上的给付义务是否得到实现。一言以蔽之，行政契约的履行与公法上给付有直接关系，当给付义务发生变更时，必然导致行政契约履行出现一定的瑕疵。

在民事合同中，履行的瑕疵就是不给付，包括给付不能与不完全给付，其形态有二：债务人并无给付行为，即不给付（给付不能）；虽有给付行为，但未依债的本旨为给付，即不完全给付。[1]进而论之，当债务人不履行债务或履行债务有迟延，而应负责任时，一般情形下，应对债权人为损害赔偿，以代替不能之给付，或填补因给付迟延而受到的损失。[2]

与之相类似的是，行政契约中履行的瑕疵涉及公法上给付义务实现的问题，按照给付义务变更的力度，可以分为履行不能（给付不能）、不完全履行（给付迟延、不完全给付）两种类型。不过，与民事合同不履行债务或者履行债务有迟延的责任追究还是有一定区别的，主要表现在：行政主体在实施行政契约（特别是在代替具体行政行为）时，当行政主体是合法实施行政契约，由于意外事件、不可抗力、情事变更等原因，履行不能或者不完全履行时，此种情形下为行政补偿；如果行政主体是违法实施行政契约，履行不能或者不完全履行时，此种情形下为行政赔偿。例如，我国《行政诉讼法》第78条就规定，在行政协议中，公法上给付义务的合法与违法变更，使得公法法律责任追究的效果并不相同，即"被告不依法履行、未按照约定履行或者违法变更、解除本法第十二条第一款第十一项规定的协议的，人民法院判决被告承担继续履行、采取补救措施或者赔偿损失等责任。被告变更、解除本法第十二条第一款第十一项规定的协议合法，但未依法给予补偿的，人民法院判决给予补偿"。[3]

---

〔1〕 参见史尚宽：《债法总论》，中国政法大学出版社2000年版，第370页。

〔2〕 参见梅仲协：《民法要义》，中国政法大学出版社2004年版，第226页。

〔3〕 此外，2015年《最高人民法院关于适用〈中华人民共和国行政诉讼法〉若干问题的解释》第15条规定："原告主张被告不依法履行、未按约定履行协议或者单方变更、解除协议违法，理由成立的，人民法院可以根据原告的诉讼请求判决确认协议有效、判决被告继续履行协议，并明确继续履行的具体内容；被告无法继续履行或者继续履行已无实际意义的，判决被告采取相应的补救措施；给原告造成损失的，判决被告予以赔偿。原告请求解除协议或者确认协议无效，理由成立的，判决解除协议或者确认协议无效，并根据合同法等相关法律规定作出处理。被告因公共利益需要或者其他法定理由单方变更、解除协议，给原告造成损失的，判决被告予以补偿。"

(二) 行政契约履行阶段之公法特有制度探讨

行政契约是行政主体实现行政任务的一种重要手段,推行的目的就是要处理非典型事件能够提高行政效能、吸引行政相对人共同参与使得权利保护功能予以强化以及替代或补充具体行政为以便降低行政阻力等。因此,行政契约在履行阶段时需要赋予契约当事人一些不同于民事合同的特有的制度、措施,使得契约的履行能够更加地顺畅、高效、和谐。总体来说,主要有行政指导手段的运用、契约外行使公权力的补偿请求权以及自愿接受强制执行约定的制度。

1. 行政指导手段的运用

在履行过程中,行政契约 (尤其是在给付行政中) 经常规定行政主体可以对行政相对人进行必要的指导或者监督。此种赋予行政主体履行中的特权是行政契约中所特有的制度,主要是为了维护公共利益、完成行政任务的需要。本质上,该制度是行政指导手段在行政契约中的运用。

从比较法的观点看,在法国,无论契约是否规定,行政主体都享有对契约的执行予以指导与监督的权力,甚至对执行契约中的错误具有单方的制裁权、惩罚权,并且该项权力不能放弃。[1]此项权力经常是以文本或契约条款作为基础,不过,法国最高行政法院从未明定承认其构成行政契约的一般法则,而是清楚承认行政主体有制裁违约的权力。[2]

我国现行实定法中也明文规定了行政契约履行中行政主体的行政指导制度。例如,《湖南省行政程序规定》第 97 条规定,行政机关有权对行政合同的履行进行指导和监督,但是不得对当事人履行合同造成妨碍。不过,在行政实践中,最大的问题就是解决行政主体在履行中实施行政指导往往异化具有强制性的监督权。因此,行政主体在行政契约履行中对行政相对人进行指导和监督需要进行立法上的细化,明确行使的原则、条件、手段、措施等,防止权力的滥用。例如,2015 年施行的《行政和解试点实施办法》针对中国证监会与涉嫌违反证券期货法律、行政法规和相关监管规定的公民、法人

---

〔1〕　参见〔法〕古斯塔夫·佩泽尔 (Gustave Peiser):《法国行政法》,廖坤明、周洁译,国家行政学院出版社 2002 年版,第 91—92 页。

〔2〕　参见王必芳:"论法行政契约的特点",载《台北大学法学论丛》2017 年第 102 期。

或者其他组织达成的行政和解协议，规定了和解协议的范围、条件、程序和期限，并且细化了中国证监会和解实施部门监督行政相对人履行义务的程序、期限、方式等。[1]

2. 契约外行使公权力的补偿请求权

所谓契约外行使公权力的补偿请求权，是指行政契约当事人一方为人民者，签订契约后，因为签订机关所属的公法人的其他行政机关于契约外行使公权力，致使相对人履行契约义务时，明显增加费用或者受到其他不可预期的损失，相对人可向缔结机关请求补偿损失。[2]这种同一行政主体所属的其他行政机关行使与该契约有直接关系的合法公权力，增加了行政相对人不必要的成本支出，也属于情事变更原则的范畴。并且，其本质上属于人民因公益而遭受的特别牺牲，故而，国家应当予以损失补偿，为典型的公法事宜。[3]

上述类型的补偿请求权产生于法国行政契约法的"王之行为"（fait du prince）理论，主要有以下几个特点：（1）签订的行政机关与行使契约外公权力的其他行政机关属于同一行政主体但并非同一个体；（2）补偿请求权的行使主体为遭受损失的行政相对人；（3）补偿的范围仅限于与契约履行直接必要的关联损失；（4）行政相对人无过错。[4]

在我国的行政实践中，契约外行使公权力的补偿请求权也有可以采用的空间。例如，按照《基础设施和公用事业特许经营管理办法》第42条的规定，县级以上人民政府及其有关部门应当根据法律、行政法规和国务院决定保留的行政审批项目对特许经营进行监督管理，如果此种监督管理给特许经营者造成了不必要的成本支出或者其他不可预期的损失，那么从公平、公正原则与保障行政契约正常履行防止公共利益受损的角度看，特许经营者就可

---

〔1〕 2015年施行的《行政和解试点实施办法》第29条规定，"行政和解协议达成后，由和解实施部门监督行政相对人在协议规定的时限内履行协议规定的义务。和解实施部门应当在行政和解协议达成后2个工作日内将达成行政和解协议的情况书面告知案件调查部门、案件审理部门、行政和解金管理机构。案件调查部门在收到书面告知后应当中止案件调查。行政相对人履行全部义务后，和解实施部门应当向行政相对人出具行政和解结案通知，并抄送案件调查部门、案件审理部门、行政和解金管理机构。案件调查部门、案件审理部门应当依照规定终止案件的调查、审理"。

〔2〕 参见李惠宗：《行政法要义》，元照出版有限公司2007年版，第397页。

〔3〕 参见李震山：《行政法导论》，三民书局2007年版，第385页。

〔4〕 参见陈慈阳：《行政法总论——基本原理、行政程序及行政行为》，翰芦图书出版有限公司2001年版，第557-559页。

以主张契约外行使公权力的补偿请求权，由实施机构给予相应的补偿。

3. 自愿接受强制执行约定的制度

行政主体与行政相对人签订行政契约实现公法上的给付，则后继的效果也应该随之，故原则上履行问题自应当如同民事合同经由诉讼程序解决。[1]在德国，行政主体无权以行政行为的方式确认或者强制实现其契约请求权，当契约当事人拒不履行约定的给付义务，行政主体只能向行政法院提起一般给付之诉，来实现自己的合法权益。[2]换言之，行政主体一旦采用行政契约来履行行政职责，也就意味着放弃通过单方的行政决定去强制实现契约的目的，因为，这与行政契约合意性的本质要求相抵触。

事实上，为了提高行政契约履行的行政效能，减少纷争，在契约中约定自愿接受强制执行，似乎也无不可。从比较法的角度观察，《联邦德国行政程序法》第 61 条规定，在隶属契约中，契约当事人即行政主体与公民可以约定接受契约的立即执行；原则上，只有公民一方才可能作出声明该契约作为强制执行的依据；如果具备了该声明，行政机关可以根据有关强制执行的规定，以行政行为的方式自行执行其契约请求权，而公民只能通过法院裁判实现其契约请求权。[3]

然而，我国行政诉讼实行的是"民告官"制度，行政主体不能作为原告去起诉行政相对人履行行政契约，只能按照《行政诉讼法》第 97 条的规定申请人民法院强制执行或者依法强制执行。[4]在实践中，行政契约的履行，无论是通过行政主体申请人民法院强制执行，还是依法自我强制执行，抑或行政相对人通过行政复议、行政诉讼要求行政主体依法、依约履行，都会发生费时、费事、费力的问题，尤其是行政契约往往处理的都是棘手的、非典型的案例。因此，为了减少纷争，提高行政效能，降低成本支出，行政契约中可以规定自愿接受强制执行约定的制度，即在行政契约（尤其是代替具体

---

〔1〕 参见吴庚：《行政法之理论与实用》，中国人民大学出版社 2005 年版，第 277 页。

〔2〕 参见 ［德］哈特穆特·毛雷尔：《行政法学总论》，高家伟译，法律出版社 2000 年版，第 381 页。

〔3〕 参见 ［德］哈特穆特·毛雷尔：《行政法学总论》，高家伟译，法律出版社 2000 年版，第 381 页。

〔4〕 参见《行政诉讼法》第 97 条规定，公民、法人或者其他组织对行政行为在法定期限内不提起诉讼又不履行的，行政机关可以申请人民法院强制执行，或者依法强制执行。

行政行为）中，行政主体与行政相对人可以约定自愿接受执行，即一方不按照契约的规定履行义务时，另一方得以将该契约作为强制执行的依据。也就是说，在行政契约中建立自愿接受强制执行约定的制度，使得行政主体在申请强制执行时，人民法院审查的条件、方式、期限等可以简化，提高效率，[1]或者可以直接以此约定作为强制执行的依据；行政相对人依照此制度，也可以通过行政诉讼要求行政主体按照自愿接受强制执行的约定去履行其公法上的给付义务。

第二节　行政契约适用民事合同相关制度之研判

行政契约作为行政作用的一种方式，与单方行政决定的区别就在于契约当事人对契约内容有参加决定的影响力，而且必须双方意思表示一致契约始能成立。[2]这种因意思合致而生成公法法效性的动态过程与民事合同并无不同。但是，行政主体缔结行政契约具有实现公共利益或者行政管理目标的目的，必然受到依法原则的拘束。事实上，行政契约与民事合同的性质还是有一定差异的。这种差异使得民事合同的相关理论、制度等在行政契约中的适用受到多种限制，其根源就在于依法行政原则与合同自由原则之间的冲突、抵触及不协调。进而论之，行政契约能在多大程度、多大范围内移植、借鉴、适用民事合同中相关的理论、制度等？本节通过对行政契约适用民事合同的原因、范围、方式进行探讨，分析在行政实践中哪些符合行政契约需要的相关民事制度可以被采用。

---

〔1〕　参见《最高人民法院关于适用〈中华人民共和国行政诉讼法〉的解释》第155条规定："行政机关根据行政诉讼法第九十七条的规定申请执行其行政行为，应当具备以下条件：（一）行政行为依法可以由人民法院执行；（二）行政行为已经生效并具有可执行内容；（三）申请人是作出该行政行为的行政机关或者法律、法规、规章授权的组织；（四）被申请人是该行政行为所确定的义务人；（五）被申请人在行政行为确定的期限内或者行政机关催告期限内未履行义务；（六）申请人在法定期限内提出申请；（七）被申请执行的行政案件属于受理执行申请的人民法院管辖。行政机关申请人民法院执行，应当提交行政强制法第五十五条规定的相关材料。人民法院对符合条件的申请，应当在五日内立案受理，并通知申请人；对不符合条件的申请，应当裁定不予受理。行政机关对不予受理裁定有异议，在十五日内向上一级人民法院申请复议的，上一级人民法院应当在收到复议申请之日起十五日内作出裁定。"

〔2〕　参见李震山：《行政法导论》，三民书局2012年版，第372页。

一、行政契约适用民事合同相关制度之缘由、标准及方式

行政契约作为后起之秀，经历了从否定、排斥、限制使用到积极扩大适用的动态发展过程。相较于民事合同的源远流长，行政契约的理论、制度不成熟、不完善，需要积极借鉴、吸收、采纳民事领域中相关的理论、制度。同时，传统的具体行政行为刚性有余、柔性不足，为达成行政任务，多采用高权手段、强力执行，常引发行政相对人抵触、敌对、反抗，造成行政成本激增。然而，在实践中，行政任务的实现往往需要行政相对人协力为之、方能功成，行政契约作为协商、柔性执法方式正当其用。实践的发展催生着理论的进步！在我国"转变政府职能，深化简政放权，创新监管方式，增强政府公信力和执行力，建设人民满意的服务型政府"[1]的时代背景下，我们需要对行政契约的理论、制度进行深入地研究、分析、讨论，而民事合同由于契约性质的共同性，正好可以为我所用。因此，笔者通过分析行政契约适用民事合同的理论依据、适用标准以及运用的方式，以期促进行政契约能够更好适应日益复杂的行政实践。

（一）行政契约适用民事合同相关制度的缘由

行政契约作为公法上意思一致的产物，与民法合同具有天然的相似性。"契约的观念若可解作'因当事者双方的同意而发生其所冀求之法律的效果的行为'，则契约决不限于私法的区域，在公法的区域中亦不乏先例。"[2]也就是说，这种相似性决定着当行政契约自身的制度无法解决实践中的运用问题时，借鉴民事合同相关制度成为一种必然。笔者认为行政契约适用民事合同相关制度主要有以下三个方面的原因。

一是，行政契约理论与制度的发展相对具有的滞后性。行政契约作为一种法制，在早年并非普遍受到认可，如德国的知名学者 Otto Mayer、Walter Jellinek 等持反对态度，Otto Mayer 曾以顺从的行政处分代替行政契约，Walter Jellinek 宁愿提倡双方行政处分而不采行政契约。[3]因为，Otto Mayer

---

〔1〕 习近平：《决胜全面建成小康社会　夺取新时代中国特色社会主义伟大胜利——在中国共产党第十九次全国代表大会上的报告》，人民出版社 2017 年版，第 31—32 页。

〔2〕 ［日］美浓部达吉：《行政法撮要》，程邻芳、陈思谦译，商务印书馆 1934 年版，第 97 页。

〔3〕 参见吴庚：《行政法之理论与实用》，中国人民大学出版社 2005 年版，第 264 页。

认为契约关系的存在，唯有以权利义务主体之间的法律地位平等为前提，而公法法律关系经由上下级的隶属关系所形成，故而，行政契约在公法领域中存在是不可能的。[1]事实上，真正摆脱 Otto Mayer 理论的束缚，进而主张行政契约在法律未作相反规定的，应承认其成立的，当推 Willibait Apelt，并且为 1936 年德国符腾堡行政法典所采纳。[2]在德国的行政审判与行政立法中，1966 年德国联邦行政法院才作出第一个有关行政契约的判决，认为行政契约是允许的，1976 年在《联邦德国行政程序法》中才明文规定行政契约。[3]该法第 54 条规定："公法上之法律关系，得以契约设定、变更或废弃之，但法规另有相反规定者，不在此限。行政机关尤其得与欲对之为行政处分之相对人订立行政契约，以代替行政处分。"通过对德国行政契约的发展过程观之，行政契约遭受质疑的声音逐渐减少、减弱，但是，与传统的具体行政行为相比较，行政契约理论上与制度上不周延、不完善，发展依然缓慢，体现在理论上说服力较弱、制度上应用力不强、体系上反馈力单薄，这就决定了借鉴具有悠久历史的民事合同相关理论与制度的必然性。[4]

二是，行政契约实践层面的必然要求。伴随着由秩序行政向给付行政、服务行政的转型，传统以高权手段为特征的具体行政行为已经无法因应时代的需要。为了推进国家治理体系和治理能力现代化的发展，政府亟待转变职能，创新监管方式，加强与行政相对人合作，以行政契约、行政指导、行政奖励等柔性或者非强制性执法行为逐渐代替具体行政行为。然而，行政实践的前进使得行政契约相关理论与制度的运用、发挥受到了一定程度的阻碍、困扰，其中关于行政契约立法的不完备是重要原因。以大陆法系代表性国家德国为例，《联邦德国行政程序法》中仅第 54—62 条（9 条）规定了行政契约，典型的有名行政契约只规定了两种情形即和解契约与双务契约，而关于

---

[1] 参见陈慈阳：《行政法总论——基本原理、行政程序及行政行为》，翰芦图书出版有限公司 2001 年版，第 542 页。

[2] 参见吴庚："行政契约之基本问题"，载《台湾大学法学论丛》1989 年第 2 期。

[3] Stern, Zur Grundlagung einer Lehre des öffentlich – rechtlichen Vertrags, VerwArch. Bd. 49 (1958), S. 106 ff. 转引自陈慈阳：《行政法总论——基本原理、行政程序及行政行为》，翰芦图书出版有限公司 2001 年版，第 543 页。

[4] 行政契约最让人们担心的是会出现"公法遁入私法"现象，使得行政主体逃避监管，故而，引进民事合同的相关理论与制度能够更好地实现对公权力的控制，维护公民的合法权益。

具体行政行为的直接规定就高达 19 条（第 35—53 条）。事实上，关于行政契约法律法规的规定，我国也是同样如此，甚至更加简略。例如，我国在法律层面上规定行政契约的是 2015 年实施的《行政诉讼法》第 12 条、第 78 条；至于湖南、江苏、山东、浙江等省市的地方性规章关于行政合同的规定平均也不超过 6 条。[1]进而论之，我国关于行政契约的立法状况目前基本上是缺乏立法的精细化，可操作性不足，对于行政契约的内涵、适用的范围、判断的标准、契约的类型、契约的效力、救济的路径等规定得都存在语焉不详之处。这些使得在实践中，行政契约的法律适用产生一定的困惑。以特许经营权的救济路径为例，其在行政复议中不属于受案范围，而在行政诉讼中又作为受案范围，这就产生了救济路径的冲突。[2]因此，行政契约立法的不完备性与实践的迫切需要性，使得借鉴民事合同的相关理论与制度成为必然。

　　三是，契约共通性质的必然体现。行政契约与民事合同都是意思合致的产物，只不过是契约性质有区别而已。也就是说，行政契约作为行政行为的一种类型，是实现公共利益的一种手段，表现为行政法上的权利义务的形成、变更、终止（公法效果）；民事合同是私法自治的产物，是个人自我利益最大化的方式之一，体现为私法上权利义务的形成、变更、终止（私法效果）；两者的共同之处就在于其协商一致达成权利义务的变动。正如有学者指出，虽然凡属国家与人民间的关系，即在所谓"依同同意"的场合，双方的意思并不是具有均等的力量，但这种不均等性不能作为否定公法在依双方同意而发生某种法律效果之点与私法上的契约有共通性的理由。[3]实际上，就连法国这种认为"适用行政法是原则，适用一般法律是例外"的行政契约

----

〔1〕《湖南省行政程序规定》是在第 93—98 条规定行政合同，不过 6 条；2015 年《江苏省行政程序规定》是在第 77—82 条规定行政合同，也是 6 条；《山东省行政程序规定》是在第 100—105 条规定行政合同，同样是 6 条；《浙江省行政程序办法》是在第 80—81 条规定行政合同，共 2 条；等等。

〔2〕 2017 年国务院法制办公室对《交通运输部关于政府特许经营协议等引起的行政协议争议是否属于行政复议受理范围的函》的复函明确指出："政府特许经营协议等协议争议不属于《中华人民共和国行政复议法》第六条规定的行政复议受案范围。"

〔3〕 参见［日］美浓部达吉：《行政法撮要》，程邻芳、陈思谦译，商务印书馆 1934 年版，第 97-98 页。

与民事合同必须区分的典型双轨制的国家，也不得不承认"行政契约制度是建立在一些公法和私法所共有的结构性原则之上，将契约定性为行政契约并不反对合意瑕疵理论、标的、原因的适用、当事人的共同意图、合意主义、契约关系的诚信、契约的拘束力、相对效力或契约责任的遵守……一开始或许是为了正当化行政契约观念才避谈公司两法的交会，但这些原则无疑构成公私契约的共同法则，显现出契约观念的统一性"。[1]故而，行政契约与民事合同观念的统一性——合意协商，使得行政契约借鉴民事合同的理论与制度有一种天然的无违和感。

（二）行政契约适用民事合同相关制度的标准

行政契约作为行政行为与契约相融合的产物，属于行政法领域中的一项重要制度，其行政性、公共性、公法法效性的特性决定了其本质上是以实现公共利益为根本目的，并且要受到依法行政原则的拘束，而其合意性的特性又决定了有一定的意思一致形成的空间。该意思一致形成的空间使得行政契约与民事合同具有某种程度的共通性。这种共通性在大陆法系中的现行实定法中也有所反映。例如，《联邦德国行政程序法》第62条就明确规定："第五十四条至第六十一条无特别规定者，适用本法之其他规定。民法之规定，亦补充准用之。"不过，为了防止行政主体在行政契约中适用民事合同相关制度出现"公法遁入私法"的现象，逃避法律监督，损害国家利益、社会利益以及第三人的合法权益，因此，行政契约中适用民事合同相关制度必须保持公共利益与意思一致空间的适度平衡性，即准用民事合同相关制度需符合行政契约的行政性、公共性、公法法效性的特性，并且受到依法行政原则的制约，方可适用。具体言之。我们认为在行政契约适用民事合同相关制度可以确定如下标准。

一是，合法性标准。所谓合法性标准，是指行政契约适用民事合同相关制度时，不仅要符合行政行为合法性的要求，还要符合民事合同合法性的规定。一方面，行政契约作为行政行为的一种类型，在适用民事合同相关制度时不得违反依法行政原则（尤其是不能违反法律优先原则），即行政主体在

---

［1］ BRENET（F.），OP. cit.，pp. 255-256. 转引自参见王必芳："论法国行政契约的特点"，载《台北大学法学论丛》2017 年第 102 期。

行政契约中适用民事合同相关制度，不得与现行法律相冲突。例如，如果行政主体超越职权范围订立契约，依照职权法定原则与越权无效原则，该契约就应该认定为无效。故而，《民法典》第 153 条以及 1999 年《最高人民法院关于适用〈中华人民共和国合同法〉若干问题的解释（一）》第 10 条的规定在行政契约中的适用就有值得商榷的余地。[1]另一方面，行政契约作为契约的一种形态，在适用民事合同相关制度时，民事合同合法性的规定也必须遵守。例如，在行政契约中既约定违约金，又约定定金的，当行政相对人违约时，行政主体也不能同时适用违约金与定金，而只能选择适用违约金或者定金条款。[2]

二是，公益优先标准。所谓公益优先标准，是指行政契约适用民事合同相关制度时，应当考虑到是否符合公共利益的要求，如果违反了公共利益的要求，则该民事合同的相关制度就不能适用。在秩序行政中，行政主体实施代替具体行政行为的行政契约时，在适用民事合同的相关制度时，应当注意自己的法定职权的范围与权限的具体要求，防止出现为了部门利益、团体利益甚至私人利益，而发生出卖公权力的问题。例如，行政主体以欺诈、胁迫的手段与行政相对人签订的息诉罢访协议，不仅是损害国家利益的协议无效，而且损害社会、第三人利益的协议都是无效。[3]因为，这是打造诚信政府的必然要求。在给付行政中，涉及民事合同的相关制度适用时，行政主体与行政相对人需要共同维护公共服务可持续性原则，保障服务使用者的利益。例如，在我国境内基础设施和公用事业领域实施特许经营协议过程中，

---

　　[1]　《民法典》第 153 条规定，违反法律、行政法规的强制性规定的民事法律行为无效。但是，该强制性规定不导致该民事法律行为无效的除外。违背公序良俗的民事法律行为无效。1999 年《最高人民法院关于适用〈中华人民共和国合同法〉若干问题的解释（一）》第 10 条规定，当事人超越经营范围订立合同，人民法院不因此认定合同无效。但违反国家限制经营、特许经营以及法律、行政法规禁止经营规定的除外。

　　[2]　参见《民法典》第 588 条："当事人既约定违约金，又约定定金的，一方违约时，对方可以选择适用违约金或者定金条款。定金不足以弥补一方违约造成的损失的，对方可以请求赔偿超过定金数额的损失。"

　　[3]　1999 年《合同法》第 52 条第 1 项规定："有下列情形之一的，合同无效：（一）一方以欺诈、胁迫的手段订立合同，损害国家利益。"虽然《民法典》在第 148 条、第 149 条、第 150 条认为欺诈、胁迫实施民事法律行为属于可撤销范畴，但是，行政契约属于行政行为的一种类型，按照公益优先的标准，不能完全照搬适用民事法律行为的相关规定。

当发生变更、终止协议或者不依法、依约履行协议时，契约双方当事人不是简单地适用民事合同中关于变更、终止或违约的相关规定，而是要优先考虑保障公共产品或公共服务持续稳定地提供的问题。[1]

三是，行政行为行政性标准。所谓行政行为行政性标准，是指行政契约适用民事合同相关制度时，应当考虑到该制度是否与保障行政主体基于公共利益的需要所具有的行政优先权或者特权相抵触，即如果该制度与行政主体的优先权或者特权相矛盾，则该民事合同的相关制度不能适用于行政契约。事实上，行政契约的创设是考量到行政机关所缔结的某些契约，因涉及与满足公益有关的特殊问题，在本质上（基于其固有特征且独立于任何文本定性以外）应当具有行政性质的特征。[2]进而论之，行政主体为了履行法定职责、完成行政任务、落实行政目标，依据现行相关公法法律法规实施行政契约这一具体手段，去实现行政法上权利义务的变迁，就必须得拥有一定程度的行政优先权或者特权。故而，行政契约适用民事合同相关制度不能与行政主体的行政优先权或者特权相违背。例如，民事合同中的契约必须严守原则就不能束缚行政主体基于公共利益所必须拥有的行政自由裁量权，这就是英美行政法中所说的“政府所签订的合同不能束缚行政上自由裁量权行使原则”。[3]

四是，权利性质相似性标准。所谓权利性质相似性标准，是指行政契约适用民事合同相关制度时，需要考虑到该制度是否与行政契约的合意性性质（相对权）相切合，如果不符合权利性质的相似性（相对权），则民事合同的相关制度就难以适用。事实上，行政契约属于公法上债之一种类型，行政主体与行政相对人之间作为契约当事人形成行政法上的债权债务关系。进而论之，这种行政法上的债务关系，是指行政机关与公民之间、其构成与客体与民法债务关系类似的公法法律关系，如给付行政领域中的公法上的给付与使用关系；在司法实践中，法院认为存在着这种需要，即除一般的公法规则外，对这种特殊的、紧密的行政机关与公民之间的关系类推适用民法典的债

---

〔1〕 参见《基础设施和公用事业特许经营管理办法》第48条、第52条。

〔2〕 参见王必芳：“论法国行政契约的特点”，载《台北大学法学论丛》2017年第102期。

〔3〕 王名扬：《英国行政法》，北京大学出版社2007年版，第4页。

法特别规定，尤其是关于赔偿责任的规定。[1]也就是说，这里的"特殊的、紧密的行政机关与公民之间的关系"，就是指具有相对权性质的合意性。例如，公法上的权利与私法上的债权最相类似者，当推公法上的金钱请求权，其与私法上债权的共同点都是以请求对方给付一定金额为内容的权利，故而，两者性质的相同、相似、相近使得私法上的债权相关制度可以适用到公法上的金钱请求权。[2]

（三）行政契约适用民事合同相关制度的方式

行政契约作为行政行为的运作手段之一，当其法律法规规定得不完善或者有空白之处时，可以适用民事合同相关制度作为补充或者填补漏洞。也就是说，由于民事合同相关制度的发展比较系统、完备，而行政契约的相关理论与制度尚未自成一体时，在两者权利义务关系相似性的背景下，则借鉴、吸收、转化、适用民事合同的相关制度不失为一种成本最低、效果直接的最佳方案。一般来说，将民事合同相关制度适用到行政契约的具体适用方式，主要有两种情形：直接适用与类推适用。

其一，直接适用方式，主要是指民事合同中一般法律原则直接适用到行政契约中。实际上，这里的一般法律原则系独立于各个法律领域之外，可以作为一般契约的共同原理来理解。进而论之，民事合同中的诚信原则、公平原则、公序良俗原则、平等原则、自愿原则、情事变更原则、契约必须严守原则、禁止权利滥用原则等，都可以直接适用到行政契约中。在司法实践中，人民法院将上述原则在行政契约中予以直接适用。例如，在河南省邓州市人民政府等与河南省邓州市云龙公司注销行政许可纠纷上诉案中，人民法院就认为："市政府对云龙公司拥有相应的轿车出租车具有入户审批、扶助和依法支持合法经营的义务，且依行政约定不得违反政府诚信原则出现违约行为。"[3]

其二，类推适用方式，是指民事合同的某些相关制度可以类推适用到行

---

〔1〕　参见［德］哈特穆特·毛雷尔：《行政法学总论》，高家伟译，法律出版社 2000 年版，第 741-742 页。

〔2〕　参见［日］美浓部达吉：《行政法撮要》，程邻芳、陈思谦译，商务印书馆 1934 年版，第 87-89 页。

〔3〕　参见（2010）内法行初字第 95 号行政判决书、（2010）南行终字第 120 号行政判决书。

政契约中。类推适用，系指将法律对某构成要件（A）或多数彼此相类的构成要件而赋予的规则，转用于法律所未规定而与前述构成要件相类的构成件（B）。[1]其主要基于平等的理念，而普遍为法院所使用，即相似之案件应为相同之处理。[2]进而论之，行政契约适用民事合同相关规定的前提条件：关于行政契约的公法法规没有相关规定——公法上的漏洞（公开漏洞）；不能依据公法法规作出相应的填补；必须探求该民事合同的相关制度可以适用于行政契约中的相类似之点，建立可以作为比附援引的共通原则。不过，需要注意的是，行政主体不能透过类推适用民事合同的相关制度或原则而扩张其法定权限，原则上类推仅针对法律效果，不针对法律原因。[3]在司法实践中，人民法院经常将民事合同的相关制度用类推适用的方式处理行政契约履行过程中所产生的纠纷。例如，在湖北隆德利公司与谷城县国土局确认行政合同违法并予以撤销返还出让金上诉案中，人民法院就认定民事合同中的撤销权制度在行政协议中类推适用，判决表明，隆德利公司、谷城县国土局均请求谷城县人民政府予以解决处理，隆德利公司已经按照 1999 年《合同法》第 55 条的规定在一年内行使了相应合同请求撤销权，应受法律保护。[4]

二、行政契约适用民事合同中相关制度之阐释

行政契约作为行政作用的一种手段，性质复杂多变，但发展远较民事合同迟缓。事实上，各国行政法目前尚未有统一的行政法总则出现，以致于各种行政事项缺乏一般的规定以作为依据，最多的是制定行政程序法规范行政行为的运作。而民法发展历史悠久，体系完善，尤其是关于民事合同的相关规定更是专业分工化与立法精细化的产物。故而，行政契约在实践中的不周延性、不完善性，使得适用民法总则与民事合同中的相关制度成为一种必然。

（一）民法总则中相关制度之准用

一般来说，行政契约属于行政行为的一种类型，受到行政程序法的调

---

[1] 参见［德］卡尔·拉伦茨：《法学方法论》，陈爱娥译，商务印书馆 2003 年版，第 258 页。
[2] 参见杨仁寿：《法学方法论》，中国政法大学出版社 1999 年版，第 193—194 页。
[3] 参见林锡尧：《行政法要义》，三民书局 2000 年版，第 12 页。
[4] 参见湖北省襄阳市中级人民法院（2017）鄂 06 行终 1 号行政判决书。

控，如果行政程序法未有规定时，方可适用民法总则中相关制度的规定。例如，《联邦德国行政程序法》第62条就明确规定："如果与第54至第61条的规定不相抵触，本法其他规定也可以适用。还可以补充适用民法典的相应规定。"因此，关于行政契约适用民法总则相关制度的规定，大致可包括以下几个方面。

一是，《民法典》上关于民事基本原则的相关规定。我国现行《民法典》中规定的民事基本原则包括平等、自愿、公平、诚信、绿色、公序良俗等原则，[1]都可以直接适用到行政契约中去。目前，行政契约最大的问题是契约格式化现象严重，使得契约双方交流、沟通、协商、博弈的自由空间日趋狭小，有的甚至可表现为以行政契约之形掩盖行政主体实施单方高权具体行政行为之实。但是，平等、自愿、公平、诚信、绿色、公序良俗等原则能够有力防止行政主体凭借着自己背后的强大公权力，强迫、欺骗行政相对人签订行政契约。例如，在葛某义诉南通市崇川区观音山街道办事处房屋搬迁行政协议案中，人民法院指出，依法行政和诚实守信是行政机关在与行政相对人签订行政协议时应当遵守的基本原则。本案中，观音山街道办事处利用自身的强势地位和行政相对人对国家公权力的信任，未将双方达成合意的基本内容填入被诉协议即要求葛某义在空白协议上签字。在葛某义基于对国家公权力的信任而将非居房交付拆除后，观音山街道办事处又通过补填协议内容的方式推翻之前协商一致的结果，不仅违反了依法行政的基本原则，也与诚实守信的原则相去甚远。[2]

二是，《民法典》上关于权利能力和行为能力的相关规定。《民法典》中关于权利能力与行为能力的规定，在行政程序法中没有明确规定时，原则上可以适用于行政相对人为自然人、非法人组织、法人。例如，房屋征收部门与被征收人签订房屋征收补偿协议时，被征收人是未成年人、不能辨认/不能完全辨认自己行为的成年人等，其与其他被征收人为正常的成年人权利能力是一律平等的，不能有所歧视、差别对待；并且被征收人为限制民事行为能力人、无民事行政能力人时，可以依照《民法典》的规定由其法定代理

---

[1]　参见《民法典》第4—9条。
[2]　参见江苏省南通市中级人民法院（2018）苏06行终806号行政判决书。

人代理。但是，在行政契约中，行政主体是否具有公法上的权利能力，还有其特别之处，需要考虑在各个领域中的相关法规及特性，并非如民法中的一般权利能力。[1]例如，行政机关、法律法规规章授权的组织和依法受委托的组织应当根据法律、法规、规章的规定，在法定权限内，按照法定程序去行使行政职权，不过，由于公法性质的法律、法规、规章规范的内容千差万别，则上述行政主体的行使职权的范围也是各不相同。

三是，《民法典》上关于法律行为的相关规定。行政契约与民事合同都是双方或者多方法律行为的一种类型，均是意思表示一致的产物，只不过，前者是公法上的意思表示，后者是私法上的意思表示。因此，《民法典》中关于民事法律行为的以下规定，可以适用到行政契约中去：意思表示的概念、生效要件、表达方式、解释方法；民事法律行为的有效要件、无效、可撤销、效力待定及相关法律责任；民事法律行为的附条件或附期限的相关规定等。[2]进而论之，在行政契约中，《民法典》中意思表示的相关规定主要针对的是行政相对人的识别能力、意思能力，而行政主体则着重于通过行为的外在性，推断其意思表示。

四是，《民法典》上关于民事责任的相关规定。行政契约作为行政行为的一种类型，如果契约一方或双方在履行过程中，违反了法律规定或者契约约定，应当承担公法上的法律责任。按照我国《行政诉讼法》第78条的规定，行政主体不依法履行、未按照约定履行或者违法变更、解除政府特许经营协议、土地房屋征收补偿协议等协议的，承担公法上的赔偿责任；行政主体合法变更、解除上述协议的，承担公法上的补偿责任。故而，《民法典》中关于民事责任的相关规定只有与行政契约的公法责任性质相类似的才可以适用。总的来说，关于民事责任的相关规定可以适用到行政契约中的主要包括：关于按份责任与连带责任的规定，关于承担民事责任方式的规定，关于不可抗力、正当防卫、紧急避险等规定。[3]其中，关于民事责任方式的规定适用需要注意到行政契约的行政性、公共性、公法法效性特性，只有在不妨碍行政主体自由裁量权的前提下才可以适用。

---

[1] 参见林锡尧：《行政法要义》，三民书局2000年版，第13页。
[2] 参见《民法典》第133—160条。
[3] 参见《民法典》第176—187条。

五是，《民法典》上关于诉讼时效的相关规定。行政契约是行政行为的一种样态，按照我国《行政诉讼法》第 46 条的规定受到起诉期限的限制。[1]同时，行政契约又是公法上债之一种类型，是否受到类似《民法典》的诉讼时效限制，以及与起诉期限何种关系，值得我们深入探讨。我们认为行政契约属于行政行为，应当先适用起诉期限，再按照不依法履行、未按照约定履行协议，参照《民法典》关于诉讼时效的规定；对行政机关单方变更、解除协议，适用《行政诉讼法》及其司法解释关于起诉期限的规定。[2]

六是，《民法典》上关于期间、期日等技术性的相关规定。原则上，《民法典》的技术性规定，在关于行政契约的公法法规没有规定时，可以直接适用到行政契约中。这主要包括民法所称的期间按照公历年、月、日、小时计算以及计算的方法等。[3]

（二）民事合同中相关制度之准用

民事合同作为民法上债的一种类型，其核心在于给付，给付具有不同的意义与功能，并且除了给付义务，还包括附随义务与不真正义务。[4]事实上，具有契约共通性质的行政契约作为公法上之债的一种类型，其核心也是契约双方如何实现公法上的给付义务。故而，行政契约可以借鉴民事合同中

---

〔1〕《行政诉讼法》第 46 条规定，"公民、法人或者其他组织直接向人民法院提起诉讼的，应当自知道或者应当知道作出行政行为之日起六个月内提出。法律另有规定的除外。因不动产提起诉讼的案件自行政行为作出之日起超过二十年，其他案件自行政行为作出之日起超过五年提起诉讼的，人民法院不予受理"。

〔2〕 参见《最高人民法院关于适用〈中华人民共和国行政诉讼法〉若干问题的解释》第 12 条。例如，在王某诉怀宁县国土资源局不履行土地出让行政协议案〔（2017）皖 08 行终 102 号〕中，安庆市中级人民法院认定，本案王某与怀宁县国土资源局所达成的成交确认书及部分履约行为，性质上属于双方就国有土地使用权的出让达成合意的行政协议。《最高人民法院关于适用〈中华人民共和国行政诉讼法〉若干问题的解释》第 12 条规定，公民、法人或者其他组织对行政机关不依法履行、未按约定履行协议提起诉讼的，参照民事法律规范关于诉讼时效的规定；对行政机关单方变更、解除协议等行为提起诉讼的，适用《行政诉讼法》及其司法解释关于起诉期限的规定。怀宁县国土资源局的行为属于不依法、不按约履行协议。怀宁县国土资源局关于王某起诉超过行政案件起诉期限的意见，依法不予采信。至于王某是否超过了诉讼时效，怀宁县国土资源局既未提出异议又未举证证明，依法不予认定。笔者认为起诉期限针对的是程序问题，而诉讼时效针对的是实体问题，故而，先适用起诉期限，后适用诉讼时效。

〔3〕 参见《民法典》第 188—204 条。

〔4〕 参见王泽鉴：《债法原理　第一册　基本原理·债之发生》，中国政法大学出版社 2001 年版，第 34 页。

性质类似的相关法律制度。围绕着公法上给付义务的实现这一关键因素，笔者认为行政契约可以借鉴民事合同中如下相关制度。

一是，基于先契约义务的缔约过失制度。所谓缔约过失制度，是指当事人为缔结契约而接触、准备或磋商时，会发生各种说明、告知、保密、保护等其他义务，学说称为先契约义务（vorvertragliche Pflicht），违反该义务，即成立缔约上的过失（culpa in contrahendo）责任，应当给予非因过失而信赖契约有效导致受到损害的一方相应赔偿的制度。[1]我国《民法典》第500条明确规定了该制度，主要包括："假借订立合同，恶意进行磋商；故意隐瞒与订立合同有关的重要事实或者提供虚假情况；其他违背诚信原则的行为。"[2]缔约过失制度本质上是建立在诚信原则基础之上信赖利益的保护，这种保护"不是保护公民之间的一般信赖关系，而是保护特定缔约人间的信赖关系"。[3]在民事合同中，缔约过失的救济办法，主要是赔偿损失；这种赔偿损失，适用全部赔偿原则，缔约过失的损害赔偿义务人对于赔偿权利人的全部损失予以赔偿。[4]事实上，缔约过失制度起源于私法契约，其基础是诚实信用原则，与行政契约具有共通的内容，因此，私法上缔约过失制度的一般原理和规则，可以借鉴于行政契约制度中。[5]也就是说，民事合同中缔约过失制度在行政契约中可以予以直接适用，尤其是在给付行政领域的双务契约中运用频繁。[6]不过，在秩序行政领域中，代替具体行政行为的行政契

---

[1] 参见王泽鉴：《债法原理　第一册　基本原理·债之发生》，中国政法大学出版社2001年版，第45页。

[2] 此外，《民法典》第501条关于保守商业秘密的义务的规定也属于缔结过失制度的体现。该条规定："当事人在订立合同过程中知悉的商业秘密或者其他应当保密的信息，无论合同是否成立，不得泄露或者不正当地使用；泄露、不正当地使用该商业秘密或者信息，造成对方损失的，应当承担赔偿责任。"

[3] 姜淑明："先合同义务及违反先合同义务之责任形态研究"，载《法商研究》2000年第2期。

[4] 参见杨立新："中国合同责任研究（下）"，载《河南省政法管理干部学院学报》2000年第2期。

[5] 施建辉："行政契约缔约过失责任探析"，载《南京大学学报（哲学·人文科学·社会科学）》2007年第5期。

[6] 例如，在蒋某玉等诉重庆高新技术产业开发区管理委员会行政协议纠纷再审案[（2017）最高法行再49号]中，最高人民法院认为，就争议类型而言，除《行政诉讼法》第12条第1款第11项所列举的四种行政协议争议外，还包括协议订立时的缔约过失，协议是否成立，协议是否有效、撤销、终止行政协议，请求继续履行行政协议、采取相应的补救措施、承担赔偿和补偿责任以及行政机关监督、指挥、解释等行为产生的行政争议。

约并不适合缔约过失制度。因为，行政主体在缔结行政契约过程中的行为，一旦被认定为违法或者无效，则会适用行政程序法中关于行政行为撤销、无效等相关规定，不再适用民事合同中的缔约过失制度。

　　二是，基于给付义务变更的撤销权、代位权制度。首先，民事合同中的撤销权制度有两种情形：因重大误解，显失公平，欺诈、胁迫的手段或者乘人之危订立合同的撤销权；债务人以放弃其债权、放弃债权担保、无偿转让财产等方式无偿处分财产权益或者恶意延长其到期债权的履行期限，影响债权人的债权实现的，以及以明显不合理的低价转让财产、以明显不合理的高价受让他人财产或者为他人的债务提供担保，影响债权人的债权实现，债务人的相对人知道或者应当知道该情形的撤销权。[1]上述这两种民事合同中的撤销权制度都可以适用到行政契约中。只不过，在行政契约中，行政主体不仅具有行政程序法规定的基于公共利益需要的单方的行政优益权（变更权、制裁权、撤销权等），还可以适用民事合同中的撤销权制度。[2]此外，这两种民事合同中的撤销权制度尤其适用于给付行政领域中的双务行政契约。因为，在秩序行政中，行政主体在实施代替具体行政行为的行政契约时，优先适用的是行政程序法中的行政行为撤销的相关制度，而行政相对人则可以优先适用民事合同中的撤销权制度。其次，民事合同中的代位权制度主要适用于给付行政中的双务行政契约，行政主体与行政相对人均可以实施，但是实践中，主要是行政主体实施得较多。[3]由于我国的行政诉讼制度只能由公

---

　　[1]　参见《民法典》第147—151条、第538—542条。

　　[2]　例如，在湖北隆德利公司与谷城县国土局确认行政合同违法并予以撤销返还出让金上诉案[（2017）鄂06行终1号]中，襄阳市中级人民法院认为，本案中，谷城县国土局报经规划部门许可并经谷城县人民政府批准，挂牌出让了上述争议土地，隆德利公司经举牌交纳保证金竞得该地块的土地使用权，并于2013年8月1日签订了《国有建设用地使用权出让合同》，该合同约定出让人谷城县国土局于2013年11月1日前交付出让土地。但在实际履行合同过程中，因欠皮家洼社区征地款、银纺公司自备水源120万元应否纳入征地成本以及规划道路上两户未拆民房问题等导致交付土地的合同目的不能实现，双方发生纠纷后，隆德利公司、谷城县国土局均请求谷城县人民政府予以解决处理，隆德利公司已经按照1999年《合同法》第55条的规定在一年内行使了相应的合同请求撤销权，应受法律保护。

　　[3]　《民法典》第535条规定，因债务人怠于行使其债权或者与该债权有关的从权利，影响债权人的到期债权实现的，债权人可以向人民法院请求以自己的名义代位行使债务人对相对人的权利，但是该权利专属于债务人自身的除外。代位权的行使范围以债权人的到期债权为限。债权人行使代位权的必要费用，由债务人负担。相对人对债务人的抗辩，可以向债权人主张。

民、法人或者其他组织作为原告，故而，PPP 项目采购、基础设施和公用事业领域的特许经营等协议性质上属于行政契约，但在行政实践中行政主体却想方设法地把其列入民事合同，这样更方便行政主体作为民事主体的身份可以主张公民所拥有的相关权利、制度，如代位权、撤销权等。[1]

三是，基于实现主给付义务完成的预期违约、先履行抗辩权、同时履行抗辩权、不安抗辩权及检索抗辩权制度。[2]首先，预期违约制度，原来是英美合同法中的制度，是指"合同当事人一方在合同规定的履行时间到来之前毁弃合同（repudiation of contract）"。[3]我国《民法典》第 578 条就明确规定了该制度。[4]《最高人民法院关于审理行政协议案件若干问题的规定》第 20 条也着重强调，被告明确表示或者以自己的行为表明不履行行政协议，原告在履行期限届满之前向人民法院起诉请求其承担违约责任的，人民法院应予支持。故而，在行政契约中，民事合同中的预期违约制度可以适用到给付行政中的双务行政契约。这里的行政主体与行政相对人均可以主张此制度。不过，代替具体行政行为的行政契约中则不可以轻易适用预期违约制度，因为，基于行政契约的公定力原则，行政主体不履行行政契约意味着失职，失职将追责，而行政相对人不履行行政契约，则行政主体有可能恢复原来的具体行政行为或者直接追究行政相对人的相关公法责任。其次，在民事合同履行中，发生的先履行抗辩权、同时履行抗辩权、不安抗辩权等制度[5]都可

---

[1] 例如，2017 年国务院法制办公室对《交通运输部关于政府特许经营协议等引起的行政协议争议是否属于行政复议受理范围的函》的复函认为："政府特许经营协议等协议争议不属于《中华人民共和国行政复议法》第六条规定的行政复议受案范围。"

[2] 例如，《最高人民法院关于审理行政协议案件若干问题的规定》第 18 条规定，当事人依据民事法律规范的规定行使履行抗辩权的，人民法院应予支持。

[3] 王小能："《中华人民共和国合同法》中的违约责任制度"，载《河南省政法管理干部学院学报》1999 年第 3 期。

[4] 《民法典》第 578 条规定，当事人一方明确表示或者以自己的行为表明不履行合同义务的，对方可以在履行期限届满前请求其承担违约责任。

[5] 《民法典》第 525 条规定："当事人互负债务，没有先后履行顺序的，应当同时履行。一方在对方履行之前有权拒绝其履行请求。一方在对方履行债务不符合约定时，有权拒绝其相应的履行请求。"第 526 条规定："当事人互负债务，有先后履行顺序，应当先履行债务一方未履行的，后履行一方有权拒绝其履行请求。先履行一方履行债务不符合约定的，后履行一方有权拒绝其相应的履行请求。"第 527 条规定："应当先履行债务的当事人，有确切证据证明对方有下列情形之一的，可以中止履行：（一）经营状况严重恶化；（二）转移财产、抽逃资金，以逃避债务；（三）丧失商

以适用到行政契约中，尤其是基础设施建设与公共服务领域内的双务契约。例如，在特许经营协议中，实施机构和特许经营者任何一方不履行特许经营协议约定义务或者履行义务不符合约定要求的，就可以采用先履行抗辩权、同时履行抗辩权、不安抗辩权等制度，推动协议给付义务的完成，但是，不得违反公共服务可持续性原则。最后，基于一般保证中的检索抗辩权，又称为先诉抗辩权，是指保证人在债权人未就主债务人的财产强制执行而无效果前，对于债权人的拒绝清偿的权利。[1]我国《民法典》第687条明确规定了该制度。[2]在行政契约中，按照《民法典》第683条的规定，[3]原则上行政主体不能成为担保人，因此，适用检索抗辩权主要是在行政相对人作为一般保证人的情况下。

四是，基于后契约义务的损害赔偿责任制度。所谓后契约义务（nach-vertragliche Pflichte），是指契约关系消灭后，当事人尚负有某种作为或不作为的义务，以维护给付的效果，或者协助相对人处理契约终了的善后事务。[4]在后契约义务阶段中，当事人一方不履行附随义务，给对方当事人造成损害的，就应当承担后契约的损害赔偿责任。[5]该损害赔偿责任制度可以适用于行政契约中，无论是秩序行政中的代替具体行政行为的行政契约，还是给付行政中的双务行政契约。例如，按照《基础设施和公用事业特许经营管理办法》第39条的规定，"特许经营期限届满终止或提前终止的，协议当

（接上页）业信誉；（四）有丧失或者可能丧失履行债务能力的其他情形。当事人没有确切证据中止履行的，应当承担违约责任。"第528条规定："当事人依据前条规定中止履行的，应当及时通知对方。对方提供适当担保的，应当恢复履行。中止履行后，对方在合理期限内未恢复履行能力且未提供适当担保的，视为以自己的行为表明不履行主要债务，中止履行的一方可以解除合同并可以请求对方承担违约责任。"

〔1〕　参见张晓军："先诉抗辩权论"，载《中央政法管理干部学院学报》1998年第2期。

〔2〕　《民法典》第687条第2款规定，一般保证的保证人在主合同纠纷未经审判或者仲裁，并就债务人财产依法强制执行仍不能履行债务前，有权拒绝向债权人承担保证责任。

〔3〕　《民法典》第683条规定，机关法人不得为保证人，但是经国务院批准为使用外国政府或者国际经济组织贷款进行转贷的除外。以公益为目的的非营利法人、非法人组织不得为保证人。

〔4〕　参见王泽鉴：《债法原理　第一册　基本原理·债之发生》，中国政法大学出版社2001年版，第46页。

〔5〕　参见杨立新："中国合同责任研究（下）"，载《河南省政法管理干部学院学报》2000年第2期。

事人应当按照特许经营协议约定，以及有关法律、行政法规和规定办理有关设施、资料、档案等的性能测试、评估、移交、接管、验收等手续"，如果一方当事人在终止后，未履行特许经营协议约定以及相关手续的义务，给对方造成损害的，应当承担相应的损害赔偿责任。

第四章

行政契约实施中的公法救济路径之探析

行政契约作为行政行为的一种类型，具有公定力、确认力、存续力、拘束力、履行力（执行力），当发生契约当事人不依法履行、不按照约定履行或者违法／合法变更、解除契约情形时，行政主体可以依照公法法规申请人民法院或者自己强制执行契约规定，而作为契约当事人的另一方——行政相对人没有行政强制权，只能通过相应的公法救济途径去维护自己的合法权益。一般来说，在民事权利救济中，以纠纷解决是否通过诉讼为标准，分为 ADR（Alternative Dispute Resolution）制度与民事诉讼制度。ADR 制度起源于美国，又称为替代性纠纷解决方式，是指各国普遍存在着的、民事诉讼制度以外的非诉讼纠纷解决程序或机制的总称。[1]有学者指出，在我国，ADR制度主要包括民间性 ADR、专门性 ADR、行业性 ADR、行政性 ADR 以及行政复议制度。[2]此外，也有学者专门针对行政权的角度，认为我国最主要的公法救济途径包括行政诉讼、行政复议、国家赔偿、行政补偿、行政调解和信访等。[3]据此，在借鉴民事权利救济分类标准基础之上，结合行政契约的行政性、公共性、合意性、公法法效性等特性，[4]笔者认为行政契约中的公法救济路径可以分为行政救济与司法救济两条主要路径，其中行政救济包括协商与调解、仲裁、行政程序、行政复议、行政赔偿与补偿、信访等救济手段，司法救济则专指行政诉讼制度。

---

〔1〕 参见范愉："非诉讼纠纷解决机制（ADR）与法治的可持续发展——纠纷解决与 ADR 研究的方法与理念"，载公丕祥主编：《法制现代化研究（第九卷）》，南京师范大学出版社 2004 年版，第 19 页。

〔2〕 参见范愉："当代中国非诉讼纠纷解决机制的完善与发展"，载《学海》2003 年第 1 期。

〔3〕 杨寅："我国公法救济的体系与完善"，载《北方法学》2009 年第 6 期。

〔4〕 另外，2015 年 5 月 1 日起施行的《行政诉讼法》第 1 条明确规定，把解决行政争议作为行政诉讼制度的一个重要目的。

第一节　行政契约之行政救济

在行政契约中，行政主体与行政相对人对契约约定的行政法上权利义务的履行发生争议时，行政相对人除了采取与行政主体协商、调解、仲裁的方式，还可以在行政程序中主张陈述权、申辩权、听证权以及在政府采购中质疑和投诉的权利，并且还能够通过实施行政复议、行政赔偿或者补偿甚至是信访的方式来维护自己的合法权益，这些救济方式整合在一起，可以统称为行政救济。进而论之，行政契约中行政救济的类型既体现了行政契约的行政性、公共性、公法法效性的特性，又表现了行政契约自身合意性的特性。

一、行政契约中的协商与调解救济

行政契约作为行政主体与行政相对人意思一致的产物，如果双方能够选择通过协商与调解的方式解决纠纷，确为最优选择。此两种方式作为行政相对人行政救济的重要组成部分，具有减少对抗、降低成本、和谐解决纠纷的作用。

（一）行政契约中适用协商与调解的要旨

协商与调解不仅是民事合同而且也是行政契约中当事人解决纠纷的重要方式。从契约的本质属性来看，这两种方式都属于根据合意的纠纷解决，即在契约当事人之间或者在中立第三方帮助下契约当事人之间，进行相互意见的交涉、博弈，并且就以何种方式与内容来解决纠纷等主要之点达成合意而使纠纷得到解决。[1]然而，行政契约是行政主体履行行政职能的一种手段，故无论是较为私密性的协商还是第三方介入的调解都需要注意行政契约自身的公法特性。笔者认为行政契约中双方当事人在适用协商、调解的手段解决纠纷或者维护公法权利时，有以下几点要旨。

一是，坚持依法行政。行政契约纠纷的解决适用协商、调解的手段，首先要坚持依法行政，防止行政主体滥用公权力，即名为协商、调解实为强

---

〔1〕　参见〔日〕棚濑孝雄：《纠纷的解决与审判制度》，王亚新译，中国政法大学出版社 2004 年版，第 10 页。

制。进而论之，行政主体与行政相对人进行协商、调解，原则上必须符合法律法规的相关规定，尤其是行政主体更应当在法定职权的范围内开展协商、调解活动。在秩序行政领域中，行政主体应当按照法律法规明确规定的职权范围去进行协商、调解，否则该协商、调解产生的结果由于违反法律的强制性规定无效。例如，按照《财政部、国家税务总局关于行政和解金有关税收政策问题的通知》的规定，"根据《中华人民共和国企业所得税法》及《中华人民共和国个人所得税法》的有关规定，现就证券期货领域有关行政和解金税收政策问题明确如下：一、行政相对人交纳的行政和解金，不得在所得税税前扣除"，如果行政主体与行政相对人在关于证券期货行政和解协议的履行过程中，协商或调解将行政和解金在所得税税前扣除，则该协商或调解结果由于违反了依法行政原则导致无效。在给付行政领域中，通说认为行政主体一般不必严格遵守法律保留原则，在无法律明文规定的前提下，也可以实施服务行政。[1]进而论之，只要不违反公法规范的禁止性规定，行政主体为了督促行政相对人履行行政契约，可以采用协商或调解的方式，无需法律法规的明确授权；行政相对人为了实现自己公法权利的救济，即使无法律法规规定的前提下，也可以提出协商或者第三方调解的方式解决行政契约的纠纷。例如，《汕头市行政机关合同管理规定》第 29 条第 1 款规定，"行政机关合同履行过程中产生纠纷的，合同承办部门应当采取协商、调解方式解决"，也就是说，在行政实践中，行政立法多鼓励行政主体优先采取协商、调解方式解决行政契约履行纠纷。

二是，保障公共利益的优先性。虽然协商、调解被看成建立在当事者自由合意基础之上的一种交涉过程，[2]但是，在行政契约中适用却要受到公共利益的制约。因为，行政契约纠纷解决的根本目的是实现公共利益的需要，而这种需要则是行政主体履行公共管理职能的必然反映。在秩序行政中，行政主体与行政相对人就行政契约的纠纷进行协商或者调解的前提，就是不能损害公共利益，即不允许出现"权力寻租""贩卖公权力"的违法行为。有的甚至规定，在特定领域中，如果行政相对人不履行行政契约，那么该契约

---

〔1〕　参见陈新民：《中国行政法学原理》，中国政法大学出版社 2002 年版，第 38 页。

〔2〕　参见［日］棚濑孝雄：《纠纷的解决与审判制度》，王亚新译，中国政法大学出版社 2004 年版，第 11 页。

直接无效，这就导致行政相对人丧失了协商、调解的行政救济机会。例如，2015 年施行的《行政和解试点实施办法》第 31 条、第 32 条规定，行政和解协议达成后，行政相对人不履行行政和解协议的，行政和解协议无效。该法第 32 条规定，行政相对人未能在规定期限内与中国证监会达成行政和解协议的，中国证监会在继续调查、恢复审理时不得再次适用行政和解程序；行政相对人未按照约定履行行政和解协议的，中国证监会在恢复调查、审理后不得再次适用行政和解程序。在给付行政中，行政主体与行政相对人就行政契约的纠纷进行协商或者调解的前提，也是不能损害公共利益，表现为公共服务或者供给的可持续性原则。例如，《基础设施和公用事业特许经营管理办法》第 52 条规定，特许经营协议存续期间发生争议，当事各方在争议解决过程中，应当继续履行特许经营协议义务，保证公共产品或公共服务的持续性和稳定性。

三是，维护交涉过程中自愿、自主、自由原则。无论是协商还是基于第三方的调解，我们需要保证在行政契约纠纷解决过程中行政主体与行政相对人建立在平等法律地位基础上进行互动交涉。这种交涉的过程必须双方自愿、自主、自由，否则就有违协商或调解的本质，出现"合意贫困化的现象"。[1]事实上，在行政契约纠纷解决过程中，行政相对人通过协商、调解的方式进行权利救济多处于劣势地位，行政主体多凭借自己背后强大的行政权迫使行政相对人签订"城下之盟"，真正的交涉自由空间狭小。[2]因此，

---

〔1〕 参见［日］棚濑孝雄：《纠纷的解决与审判制度》，王亚新译，中国政法大学出版社 2004 年版，第 71 页。

〔2〕 例如，在永嘉嘉悦公司诉永嘉县国土资源局合同案［浙江省永嘉县人民法院（2017）浙 0324 行初 147 号行政判决书］中，人民法院查明的事实是，2017 年 3 月 8 日，永嘉县瓯北东片开发建设指挥部（甲方）与原告（丙方）及案外第三方浙江立鹏公司（乙方）签订《清水埠 ZX-D1-06 号地块土石方工程施工委托协议》，协议约定：根据清水埠 ZX-D1-06 号地块土地出让条件，以及永嘉县人民政府办公室第［2017］31 号会议纪要精神，同时为了满足该地块开发建设的进度及质量要求，甲方委托乙方实施该地块红线内的土石方工程挖除、清运等具体施工工作，但需满足丙方开发要求。至原告起诉止，诉争地块东、北、西三面均未圈建围墙，红线内东面一部分与西北面大范围的地段边坡尚未平整，东面与西面边坡呈约十至数十米高立面山体。原告认为被告提供的土地未达到合同约定的"土地平整、围墙圈建"的要求，且边坡存在地质灾害，影响了对该地块的正常使用与使用价值，其间双方协商未果，原告于 2017 年 12 月 26 日提起本案诉讼。协商无果的根本原因是永嘉县国土资源局有违诚信原则，缺乏契约精神，不依照契约约定履行自己的公法上给付义务，即永嘉县国土资源局提供的土地未达到合同约定的"土地平整、围墙圈建"的要求。

这就需要行政主体能够依照诚信原则，守信践诺，即"各级人民政府在债务融资、政府采购、招标投标等市场交易领域应诚实守信，严格履行各项约定义务，为全社会作出表率"。[1]尤其是行政主体在与行政相对方协商、调解过程中严格控制格式契约的适用，因为，格式契约的适用压缩了协商或者调解空间，本质上使得"公民在行政机关设定的处理上签字，通过签字将自己置于更强的约束之下"。[2]

（二）行政契约中适用协商与调解的体现

在我国，行政契约中发生纠纷时优先适用协商或者调解，是有现行实定法的明确支持的。例如，2015年《江苏省行政程序规定》第82条第3款规定，行政合同在履行过程中，出现影响合同当事人重大利益、导致合同不能履行或者难以履行的情形，合同当事人可以协商变更或者解除合同。但是，在行政实践中，行政主体能够在多大程度、多大范围内实施协商或者调解手段解决纠纷，与裁量的空间有密切联系。在秩序行政中，行政主体推行行政契约的目的在于保障公共安全、公共秩序、公共安宁，多属于羁束行政，严格受到依法行政原则控制，在与行政相对人协商或者调解时的空间不大。进而论之，这种协商或者调解原则上只能协议法律法规已经明确规定的内容，故而，行政主体与行政相对人自由发挥空间解决纠纷内容匮乏。例如，在治安调解协议书中，如果一方当事人不履行该协议书，公安机关只能对违反治安管理行为人给予处罚，并告知当事人可以就民事争议依法向人民法院提起民事诉讼。[3]事实上，行政契约公法权利救济路径中最适合协商或者调解的领域是给付行政。在给付行政中，行政主体推行行政契约的目的是维持及改善人民生存，其不会限制或剥夺人民的自由或权利，没有违反法律保留的问题，即使无法律规定，仍然可以为之，[4]故多为裁量行政。因此，行政主体

---

〔1〕《国务院关于加强政务诚信建设的指导意见》。

〔2〕［德］哈特穆特·毛雷尔：《行政法学总论》，高家伟译，法律出版社2000年版，第362页。

〔3〕《治安管理处罚法》第9条规定，对于因民间纠纷引起的打架斗殴或者损毁他人财物等违反治安管理行为，情节较轻的，公安机关可以调解处理。经公安机关调解，当事人达成协议的，不予处罚。经调解未达成协议或者达成协议后不履行的，公安机关应当依照本法的规定对违反治安管理行为人给予处罚，并告知当事人可以就民事争议依法向人民法院提起民事诉讼。

〔4〕参见黄异：《行政法总论》，三民书局2006年版，第7页。

与行政相对人协商或者调解解决行政契约纠纷的空间增大，即裁量授权所赋予的不同活动选择权正好可以用来与公民协商或者调解。[1]例如，房屋征收部门在行政自由裁量权的范围内与被征收人可以就行政补偿协议规定的补偿方式、补偿金额和支付期限、用于产权调换房屋的地点和面积、搬迁费、临时安置费或者周转用房、停产停业损失、搬迁期限、过渡方式和过渡期限等有争议的事项进行协商或者邀请第三方调解。[2]

二、行政契约中的仲裁救济

仲裁，是一种特殊的第三方调解，本质上属于根据决定的纠纷解决，即第三方就纠纷应当如何解决作出一定的指示，并据此终结纠纷的场面，为典型的法的决定过程。[3]其主要适用于平等主体的公民、法人和其他组织之间发生的合同纠纷和其他财产权益纠纷，依法应当由行政机关处理的行政争议不适用。[4]进而论之，行政契约与民事合同都是基于当事人意思一致的产物，民事合同的当事人可以自愿达成仲裁协议解决纠纷，那么行政契约中行政主体与行政相对人是否可以约定仲裁作为救济方式？

（一）行政契约中适用仲裁争议之剖判

行政契约能否适用仲裁，争议颇多，观点不一。笔者认为，第一，秩序行政中的行政契约原则上不适用仲裁。在秩序行政领域中，作为代替具体行政行为的行政契约由于受到依法行政原则的规制，特别是法律保留原则的制约，不能约定仲裁作为救济方式，否则，就会发生仲裁制度与行政诉讼制度相冲突的问题。此正是人们对行政契约的诟病，即"公法遁入私法"（Flucht in das Privatrecht）[5]现象。第二，在给付行政领域中，行政契约在行政实践中与司法审判中对能否约定适用仲裁方式观点并不统一。首先，在行政实践

---

〔1〕 参见［德］哈特穆特·毛雷尔：《行政法学总论》，高家伟译，法律出版社2000年版，第367页。

〔2〕《国有土地上房屋征收与补偿条例》第25条第1款。

〔3〕 参见［日］棚濑孝雄：《纠纷的解决与审判制度》，王亚新译，中国政法大学出版社2004年版，第14-17页。

〔4〕 参见《仲裁法》第2条、第3条。

〔5〕 吴庚：《行政法之理论与实用》，中国人民大学出版社2005年版，第23页。

中，PPP 协议、特许经营协议、政府采购协议等作为民事合同范畴，这种情形可以约定仲裁方式。例如，《政府和社会资本合作项目政府采购管理办法》第 22 条第 2 款规定，项目实施机构和中标、成交社会资本在 PPP 项目合同履行中发生争议且无法协商一致的，可以依法申请仲裁或者提起民事诉讼。其次，在司法实践中，行政诉讼制度将政府特许经营协议、土地房屋征收征用补偿协议、政府投资的保障性住房的租赁或买卖协议、矿业权等国有自然资源使用权出让协议等协议纳入受案范围后，人民法院在行政审判中认为行政契约约定仲裁条款无效。尤其是 2020 年 1 月 1 日起施行的《最高人民法院关于审理行政协议案件若干问题的规定》第 26 条更是明确规定，行政协议约定仲裁条款的，人民法院应当确认该条款无效，但法律、行政法规或者我国缔结、参加的国际条约另有规定的除外。[1]例如，在安庆市迎春房地产公司诉安庆市国土资源局国有土地使用权出让合同纠纷案中，人民法院认为："本案国有土地使用权出让合同属行政协议，而不是平等主体之间订立的合同，双方不能协议仲裁。且行政诉讼的目的之一是监督行政机关依法行使职权，行政机关在订立行政协议时不能协议排除对行政机关依法行使职权的监督。故其在行政协议中约定的仲裁条款为无效条款。"[2]

---

[1]　但是，在具体的案件中，有的法院也认定约定的仲裁条款有效，其本质上仍回归到行政契约还是民事合同的判断中。例如，在福州凤凰房屋征收工程处与福州恒兴滨海公司房屋征收补偿协议纠纷案［福建省厦门市中级人民法院（2016）闽 02 民特 52 号民事裁定］中，厦门市中级人民法院认为，住房管理局、建设投资中心、恒兴滨海公司、凤凰工程处签订《房屋征收补偿安置协议书》后，又在《补充协议》（一）中明确约定因安置协议或与之有关的一切争议各方同意均应交由厦门仲裁委员会按照该会现行有效之规则进行裁决，该条款有明确的请求仲裁的意思表示、仲裁事项及选定的仲裁委员会。仲裁条款涉及的仲裁事项为与《房屋征收补偿安置协议书》及《补充协议》（一）有关的争议，虽然合同一方主体住房管理局、建设投资中心属于行政机关，但并非行政机关作出的行为都属于行政行为，从《房屋征收补偿安置协议书》及《补充协议》（一）的内容来看，该协议是针对补偿款的金额及支付方式作出的约定，属于财产权益纠纷，合同内容也是各方友好协商的结果；从《房屋征收补偿安置协议书》及《补充协议》（一）的性质来看，根据《最高人民法院关于当事人之间达成了拆迁补偿安置协议仅就协议内容发生争议的，人民法院应予受理问题的复函》［（2007）民立他字第 54 号］的精神，当事人已经达成拆迁补偿安置协议的前提下就补偿协议的履行提起的诉讼属于民事诉讼范围，也即在性质上属于民事合同纠纷。因此，《补充协议》（一）中的仲裁条款所涉及的事项符合《仲裁法》第二条规定的可以仲裁的事项，而非应当由行政机关处理的行政争议。凤凰工程处关于仲裁条款所涉及的事项超出仲裁范围的主张没有法律依据，本院不予认可。
[2]　安徽省安庆市中级人民法院（2017）皖 08 行辖终 1 号行政裁定书。

（二）行政契约中适用仲裁争议产生之成因

行政契约中就能否适用仲裁产生争议，有以下几个原因。

一是，理念的分歧。首先，仲裁主要涉及的是平等主体之间发生的合同或者财产权益纠纷，而行政契约作为行政主体履行行政职责的一种手段，与行政相对人之间事实上地位是不对等的，尤其是在隶属型的行政契约中。进而论之，仲裁中平等主体相对峙的特质，与行政契约中行政主体享有的单方行政优益权有一定的冲突。其次，行政契约中如果适用仲裁，将使得行政相对人丧失后续的公法救济路径，因为，仲裁本质上是一裁终局，适用仲裁意味着排斥诉讼。[1]而这会削弱对行政主体依法行政的监督，使得行政主体可能滥用行政权逃避责任追究。最后，行政契约与民事合同的判断标准不够明晰、较为模糊，使得本质上符合行政契约特性的行政协议作为民事合同，适用仲裁解决纠纷。这导致实践与理论产生了矛盾、引发了困惑、形成了迷茫。

二是，司法确认的对立。2015 年施行的《行政诉讼法》把行政机关不依法履行、未按照约定履行或者违法变更、解除政府特许经营协议、土地房屋征收补偿协议等协议作为行政诉讼的受案范围，给上述原来作为民事合同的协议带来了相当程度的冲击。因为，无论是在行政实践中还是在司法实践中，政府特许经营协议、土地房屋征收补偿协议等协议作为民事合同已经有很长时间，其固有的惯性思维改变不易。[2]这就使得人民法院在审理行政协议案件时，是按照行政契约还是民事合同来审理处于游走不定的状态。例如，在人民法院行政庭一般认为政府特许经营协议、土地房屋征收补偿协议

---

〔1〕《仲裁法》第 5 条规定，当事人达成仲裁协议，一方向人民法院起诉的，人民法院不予受理，但仲裁协议无效的除外。

〔2〕 例如，在河南新陵公司与辉县市人民政府管辖纠纷案［（2015）民一终字第 244 号民事裁定书］中，最高人民法院认为，本案是典型的 BOT 模式的政府特许经营协议。案涉合同的直接目的是建设新陵公路，而开发项目的主要目的为开发和经营新陵公路、设立新陵公路收费站，具有营利性质，并非提供向社会公众无偿开放的公共服务。虽然合同的一方当事人为辉县市政府，但合同相对人新陵公司在订立合同及决定合同内容等方面仍享有充分的意思自治，并不受单方行政行为强制，合同内容包括了具体的权利义务及违约责任，均体现了双方当事人的平等、等价协商一致的合意；本案合同并未仅就行政审批或行政许可事项本身进行约定，合同涉及的相关行政审批和行政许可等其他内容，为合同履行行为之一，属于合同的组成部分，不能决定案涉合同的性质；从本案合同的目的、职责、主体、行为、内容等方面看，合同具有明显的民商事法律关系性质，应当定性为民商事合同，不属于《行政诉讼法》第 12 条第 11 项、《行政诉讼法》第 11 条第 2 款规定的情形。

等协议都属于行政契约，应当适用行政诉讼，该类协议约定的仲裁条款为无效；[1]而民事庭则认为对于此类政府特许经营协议、土地房屋征收补偿协议等协议应当进行划分，如果不是行政权的运行，而是具体的财产权益纠纷，就可以适用民事诉讼，该类协议约定的仲裁条款为合法、有效。[2]

三是，实践的需要。仲裁自身具有高效、经济、强制等特性，适合于关系到国计民生的基础设施建设、公用事业运营等协议纠纷的处理。故而，不少行政规章把给付行政领域中的 PPP、政府采购等协议都定位于民事合同性质，使得行政相对人可以适用仲裁方式维护自身的合法权益，方便高效、迅捷地解决纠纷。例如，《政府和社会资本合作项目政府采购管理办法》第 22条第 2 款，就明确把 PPP 项目定性为民事合同，规定："项目实施机构和中标、成交社会资本在 PPP 项目合同履行中发生争议且无法协商一致的，可以依法申请仲裁或者提起民事诉讼。"

（三）行政契约中适用仲裁之对策

行政契约中适用仲裁解决纠纷最让人质疑的是，如果适用仲裁就可能损害公共利益，并且冲击行政诉讼制度。事实上，从域外经验来看，法国传统上也是主张公法人禁止适用仲裁原则，其理由无非就是行政审判权不容当事人自行约定与仲裁的适用危害公共利益；然而，法国实践中也逐渐呈现通过立法方式缓和行政契约中禁止仲裁的现象，对特定类型的契约如公私协力契约（le contrat de partenariat）、国际契约（contrat international）、政府采购契约（marché public）等，直接赋予缔约的公法人有适用仲裁程序的权限。[3]进而论之，笔者认为，对于我国而言，行政契约是否适用仲裁可以借鉴法国的经验。首先，在秩序行政中，行政契约原则上禁止适用仲裁。因为行政主体适用仲裁可能逃避依法行政原则的规制，损害了公共利益。其次，在给付行政中，对于原来的实为行政契约却定为民事合同的，如基础设施和公用事业特许经营协议、政府和社会资本合作协议（PPP）等，可以继续适用仲裁，保持不变；同时，我国还需要通过立法规定，逐步扩大适用范围，明确哪些

---

〔1〕　参见安徽省安庆市中级人民法院（2017）皖 08 行辖终 1 号行政裁定书。

〔2〕　参见福建省厦门市中级人民法院（2016）闽 02 民特 52 号民事裁定书。

〔3〕　参见林庆郎："论法国法上'禁止公法人适用仲裁'原则之发展"，载《东海大学法学研究》2017 年第 52 期。

类型的行政契约可以适用仲裁。

三、行政契约中的行政程序救济

行政契约是行政主体履行行政职能的一种手段，是行政行为的一种类型，受到行政程序的规制。行政程序具有确保依法行政原则、保障人民权益、提高行政效能、增进人民对行政信赖的功能。[1]有学者明确指出，行政程序有利于事前、事中纠错，尽量避免给行政相对人和社会公众造成不可挽回的损失。[2]故而，在行政契约实施过程中，行政相对人可以通过行政程序法规定的相关救济权利去维护自己的合法权益。

（一）行政程序中适用救济权利之讨论

行政主体实施行政契约时应当遵守行政程序法的相关规定，这是因为行政契约是行政行为的重要组成部分。同样，行政相对人在行政契约中维护自己的合法权益也可以使用行政程序中赋予的权利。从比较法的观点来看，《联邦德国行政程序法》只在第54—61条规定了限于行政契约适用的某些重要原则，但这些对于实践来说是远远不够的。按照该法第9条的规定，行政程序的相关规定适用于行政主体对行政契约签订所采取的外部活动，故而，在没有法律禁止规定的前提下，该行政程序法的其他规定（尤其是关于具体行政行为的相关规定）是可以补充适用到行政契约中去的。[3]因此，行政相对人在具体行政行为中所享有的救济权利也可以在行政契约中主张。类似的是，我国的现行法律法规中，也明确规定了行政契约适用行政程序的相关规定。例如，我国湖南、江苏、浙江、山东、西安、汕头等省市制定的关于行政程序的政府性规章中都专门规定了行政契约，并且明确规定了行政契约适用行政程序的相关规定。[4]

---

〔1〕 参见陈慈阳：《行政法总论——基本原理、行政程序及行政行为》，翰芦图书出版有限公司2001年版，第271-272页。

〔2〕 参见姜明安：《法治思维与新行政法》，北京大学出版社2013年版，第404页。

〔3〕 参见于安编著：《德国行政法》，清华大学出版社1999年版，第137页。

〔4〕 例如，《湖南省行政程序规定》第1条规定："为了规范行政行为，促进行政机关合法、公正、高效行使行政职权，保障公民、法人或者其他组织的合法权益，推进依法行政，建设法治政府，根据宪法和有关法律法规，结合本省实际，制定本规定。"这里的行政行为就包括具体行政行为、行政契约、行政指导、行政裁决等行政活动。

一般来说，行政程序中包括法定程序与正当法律程序（due process of law）。法定程序是指行政程序必须由法设定，行政主体与行政相对人依法遵守。[1] 例如，我国《行政诉讼法》第 70 条第 3 项就明确规定，违反法定程序的行政行为，人民法院判决撤销或者部分撤销，并可以判决被告重新作出行政行为。正当法律程序起源于自然正义原则（natural justice），早期适用于刑事处罚领域或与刑事处罚有关的事项，其最初主要的形式与途径是告知、说明理由、听取申辩和公职人员的回避制度，现在还包括公开、透明、公正参与等。[2] 在行政实践中，我国早在 2004 年的《全面推进依法行政实施纲要》中就明确指出依法行政的基本要求包括程序正当，其涉及行政机关实施行政管理要公开，听取行政相对人的意见；严格遵循法定程序，依法保障行政管理相对人、利害关系人的知情权、参与权和救济权；申请回避权等。事实上，行政契约作为行政行为的一种重要类型，也必须遵守行政程序的相关规定（包括法定程序与正当法律程序），否则，违反行政程序的行政契约就可能因此无效或者违法，行政相对人就能在行政程序中主张相应的救济权利，包括陈述权、申辩权、听证权、申请回避权等。

进而论之，首先，在秩序行政领域——尤其是作为代替具体行政行为的行政契约中，作为契约一方的行政相对人应当享有其在具体行政行为的行政程序中所赋予的法定权利，如陈述权、申辩权、听证权、申请回避权等。例如，《西安市行政程序规定》第 4—10 条就规定了行政相对人在行政程序中可以主张法定的平等权、查询权、获得告知权、陈述与申辩权、参与权、信赖保护权等。其次，在给付行政领域中，由于行政契约具有行政性、公共性、公法法效性等特性，故而，行政主体在契约履行中常享有行政优益权，如单方变更权、终止权等。为了维护行政相对人的合法权益，实现在行政程序中与行政主体之间动态的权利平衡，作为契约一方的行政相对人获得相应的法定救济权利是必要的。例如，《政府采购法实施条例》第 9 条第 2 款规定，在政府采购活动中，供应商认为采购人员及相关人员与其他供应商有利害关系的，可以向采购人或者采购代理机构书面提出回避申请，并说明

---

〔1〕　参见胡建淼：《行政法学》，法律出版社 2015 年版，第 611-612 页。
〔2〕　参见姜明安：《法治思维与新行政法》，北京大学出版社 2013 年版，第 281-285 页。

理由。[1]最后，无论是在秩序行政领域中还是在给付行政领域中，行政相对人在行政契约程序中享有正当程序权利，包括知情权、参与权、公平对待权、对违法无效行为的对抗权、救济权等。[2]例如，在林某惠诉苍南县人民政府解除房屋拆迁补偿协议案中，最高人民法院就认为，行政机关单方解除拆迁安置补偿协议，对行政相对人享有的获得补偿安置的权益产生重大影响，故而，其在作出单方解除前应当告知行政相对人享有陈述、申辩的权利，并充分听取行政相对人的意见，否则就违反了正当程序原则，导致程序严重违法，并予以撤销。[3]

（二）给付行政领域中特有程序救济权利之讨论

在给付行政领域中，行政契约作为行政主体提供公共服务的一种手段适用广泛。在法国，公共服务与行政契约有着紧密关系，其构成是界定行政契约的关键要素，并且必须遵守平等性（égalité）、继续性（continuité）、可变性（mutabilité）三大原则，借此确保使用者权益。[4]因此，为了保障公共服务的公益性属性与行政相对人的合法权益，某些类型的行政契约需要规定一些特有行政程序以实现上述行政目的。在我国的行政实践中，这类特定的

---

〔1〕《政府采购法实施条例》第9条规定："在政府采购活动中，采购人员及相关人员与供应商有下列利害关系之一的，应当回避：（一）参加采购活动前3年内与供应商存在劳动关系；（二）参加采购活动前3年内担任供应商的董事、监事；（三）参加采购活动前3年内是供应商的控股股东或者实际控制人；（四）与供应商的法定代表人或者负责人有夫妻、直系血亲、三代以内旁系血亲或者近姻亲关系；（五）与供应商有其他可能影响政府采购活动公平、公正进行的关系。供应商认为采购人员及相关人员与其他供应商有利害关系的，可以向采购人或者采购代理机构书面提出回避申请，并说明理由。采购人或者采购代理机构应当及时询问被申请回避人员，有利害关系的被申请回避人员应当回避。"

〔2〕参见胡建淼：《行政法学》，法律出版社2015年版，第617-618页。

〔3〕参见最高人民法院（2018）最高法行申8911号行政裁定书，根据原审查明的事实，苍南县人民政府组建的铁路指挥部以林某惠为相对人作出落款日期为2011年10月31日的被诉《告知书》，载明了其认为铁路指挥部与林某惠于2005年签订的《拆迁补偿安置协议书》不能履行，以及不能对林某惠予以安置的理由，并要求林某惠在收到《告知书》15日内进行结算。该告知系苍南县人民政府作为行政机关对《拆迁补偿安置协议书》作出的单方解除，对林某惠享有的获得补偿安置的权益产生重大影响，但苍南县人民政府在作出被诉《告知书》前未告知林某惠享有陈述、申辩的权利，亦未充分听取其意见，原审认定苍南县人民政府作出被诉《告知书》明显违反正当程序原则、程序严重违法，并予以撤销，并无不当。

〔4〕参见王必芳："论法国行政契约的特点"，载《台北大学法学论丛》2017年第102期。

行政契约类型主要有政府采购协议、PPP 协议等。[1]

进而论之，该类型行政契约中，行政相对人享有在政府采购、PPP 项目采购程序中的询问权、质疑权及投诉权。首先，政府采购、PPP 项目采购程序的询问权，是指在政府采购、PPP 项目采购活动中，作为行政相对人的供应商对政府采购、PPP 项目采购活动事项有疑问的，可以要求采购人解释相关疑问的内容，采购人应当及时作出答复的一项公法上的救济权利。[2]该项权利是政府采购、PPP 项目采购中的公正原则、诚实信用原则的必然要求。其次，政府采购、PPP 项目采购程序中的质疑权，是指在政府采购、PPP 项目采购活动中，作为行政相对人的供应商认为采购文件、采购过程和中标、成交结果使自己的权益受到损害的，可以以书面形式向采购人表示合理的怀疑，采购人应当及时作出答复的一项公法上的救济权利。[3]该项权利是政府采购、PPP 项目采购中的公开透明原则的必然要求。最后，政府采购、PPP 项目采购程序中的投诉权，是指在政府采购、PPP 项目采购活动中，作为行政相对人的供应商对采购人、采购代理机构的答复不满意或者采购人、采购代理机构未在规定的时间内作出答复的，可以在答复期满后十五个工作日内向同级政府采购监督管理部门进行投诉的一项公法上的救济权利。[4]该项权利是政府采购、PPP 项目采购中的公开透明原则的必然要求。

综上，政府采购、PPP 项目采购程序中的询问权、质疑权及投诉权本质上是给付行政领域内特定类型行政契约履行过程中赋予行政相对人特有的救济权利，此种权利是公共服务或公共产品的公开、公平、公正原则的必然体现。

四、行政契约中的行政复议、行政赔偿与补偿及信访救济

行政契约作为行政行为的一种类型，当行政主体与行政相对人因契约的

---

〔1〕《政府和社会资本合作项目政府采购管理办法》第 22 条第 1 款规定，参加 PPP 项目采购活动的社会资本对采购活动的询问、质疑和投诉，依照有关政府采购法律制度规定执行。

〔2〕《政府采购法》第 51 条："供应商对政府采购活动事项有疑问的，可以向采购人提出询问，采购人应当及时作出答复，但答复的内容不得涉及商业秘密。"

〔3〕参见《政府采购法》第 52 条、第 53 条、第 54 条。

〔4〕参见《政府采购法》第 56 条、第 57 条、第 58 条。

履行发生争议时，行政相对人可以采用事后的非诉讼救济途径维护自己的合法权益。其中包括行政复议、行政赔偿与补偿、信访等方式。

（一）行政契约救济中的行政复议之探讨

行政复议制度是行政纠纷解决体系的重要组成部分，是行政系统内部的重要监督制度，具有高效、低成本、和谐等优点。[1]其与行政诉讼制度之间呈现出竞争、冲突、替代、并列等多种样态。事实上，伴随着 2015 年《行政诉讼法》将行政契约列入行政诉讼受案范围的冲击，在实践与理论中，行政相对人能否对行政契约的违法、违约活动申请行政复议，颇受争议。

1. 行政契约进入行政复议的困境

一是，现行实定法层面的阻碍。现行《行政复议法》第 1 条明确规定，行政复议制度的主要目的是防止和纠正违法的或者不当的具体行政行为。一般而言，所谓具体行政行为，是指行政主体针对特定的行政相对人就具体事项作出的有关权利义务的行为。[2]很明显，具体行政行为具有由行政主体所作成、为公法事件、为单方行政行为、产生直接的法律效果、须为具体事件等特征。[3]而行政契约具有合意性、公法法效性等特性，为典型的双方行政行为，不属于具体行政行为的范畴。故而，行政契约并不属于行政复议的受案范围。进而论之，行政相对人针对行政主体在实施行政契约过程中的违法、违约活动申请行政复议有实定法上的障碍。[4]

二是，实践层面中相互冲突。在司法实践中，对于行政契约能否作为行政复议的受案范围，人民法院在判决中也是观点不一。一方面，部分法院主张行政契约属于行政复议的受案范围。理由是行政复议为行政主体内部自我监督制度，受案范围应比行政诉讼更加宽泛，既然行政诉讼已经将行政契约纳入受案范围，那么行政复议也应同等为之。例如，在王某红不服荥阳市人民政府就征收补偿协议作出行政复议决定一案中，人民法院认为："相对于

---

[1] 参见应松年："对《行政复议法》修改的意见"，载《行政法学研究》2019 年第 2 期。

[2] 参见胡建淼：《行政法学》，法律出版社 2015 年版，第 213 页。

[3] 参见陈新民：《中国行政法学原理》，中国政法大学出版社 2002 年版，第 134-140 页。

[4] 例如，2017 年国务院法制办公室对《交通运输部关于政府特许经营协议等引起的行政协议争议是否属于行政复议受理范围的函》的复函，就明确回答："政府特许经营协议等协议争议不属于《中华人民共和国行政复议法》第六条规定的行政复议受案范围。"

行政诉讼而言，通过行政复议完善行政机关内部监督，维护公民、法人和其他组织的合法权益更具有方便、快捷的优势，因此在立法设置上，行政复议的受案范围比行政诉讼法规定的受案范围更加宽泛。行政复议法对行政复议受案范围采取了不完全列举及明确排除的方式给予规定，给行政复议范围预留了发展的空间，以适应经济社会不断发展和保护公民、法人或者其他组织合法权益的需要，因此仅从该法的明确列举并不能判断该行政行为是否排除在行政复议的受案范围外。从该法对受案范围的兜底规定可以看出，凡是公民、法人或者其他组织认为行政机关的行政行为侵犯其权益的，都可以通过行政复议解决，法律明确排除的除外。对于行政协议并没有被行政复议法明确排除在行政复议范围之外，因此将行政协议纳入行政复议范围符合行政复议法的规定。"[1]另一方面，最高人民法院及部分地方法院则认为行政契约不属于行政复议的受案范围。例如，在西安盛唐马球竞技场公司诉陕西省人民政府行政复议一案中，最高人民法院明确指出，根据《行政复议法》第2条的规定，行政复议针对的是具体行政行为。这一规定将当事人经协商自愿签订的协议所产生的争议排除在行政复议范围之外。[2]

2. 行政契约进入行政复议的解决对策

为了保持行政复议与行政诉讼制度的统一性，我们需要厘清行政相对人针对行政契约申请行政复议的立法障碍。笔者认为有两种对策：一是，对《行政复议法》以及《行政复议法实施条例》中的"具体行政行为"也修法改为"行政行为"，实现行政复议与行政诉讼受案范围的相对统一。二是，全国人大常委会进行立法解释，明确具体行政行为的实质内涵，解决概念理解的差异性问题。因为，在司法实践中，人民法院为了实现对行政复议机关依法行使职权的有效监督，把《行政复议法》中"具体行政行为"概念的理解偷换成"行政行为"，通过此种方式打通行政契约进入行政复议的渠道。例如，在六安市锦润公司诉六安市国土资源局土地行政复议决定一案中，人民法院认为，本案当事人争议的焦点是涉案的《国有土地使用权出让合同》

---

〔1〕 参见河南省郑州市中级人民法院（2016）豫01行初533号行政判决书。笔者认为该院对于行政复议受案范围的理解，超越了《行政复议法》第6条中关于受案范围的实质标准——围绕具体行政行为为核心，本质上属于以司法解释僭越了立法解释。

〔2〕 参见最高人民法院（2018）最高法行申9449号行政裁定书。

是不是行政合同，以及对该土地出让合同有异议能否申请行政复议的问题。《国有土地使用权出让合同》由土地行政管理部门与土地使用者签订，适用国家土地管理法律、行政法规和部门规章对其进行规范、调整，并由土地行政管理部门对合同的履行进行监督管理，是一种比较典型的行政合同。行政合同属于行政行为的一种，当事人认为行政行为侵犯其合法权益有权申请行政复议。涉案的《国有土地使用权出让合同》由裕安区国土资源局与景润公司签订，景润公司对该土地使用权出让合同不服，有权向上级行政主管部门申请行政复议。市国土资源局认为不属于行政复议范围，作出的不予受理决定与法相悖，一审法院判决予以撤销正确，本院予以维持。[1]笔者认为二审法院将《行政复议法》中的"具体行政行为"直接理解成"行政行为"，把行政合同作为行政行为的一种类型纳入行政复议受案范围，这从形式上看是司法权对行政权的监督，实质上却是司法权对立法权的一种突破性的解释。

（二）行政契约救济中的行政赔偿与补偿之探讨

行政主体在实施行政契约的过程中，造成了行政相对人的损失，行政相对人可以向行政主体主张行政赔偿或者补偿。根据《行政诉讼法》第 78 条的规定，行政主体不依法履行、未按照约定履行或者违法变更、解除行政协议的，承担的是行政赔偿责任；行政主体变更、解除行政协议合法的，承担的是行政补偿责任。同时，按照《国家赔偿法》第 9 条第 2 款的规定，赔偿请求人要求赔偿，应当先向赔偿义务机关提出，也可以在申请行政复议或者提起行政诉讼时一并提出。故而，行政相对人可以通过行政复议或者行政诉讼一并主张赔偿责任或者补偿责任，并且也可以单独向行政主体主张赔偿责任或者补偿责任。需要注意的是，行政契约是行政主体履行行政职能的一种手段，而且，又具有类似民事合同的特性，其赔偿或者补偿的范围、方式、计算标准等方面与民事合同中赔偿有一定的差异性。

一是，行政契约赔偿的范围、方式、计算标准。行政契约的赔偿主要适用于《国家赔偿法》中行政赔偿的相关规定。按照现行《行政诉讼法》第 2 章第 12 条的规定，行政契约的赔偿类型主要分为：行政主体不依法履行、未按照约定履行行政协议的；行政主体违法变更、解除行政协议的。其中，

---

〔1〕 参见安徽省六安市中级人民法院（2017）皖 15 行终 81 号行政判决书。

在秩序行政中，行政契约赔偿的范围主要是涉及行政主体实施代替单方具体行政行为的行政契约违法造成的损害，通常以支付赔偿金为主要方式，以按照直接损失为计算标准给予赔偿。[1]在此，行政契约赔偿应当优先适用《国家赔偿法》中赔偿损失的法律条款，至于民事合同中赔偿所适用《民法典》的相关规定也可以类推适用。[2]在给付行政中，行政契约赔偿的范围涉及行政主体违法不履行或者违法、变更解除行政契约造成的损害，通常也是以支付赔偿金为主要方式，以按照直接损失为计算标准给予赔偿；行政主体违反契约约定不履行行政契约的，可以按照《民法典》违约责任的相关规定给予赔偿。[3]进而论之，笔者认为行政相对人在行政契约中主张行政主体违法与违约的赔偿范围、方式、计算标准还是有一定区别的，主要表现在：违法主要适用《国家赔偿法》中行政赔偿制度的有关法律规定；违约主要适用《民法典》违约责任中赔偿的相关法律条款。

二是，行政契约补偿的范围、方式、计算标准。行政契约的补偿是指行政主体为了公共利益，行使行政优益权，单方面合法变更、解除行政契约的相关内容，给行政相对人造成损失的，予以支付合理的对价。[4]一般来说，

---

〔1〕　参见《国家赔偿法》第 3 条、第 4 条、第 32 条、第 33 条、第 34 条、第 35 条、第 36 条等。

〔2〕　参见《民法典》第 1164—1187 条。

〔3〕　参见《民法典》第 577—593 条。其中合同违约的损失除了直接损失，还包括可得利益的损失（间接损失）。例如，按照最高人民法院《关于当前形势下审理民商事合同纠纷案件若干问题的指导意见》第 9 条："在当前市场主体违约情形比较突出的情况下，违约行为通常导致可得利益损失。根据交易的性质、合同的目的等因素，可得利益损失主要分为生产利润损失、经营利润损失和转售利润损失等类型。生产设备和原材料等买卖合同违约中，因出卖人违约而造成买受人的可得利益损失通常属于生产利润损失。承包经营、租赁经营合同以及提供服务或劳务的合同中，因一方违约造成的可得利益损失通常属于经营利润损失。先后系列买卖合同中，因原合同出卖方违约而造成其后的转售合同出售方的可得利益损失通常属于转售利润损失。"

〔4〕　例如，在洪某荣与郑州市二七区人民政府、郑州市二七区房屋征收与补偿办公室履行行政协议一案 [（2020）最高法行申 13758 号] 中，最高人民法院根据《最高人民法院关于审理行政协议案件若干问题的规定》第 27 条第 2 款规定："人民法院审理行政协议案件，可以参照适用民事法律规范关于民事合同的相关规定。"本案纠纷系因二七区征收与补偿办公室与洪某荣在履行行政协议过程中产生，故可参照适用民事法律规范关于民事合同的相关规定。1999 年《合同法》第 114 条第 2 款规定，约定的违约金过高于造成的损失的，当事人可以请求人民法院或者仲裁机构予以适当减少。2009 年《最高人民法院关于适用〈中华人民共和国合同法〉若干问题的解释（二）》第 29 条第 1 款规定："当事人主张约定的违约金过高请求予以适当减少的，人民法院应当以实际损失为基础，兼顾合同的履行情况、当事人的过错程度以及预期利益等综合因素，根据公平原则和诚实信用原则予以衡量，并作出裁决。"本案中，双方签订的《征收住宅房屋货币补偿协议》约定：二七区征

行政契约补偿的范围涉及行政主体合法实施行政契约造成契约相对人的损害，通常包括直接损害与间接损害，但是不适用精神损害；[1]补偿方式具有多样性，包括金钱支付、实物置换等；[2]计算标准多为法定补偿标准，即按照法律规定的补偿条款进行计算。例如，2004 年《土地管理法》第 47 条规定："征收土地的，按照被征收土地的原用途给予补偿。征收耕地的补偿费用包括土地补偿费、安置补助费以及地上附着物和青苗的补偿费。征收耕地的土地补偿费，为该耕地被征收前三年平均年产值的六至十倍。……一个需要安置的农业人口的安置补助费标准，为该耕地被征收前三年平均年产值的四至六倍。但是，每公顷被征收耕地的安置补助费，最高不得超过被征收前三年平均年产值的十五倍。……土地补偿费和安置补助费的总和不得超过土地被征收前三年平均年产值的三十倍。"[3]

（三）行政契约救济中的信访之探讨

行政相对人在行政契约中维护自己的合法权益，也可以采用信访的方式。信访作为非诉讼公法救济的方式之一，有其特殊的作用与功能。正如有学者指出，毫无疑问，在中国特色的法治社会，信访仍有较大的作用空间，它作为解纷、救济的一个环节，是我国现时解纷和救济机制不可缺少的组成部分，其对法治性解纷、救济环节具有重要补充、辅助作用。[4]

（接上页）收与补偿办公室未按约定期限支付各种补偿费，自违约之日起每日按房屋征收总额的 3‰向洪某荣支付滞纳金。在洪某荣未提供证据证明其实际损失的前提下，其实际损失为安置补助费的利息。日 3‰的违约金折算为月利率为月 9%，远高于洪某荣的实际损失，二审法院以洪某荣实际损失为基础，综合考虑二七区征收与补偿办公室所实施的房屋征收工作的工作量、被征收房屋情况的复杂性以及二七区征收与补偿办公室的违约情况和主观过错程度等因素，酌定违约金按照安置补偿费的银行同期贷款利率计算并无不当，并强调本案为行政协议案件，行政协议具有民事法律规范中合同的基本特征，故洪某荣关于双方约定的"滞纳金"不具有违约金性质的再审申请理由不能成立。

〔1〕 参见胡建淼：《行政法学》，法律出版社 2015 年版，第 719 页。
〔2〕 参见《国有土地上房屋征收与补偿条例》第 21 条规定，被征收人可以选择货币补偿，也可以选择房屋产权调换。被征收人选择房屋产权调换的，市、县级人民政府应当提供用于产权调换的房屋，并与被征收人计算、结清被征收房屋价值与用于产权调换房屋价值的差价。因旧城区改建征收个人住宅，被征收人选择在改建地段进行房屋产权调换的，作出房屋征收决定的市、县级人民政府应当提供改建地段或者就近地段的房屋。
〔3〕 如《国有土地上房屋征收与补偿条例》第 23 条规定，对因征收房屋造成停产停业损失的补偿，根据房屋被征收前的效益、停产停业期限等因素确定。具体办法由省、自治区、直辖市制定。
〔4〕 姜明安：《法治思维与新行政法》，北京大学出版社 2013 年版，第 362~363 页。

大体言之，在行政契约中，行政相对人有两种信访方式：第一，行政相对人直接针对行政契约相对方的职务行为提起信访事项。按照 2005 年《信访条例》第 14 条的规定，行政相对人作为信访人可以对行政契约相对方的职务行为反映情况，提出建议、意见，或者不服行政契约相对方的职务行为，可以向有关的行政主体提出信访事项。[1]但是，如果行政契约的纠纷依法应当通过诉讼、仲裁、行政复议等法定途径解决的，行政相对人作为信访人应当依照有关法律、行政法规规定的程序向有关机关提出，否则，可能造成行政相对人丧失法定的公法权利救济通道。[2]第二，行政相对人针对行政契约涉法涉诉提起的信访事项。一般来说，这种情形主要体现在行政相对人穷尽司法救济的背景下。按照《关于依法处理涉法涉诉信访问题的意见》《关于健全涉法涉诉信访依法终结制度的实施意见》《关于建立涉法涉诉信访执法错误纠正和瑕疵补正机制的指导意见》等文件的要求，对于涉法涉诉的信访，要严格实行诉讼与信访分离，把涉法涉诉信访纳入法治轨道解决，建立涉法涉诉信访依法终结制度。[3]也就是说，行政相对人针对行政契约的涉法涉诉信访事项，要向有关政法机关提出，或者及时转同级政法机关依法

---

〔1〕　2005 年《信访条例》第 14 条规定，"信访人对下列组织、人员的职务行为反映情况，提出建议、意见，或者不服下列组织、人员的职务行为，可以向有关行政机关提出信访事项：（一）行政机关及其工作人员；（二）法律、法规授权的具有管理公共事务职能的组织及其工作人员；（三）提供公共服务的企业、事业单位及其工作人员；（四）社会团体或者其他企业、事业单位中由国家行政机关任命、派出的人员；（五）村民委员会、居民委员会及其成员"。

〔2〕　例如，当事人在行政契约纠纷中用信访的方式维护自己的合法权益，可能因此丧失提起法定救济途径——行政诉讼的起诉期限。在何某英与西安市干道拓宽改建工程指挥部办公室合同上诉案［西安铁路运输中级法院（2017）陕 71 行终 815 号行政裁定书］中，上诉人何某英虽然声称，对被上诉人错误地将上诉人 100m² 面积营业房按照住宅面积对上诉人进行补偿，一直通过走访、信访，向各级政府机关反映情况维权，问题一直没有解决，上诉人从未间断，然而，二审法院还是以本案何某英诉请的协议系其与干道拓宽改建工程指挥部办公室分别于 1993 年 12 月 13 日签订的《拆迁安置协议书》［北关农拆字（93）第 221 号］、2004 年 11 月 25 日签订的补充《协议书》，何某英向一审法院提起诉讼的时间为 2017 年 2 月 28 日，何某英起诉明显已经超过法定起诉期限为由，驳回上诉，维持原裁定。

〔3〕　按照《关于建立涉法涉诉信访事项导入法律程序工作机制的意见》的要求，将信访事项分为诉类事项与访类事项。诉类事项是指对符合法律法规规定，属于政法机关管辖的信访事项，可以通过司法程序或相关法定救济途径解决的信访事项；访类事项是指对政法机关依法不能通过司法程序或其他法定救济途径解决的信访事项，以及公安机关、司法行政机关应当依照 2005 年《信访条例》处理的信访事项。

办理，各级政府信访部门对涉法涉诉事项不予受理，并且最终是要通过"完善诉讼、仲裁、行政复议等法定诉求表达方式，使合理合法诉求通过法律程序得到解决"。[1]

第二节　行政契约之司法救济

"司法是社会公平正义的最后一道防线。"[2]在行政契约中，行政相对人对行政主体违法、违约履行或者违法变更、解除行政契约发生争议时，除了采用上述的行政救济手段（协商、调解、仲裁、复议、赔偿、补偿、信访），主要适用行政诉讼制度作为权利维护的最后一道公法救济路径。按照《行政诉讼法》第 12 条、第 78 条的规定，结合理论与司法实践上的经验，对行政诉讼中行政契约的受案范围、司法审查以及判决方式等作出相应的分析、探讨。

一、受案范围的分析

行政契约能够作为行政诉讼的受案范围是一个逐步演进的过程，即从拒绝到接纳。1989 年公布的《行政诉讼法》中规定了对于违法具体行政行为行政相对人的司法救济，其本质上是排除行政契约作为行政诉讼受案范围的。为了缓和此种刚性的规定，最高人民法院在 1999 年通过的《最高人民法院关于执行〈中华人民共和国行政诉讼法〉若干问题的解释》第 1 条中，用"行政行为"代替"具体行政行为"，为行政契约进入行政诉讼打开了通道。其后，2004 年的《最高人民法院关于规范行政案件案由的通知》在行政行为种类中明确规定了"行政合同"，使得行政契约在行政诉讼中得到司法上的明确支持。2015 年《行政诉讼法》在第 12 条中规定了行政机关不依法履行、未按照约定履行或者违法变更、解除政府特许经营协议、土地房屋征收补偿协议等协议的行政行为作为行政诉讼的受案范围。紧接着，2015 年《最高人民法院关于适用〈中华人民共和国行政诉讼法〉若干问题的解释》

---

〔1〕　参见中共中央办公厅、国务院办公厅印发的《关于创新群众工作方法解决信访突出问题的意见》。

〔2〕　习近平：《习近平谈治国理政（第二卷）》，外文出版社 2017 年版，第 122 页。

第 11 条对行政协议的概念与范围作出初步界定，认为行政相对人对行政协议可以提起行政诉讼的范围包括：政府特许经营协议；土地、房屋等征收征用补偿协议；其他行政协议。伴随实践的发展，《最高人民法院关于审理行政协议案件若干问题的规定》第 2 条、第 3 条，对行政协议的概念与范围作了进一步明确，认为行政相对人对行政协议可以提起行政诉讼的范围包括：政府特许经营协议；土地、房屋等征收征用补偿协议；矿业权等国有自然资源使用权出让协议；政府投资的保障性住房的租赁、买卖等协议；符合本规定第 1 条规定的政府与社会资本合作协议（一方行政机关+实现行政管理或者公共服务目标+行政法上的权利义务内容+协商一致）；其他行政协议。事实上，我国虽有实定法以及相关司法解释对于行政契约作为行政诉讼受案范围的支持，但是在理论上与实践中对于哪些行政契约可以作为行政诉讼的受案范围还是争议颇多。以下，笔者将从争议的表现、出现争议的原因以及应对方案作出分析。

（一）争议的表现

2015 年施行的《行政诉讼法》彻底解决了行政契约能否进入行政诉讼的争议。不过，该法仅仅规定了政府特许经营协议、土地房屋征收补偿协议等协议属于行政诉讼的范围。与其同时生效的《最高人民法院关于适用〈中华人民共和国行政诉讼法〉若干问题的解释》也只是明确增加了征用补偿协议以及模糊的"其他"行政协议。继而，2020 年 1 月 1 日起施行的《最高人民法院关于审理行政协议案件若干问题的规定》又增加了矿业权等国有自然资源使用权出让协议；政府投资的保障性住房的租赁、买卖等协议；符合本规定第 1 条规定的政府与社会资本合作协议（一方行政机关+实现行政管理或者公共服务目标+行政法上的权利义务内容+协商一致）；其他行政协议。该司法解释对于其他行政协议中的"其他"也语焉不详。具体言之，上述"等"协议中的"等"与"其他"行政协议中的"其他"的范围有哪些，还是意见不一。从某种意义上看，2015 年《行政诉讼法》用"行政协议"这一语词，而不用"行政契约""行政合同"在行政法理论与司法实践中常用的概念，本质上就是要回避理论与实践上的争议。[1]笔者认为这些争议在

---

〔1〕　参见刘飞："行政协议诉讼的制度构建"，载《法学研究》2019 年第 3 期。

实践中有以下几个方面。

一是，行政复议与行政诉讼就行政协议是否为受案范围的冲突。按照《行政复议法》第1条、第2条、第6条的规定，行政协议不是具体行政行为，为典型的双方行政行为，不属于行政复议的受案范围，而行政协议却属于行政诉讼的受案范围。也就是说，行政相对人依法对行政协议申请行政复议，行政复议机关作出不予受理的决定，行政相对人再对此不予受理的决定提起行政诉讼时，冲突就此发生。进而论之，行政协议呈现了不属于复议范围、属于诉讼范围的问题。例如，针对特许经营权协议的纠纷，2017年国务院法制办公室对《交通运输部关于政府特许经营协议等引起的行政协议争议是否属于行政复议受理范围的函》的复函明确指出："政府特许经营协议等协议争议不属于《中华人民共和国行政复议法》第六条规定的行政复议受案范围。"然而，《行政诉讼法》则把政府特许经营协议明确列入行政诉讼的受案范围，这就出现了冲突现象。行政相对人对行政复议机关作出行政协议纠纷不予受理的决定提起行政诉讼，人民法院无论是用撤销判决责成复议机关受理，还是在程序上采用裁定驳回原告起诉，相对人公法权利的救济在某种程度上都会呈现出程序空转的问题，有违实质上解决行政争议的行政诉讼制度之目的。例如，在六安市锦润公司诉六安市国土资源局土地行政复议决定一案中，两级法院认为裕安区国土资源局与六安锦润公司签订的《国有土地使用权出让合同》，属于行政合同，为行政行为的类型之一，原告锦润公司认为裕安区国土资源局违规进行"毛地"出让，侵犯其权益，向市国土资源局申请行政复议，符合法律规定，属于行政复议范围，故而，撤销被告六安市国土资源局《行政复议决定书》、责令复议机关重做决定。[1]但是，《国有土地使用权出让合同》不属于行政复议的受案范围，这就形成了诉讼循环，行政相对人的合法权益难以维护。

二是，行政诉讼中行政协议受案范围类型的争论。我国2015年施行的《行政诉讼法》及2015年《最高人民法院关于适用〈中华人民共和国行政诉讼法〉若干问题的解释》、2020年1月1日起施行的《最高人民法院关于审理行政协议案件若干问题的规定》将行政协议的类型采用"列举+兜底"

---

〔1〕 参见安徽省六安市中级人民法院（2017）皖15行终81号行政判决书。

方式进行阐释。进而论之，正如有学者指出，这里行政协议的类型中，政府特许经营协议、土地房屋征收补偿协议等协议的"等"字为"等外等"，即除了上述两种类型的行政协议，还包括其他行政协议。[1]一般认为包括国有自然资源出让协议、教育培训或调研协议、行政允诺协议等。[2]此外，在部分地方政府制定的关于行政程序规章中，行政协议（合同）包括政府特许经营、国有自然资源使用权出让、国有资产承包经营、出售或者租赁、征收与征用补偿、政府采购、政策信贷，以及行政机关委托的科研、咨询、计划生育管理等协议。[3]但是，在司法实践中，上述规章所规定的行政协议并没有全部作为行政诉讼的范围。例如，国有资产承包经营协议、国有土地使用权出让合同纠纷在司法实践中是作为民事合同来受理的。[4]为此，有学者也认为借助近因原理将政府招商引资、政府采购、国有建设用地使用权出让、探矿权转让、农村土地承包、国有企业租赁承包经营、经济协作、科技协作等协议，作为民事合同、适用民事诉讼解决纠纷，维护契约相对人的合法权益。[5]因此，行政诉讼中行政协议受案范围的类型争议颇多，莫衷一是。

---

〔1〕 参见梁凤云："行政协议案件的审理和判决规则"，载《国家检察官学院学报》2015年第4期。

〔2〕 参见郭修江："行政协议案件审理规则——对《行政诉讼法》及其适用解释关于行政协议案件规定的理解"，载《法律适用》2016年第12期。

〔3〕 参见《湖南省行政程序规定》第93条、《山东省行政程序规定》第100条、2015年《江苏省行政程序规定》第77条等。

〔4〕 具体案例颇多，例如，在廊坊市人民政府国有资产监督管理委员会与缴某全承包经营合同纠纷上诉案〔（2015）廊民二终字第722号〕中，人民法院认为，2002年11月25日，缴某全与廊坊市农业局签订的《廊坊市碧海宾馆承包合同》合法有效。国资委依法成立后，有权依据国家政策法规接受廊坊市碧海宾馆产权、行使相应物权的监管权，主张发包人权利，同时承继廊坊市农业局的合同项下义务。这表明人民法院多认为国有资产承包经营、出售或者租赁协议属于民事合同，通过民事诉讼来解决。在中日青年交流中心秦皇岛办事处与秦皇岛市自然资源和规划局、秦皇岛市人民政府国有建设用地使用权出让协议一案〔（2020）最高法行申13827号〕中，最高人民法院就认为，《最高人民法院关于审理涉及国有土地使用权合同纠纷案件适用法律问题的解释》将国有土地使用权出让合同纠纷纳入民事诉讼受案范围。《最高人民法院关于审理行政协议案件若干问题的规定》第2条仅将矿业权等国有自然资源使用权出让协议纳入行政协议范围，并未将国有土地使用权出让合同包含在内。《民事案件案由规定》亦将建设用地使用权出让合同纠纷作为案由进行规定。故案涉《国有建设用地使用权出让合同》不属于行政协议，其应当适用1999年《合同法》等民事法律规范予以调整。

〔5〕 参见崔建远："行政合同族的边界及其确定根据"，载《环球法律评论》2017年第4期。

（二）出现争议的原因

行政诉讼中行政协议受案范围类型出现争议原因多样，除行政协议具有行政性、公共性、合意性、公法法效性等特性使得其在实践中呈现多样性面貌外，最关键的原因笔者认为主要有三个：行政协议界定困难、传统救济渠道的路径依赖以及理念上的分歧。

一是，行政协议界定困难。在行政实践中，行政机关可以凭借行政主体或者民事主体的面目采用契约形式管理社会公共事务。这就导致了行政相对人是通过行政诉讼还是民事诉讼维护自己合法权益的问题。虽然 2015 年《最高人民法院关于适用〈中华人民共和国行政诉讼法〉若干问题的解释》从主体要件、目的要件、职责要件、内容要件与 2020 年 1 月 1 日起施行的《最高人民法院关于审理行政协议案件若干问题的规定》从主体要素、目的要素、内容要素、意思要素等面向对行政协议进行界定，试图确认行政协议案件的类型，[1]然而，在行政审判中，无论是形式判断标准——契约主体说，还是实质判断标准——契约标的或目的说，[2]都无法准确界定行政协议与民事合同交叉的模糊地带，这实质上是契约合意性与依法行政原则相融合的必然体现。例如，国有土地使用权出让协议、政府特许经营权协议等给付行政领域中这些常见的契约类型是属于行政协议还是民事合同，长久以来争论不休。因此，2015 年《行政诉讼法》试图通过列举的方式使得行政协议逐步类型化，减少司法实践中的判断困难。

二是，部分行政协议传统救济渠道的路径依赖。在给付行政领域中，行政相对人在特许经营权协议、政府采购协议等行政协议中的权利救济路径是采用民事诉讼的方式维护自己的合法权益。早在 2002 年的《政府采购法》第 5 章"政府采购合同"第 43 条就规定了"政府采购合同适用合同法"，行政相对人——供应商可以采用民事诉讼的方式追究采购人、采购代理机构的民事责任。[3]2004 年的《市政公用事业特许经营管理办法》规定，城市供水、供气、供热、公共交通、污水处理、垃圾处理等行业，依法实施特许经

---

[1]　参见程琥："审理行政协议案件若干疑难问题研究"，载《法律适用》2016 年第 12 期。

[2]　参见本书第二章"行政契约自身特性之考量"第一节"行政契约的判别"相关分析。

[3]　《政府采购法实施条例》第 76 条规定："政府采购当事人违反政府采购法和本条例规定，给他人造成损失的，依法承担民事责任。"

营的，特许经营者在协议中维护自己权益的，可以通过民事诉讼的方式追究主管部门违约责任。[1]2015 年的《基础设施和公用事业特许经营管理办法》规定，能源、交通运输、水利、环境保护、市政工程等基础设施和公用事业特许经营协议也是适用民事诉讼解决纠纷的。事实上，即使在 2015 年《行政诉讼法》实施后，人民法院针对城市供水、供气、供热、公共交通、污水处理、垃圾处理特许经营权协议、政府采购协议等行政协议还是按照民事合同来受理。[2]此种部分行政协议适用民事诉讼救济的路径依赖影响着行政诉讼中行政协议受案范围类型的界定。

三是，人民法院中行政庭与民庭审判人员的审判理念的差异、分歧。在行政审判中，法官较注重围绕行政行为的合法性来开展司法审查。也就是说，行政协议作为行政行为的一种类型，行政庭法官首先考虑的是行政协议的合法性问题，然后才追求行政协议的合约性。而在民事审判中，法官着重围绕民事合同当事人约定的权利义务来分析合同的效力、履行、变更和转让、权利义务的终止、违约责任等方面，除非违反了法律上的效力性强制性规定，原则上以促进合同成立、生效、履行等为主要目的。换言之，民庭法官首先考虑尽量维持合同的效力，促进合同依法履行，只有在违反《民法典》第 144 条、第 146 条、第 153 条、第 154 条的情况下，才不得已认定违法的合同无效。[3]这种理念的差异、分歧本质上是行政协议所蕴含的行政性、公共性、公法法效性与合意性属性的必然反映，使得行政庭法官与民庭法官对特许经营权协议、PPP 协议、政府采购协议等行政协议的审

---

〔1〕《市政公用事业特许经营管理办法》第 29 条规定，主管部门或者获得特许经营权的企业违反协议的，由过错方承担违约责任，给对方造成损失的，应当承担赔偿责任。

〔2〕例如，在晋城市峰景房地产公司与晋城市恒光热力公司合同纠纷案〔（2015）晋民终字第 333 号〕中，人民法院认为恒光热力公司与峰景房地产公司于 2012 年 11 月 8 日签订的《集中供热管网工程施工合同》为有效合同，该合同是经过两级政府多次积极协调，双方充分协商，在平等、自愿的基础上签订的，是双方的真实意思表示，且不违反法律法规的强制性规定，为民事合同纠纷，为有效合同。

〔3〕《民法典》第 144 条规定，无民事行为能力人实施的民事法律行为无效。第 146 条第 1 款规定，行为人与相对人以虚假的意思表示实施的民事法律行为无效。第 153 条规定，违反法律、行政法规的强制性规定的民事法律行为无效。但是，该强制性规定不导致该民事法律行为无效的除外。违背公序良俗的民事法律行为无效。第 154 条规定，行为人与相对人恶意串通，损害他人合法权益的民事法律行为无效。

理是按照行政诉讼制度还是按照民事诉讼制度解决纠纷产生了一定程度的争议。

（三）争议解决的方案

为了给行政相对人公法权利救济提供有效的路径指引，笔者认为解决行政诉讼中行政协议受案范围类型争议的方案有以下两个方面。

一是，行政复议与行政诉讼就行政协议受案范围保持相对一致性。事实上，两者范围的不一致并不利于行政相对人的公法权利的救济，也影响了行政诉讼是以最终解决行政争议、监督行政机关依法行政的目的。例如，在西安盛唐马球竞技场公司诉陕西省人民政府行政复议案〔（2018）最高法行申9449号〕中，最高人民法院认为，根据《行政复议法》第2条的规定，行政复议针对的是具体行政行为。这一规定将当事人经协商自愿签订的协议所产生的争议排除在行政复议范围之外。本案中，盛唐公司认为西安市人民政府作为一方当事人委托西安体育中心与其签订《合作协议》未如约履行，于是向陕西省人民政府申请行政复议，请求责令西安市人民政府书面确认由西安经开区管委会继续履行《合作协议》的权利义务，请求责令西安市人民政府书面确认西安经开区管委会承担拆除马球场馆的赔偿责任。根据上述法律规定，《合作协议》的履行及相关赔偿责任纠纷，不属于行政复议范围。因此，为了保护行政相对人在行政协议中公法权利救济路径的通畅，笔者认为，首先，行政复议制度中应当明确行政协议可以作为复议的受案范围。也就是说，行政复议制度可以逐步放开仅限于单方行政决定救济的局限性，接纳对于双方行政行为的救济空间。其次，行政诉讼制度中对于可以受理的行政协议类型也应当与行政复议制度趋于一致，保持救济渠道的连接性、顺畅性，防止出现抵触、冲突的问题。

二是，通过司法实践中关于行政协议案件的经验总结，逐步明确行政协议受案范围的类型。一般来说，类似于民事合同分为典型合同与非典型合同，〔1〕行政协议可以分为典型行政协议与非典型行政协议。首先，典型的行政协议根据2015年《行政诉讼法》的规定主要是指政府特许经营协议、土

---

〔1〕 参见史尚宽：《债法各论》，中国政法大学出版社2000年版，第958页。

地房屋征收补偿协议、其他行政协议。[1]这里的其他行政协议包括法律法规规章规定的行政协议，例如，《湖南省行政程序规定》第93条规定的行政协议类型。[2]但是，规章规定的行政协议类型能否作为行政诉讼受案范围，还是有待于司法实践中的反馈。因为，按照《行政诉讼法》第63条第3款的规定："人民法院审理行政案件，参照规章"以及《关于审理行政案件适用法律规范问题的座谈会纪要》要求，[3]其他行政协议中的"其他"属于不完全列举的例示性规定，为概括性用语表示的事项，是明文列举的事项以外的事项，且其所概括的情形应为与列举事项类似的事项。也就是说，2015年《行政诉讼法》所规定的其他行政协议应当是与政府特许经营协议、土地房屋征收补偿协议性质相类似的协议。故而，行政协议作为行政诉讼的受案范围实质上就是指行政主体在给付行政领域中采用行政协议作为履行法定职能的相关类型。[4]进而论之，人民法院可以运用司法裁量权决定让哪些类型的行政协议作为行政诉讼的受案范围进入诉讼中。其次，非典型行政协议是指除了2015年《行政诉讼法》明文规定的典型行政协议，符合类似典型行政协议行政性、公共性、合意性、公法法效性特性的行政协议。这些协议类型主要出现在秩序行政领域中。在秩序行政领域中，行政机关以行政主体的身份采用行政协议的方式去实现行政目的。但是，这些行政协议形式多样，范围较广，多为非典型行政契约，需要通过判断该协议是否履行公共管理职能目的、是否涉及公共利益等，去合理界定其是否属于行政诉讼的受案范围。

---

〔1〕　例如，在唐山道诚管业公司与玉田县房屋征收办公室、二审被上诉人宋某原房屋拆迁安置补偿合同纠纷案［（2020）最高法民申6687号］中，最高人民法院就明确了案涉《房屋征收补偿安置协议书》是基于政府的征收行为签订，具有行政法上权利义务内容，从性质上应认定为行政协议。根据《行政诉讼法》第2条、第78条规定，双方当事人就该协议的订立、履行、变更、解除等事宜产生争议，应属于行政诉讼受案范围，并以此为由驳回唐山道诚管业公司的民事再审申请。

〔2〕　《湖南省行政程序规定》第93条规定，本规定所称行政合同，是指行政机关为了实现行政管理目的，与公民、法人或者其他组织之间，经双方意思表示一致所达成的协议。行政合同主要适用于下列事项：（一）政府特许经营；（二）国有土地使用权出让；（三）国有资产承包经营、出售或者出租；（四）政府采购；（五）政策信贷；（六）行政机关委托的科研、咨询；（七）法律、法规、规章规定可以订立行政合同的其他事项。

〔3〕　参见《关于审理行政案件适用法律规范问题的座谈会纪要》关于法律规范具体应用解释问题。

〔4〕　例如，PPP协议、师范生公费教育协议等。

例如，行政主体与行政相对人所签订的息诉罢访协议等。[1]

综上，我们应当纾解行政复议制度与行政诉讼制度关于行政协议类型案件受理的不一致、不和谐，总结行政诉讼中关于审理行政协议案件成败经验，通过司法解释逐渐增加行政诉讼受理典型行政协议的类型，提出适合中国国情的、能够明确判断非典型行政协议的相关理论。

二、司法审查步骤的分析

关于行政契约的司法审查，各国都有一定差异性。在法国，行政契约的司法审查属于完全管辖权之诉与主观之诉，起诉人可以请求法官行使全部司法权力，并解决一个主观法律问题，即请求他查证某个文件或某项行为是否给一个主观法律地位带来损害。[2]其诉讼程序具有几个特殊要求，如行政决定前置原则、起诉期间救济时限不同以及原则上要求律师代理等。[3]由于法国行政契约法相当完备，法国行政法院可以从形成条件（意思表示瑕疵、权限法则、契约标的和原因等）、履行（公法人单方权力、契约相对人填补权利、契约责任）到消灭（企业契约正常结束、基于过错或其他理由提前消灭

---

〔1〕 在吉林省吉林市中级人民法院（2017）吉02行终116号行政裁定书中，二审法院认为：依据《行政诉讼法》第12条第1款第11项的规定，人民法院受理公民、法人或者其他组织提起的认为行政机关不依法履行、未按照约定履行或者违法变更、解除政府特许经营协议、土地房屋征收补偿协议等协议的诉讼。《最高人民法院关于适用〈中华人民共和国行政诉讼法〉若干问题的解释》第11条第1款规定："行政机关为实现公共利益或者行政管理目标，在法定职责范围内，与公民、法人或者其他组织协商订立的具有行政法上权利义务内容的协议，属于行政诉讼法第十二条第一款第十一项规定的行政协议。"杨某艳与舒兰市南城街道办事处签订的息访协议不属于行政机关行使法定职责的范围，该协议亦不具有行政法上的权利义务内容，且《行政诉讼法》第12条第1款第11项及《最高人民法院关于适用〈中华人民共和国行政诉讼法〉若干问题的解释》第11条第2款列举了可诉的行政协议为：政府特许经营协议，土地、房屋等征收征用补偿协议，其他行政协议，该息访协议不属于上述法律及司法解释列举的类型，故不属于行政协议。而在韩某文诉黑龙江省肇源县人民政府行政协议一案〔（2016）最高法行申45号〕中，最高人民法院认为，行政机关与上访人签订的息诉罢访协议，实质上是行政机关为了维护社会和谐稳定、公共利益和实现行政管理职能的需要，根据属地主义原则在其职责权限范围内，与上访人达成的有关政府出钱或者是给予其他好处、上访人息诉罢访等具有行政法上权利义务内容的协议，属于可诉的行政协议范畴。

〔2〕 参见［法］古斯塔夫·佩泽尔（Gustave Peiser）：《法国行政法》，廖坤明、周洁译，国家行政学院出版社2002年版，第277-278页。

〔3〕 参见胡建淼编：《世界行政法院制度研究》，武汉大学出版社2007年版，第124-125页。

等）等方面进行司法审查。[1]在德国，行政契约司法审查是以原告是否享有履行请求权与公法上返还请求权为出发点，审查是否存在合同、该合同是否属于行政法上的合同、行政合同是否合法（权限、形式、内容）、违法的后果以及请求权滥用等方面。[2]我国实务界与理论界也提出了对于行政契约司法审查的方式、方法、程序等。例如，在实务界中，有行政庭法官指出，从行政审判实践中看，人民法院审理行政协议类案件应当采用"合法性+合约性"的标准。[3]在理论界中，有学者分析行政协议司法审查的思路主要是协议性质的判断、合法性判断（允许性判断、形式与内容上合法性的判断、行政协议违法的后果）等方面。[4]事实上，《最高人民法院关于审理行政协议案件若干问题的规定》第11条则进一步明确了人民法院审理行政协议类案件时应当进行合法性审查与合约性审查的具体要求，即不仅包括行政机关行使行政优益权的行政行为诉讼，而且也包括行政机关不依法履行、未按照约定履行协议义务的违约诉讼。[5]综上，笔者认为，通过借鉴域外国家关于行政契约司法审查的理论与制度，结合我国行政协议案件审判中的生动实践，我国行政协议司法审查的步骤可以分为立案阶段的形式性审查与受理后的实体性审查两个阶段。

（一）行政协议立案阶段的形式性审查

为了落实2014年党的十八届四中全会提出的"改革法院案件受理制度，变立案审查制为立案登记制，对人民法院依法应该受理的案件，做到有案必立、有诉必理，保障当事人诉权"要求，最高人民法院在2015年《最高人民法院关于人民法院登记立案若干问题的规定》第1条中，明确规定了人民

---

〔1〕 参见王必芳："论法国行政契约的特点"，载《台北大学法学论丛》2017年第102期。

〔2〕 参见［德］哈特穆特·毛雷尔：《行政法学总论》，高家伟译，法律出版社2000年版，第383-384页。

〔3〕 参见程琥："审理行政协议案件若干疑难问题研究"，载《法律适用》2016年第12期。

〔4〕 参见张青波："行政协议司法审查的思路"，载《行政法学研究》2019年第1期。

〔5〕《最高人民法院关于审理行政协议案件若干问题的规定》第11条规定，人民法院审理行政协议案件，应当对被告订立、履行、变更、解除行政协议的行为是否具有法定职权、是否滥用职权、适用法律法规是否正确、是否遵守法定程序、是否明显不当、是否履行相应法定职责进行合法性审查。原告认为被告未依法或者未按照约定履行行政协议的，人民法院应当针对其诉讼请求，对被告是否具有相应义务或者履行相应义务等进行审查。

法院对依法应该受理的一审行政起诉，实行立案登记制。根据《行政诉讼法》第51条、第52条的规定以及《最高人民法院关于适用〈中华人民共和国行政诉讼法〉的解释》第53条、第54条、第55条的规定，在实践中，大量的行政协议案件只要符合形式要件就可以立案，即使部分不能判断是否符合起诉条件的模棱两可的协议类案件也是先立案、后审查，故有些行政协议案件进入审理过程中人民法院才发现不符合行政诉讼的受案范围，作出裁定驳回原告起诉。进而论之，按照《行政诉讼法》第49条的规定，原告能够提起行政协议之诉，应当为协议的相对人、有明确的被告、有具体的诉讼请求与事实根据、属于人民法院受案范围和受诉人民法院管辖等条件。因此，人民法院在立案阶段需要对行政相对人提起行政协议之诉的四个条件进行形式上的司法审查。事实上，这种形式上的司法审查贯穿整个行政协议之诉的全过程。[1]笔者认为在司法实践中，人民法院对于行政协议之诉的形式性审查主要有以下几个方面。

一是，行政协议之诉中原告起诉资格的司法审查。行政协议是契约的一种类型，同时也是行政行为的一种样态，具有行政性、公共性、合意性、公法法效性的特性。因此，人民法院针对行政协议之诉中原告起诉资格的审查，不仅要分析其作为行政行为所具有公法效果的一面，还要考量其作为契约所表现的意思合致的另一面。也就是说，按照《行政诉讼法》第25条第1款的规定，[2]行政协议的原告当事人资格可分为两种情形：行政协议中的行政相对人；其他与行政协议有利害关系的公民、法人或者其他组织。首先，基于合同相对性原理，行政相对人可以基于行政协议约定的行政法上的

---

[1] 《最高人民法院关于适用〈中华人民共和国行政诉讼法〉的解释》第69条第1款规定："有下列情形之一，已经立案的，应当裁定驳回起诉：（一）不符合行政诉讼法第四十九条规定的；（二）超过法定起诉期限且无行政诉讼法第四十八条规定情形的；（三）错列被告且拒绝变更的；（四）未按照法律规定由法定代理人、指定代理人、代表人为诉讼行为的；（五）未按照法律、法规规定先向行政机关申请复议的；（六）重复起诉的；（七）撤回起诉后无正当理由再行起诉的；（八）行政行为对其合法权益明显不产生实际影响的；（九）诉讼标的已为生效裁判或者调解书所羁束的；（十）其他不符合法定起诉条件的情形。"

[2] 该法第25条第1款规定，行政行为的相对人以及其他与行政行为有利害关系的公民、法人或者其他组织，有权提起诉讼。

权利义务向另一方行政主体提起诉讼。[1]其次，其他与行政协议有利害关系的公民、法人或者其他组织如果认为行政协议可能侵犯自己的合法权益，也可以向协议的一方——行政主体依法提起行政诉讼。这种情形实质上突破了合同相对性原理，尤其适用于在秩序行政中代替单方行政决定的行政协议以及涉及侵害第三人相邻权或者公平竞争权的行政协议等。[2]例如，在黄石市明灯食品厂诉大冶市人民政府、大冶市金山店镇人民政府不履行法定职责案 [（2017）最高法行再72号] 中，最高人民法院就明确指出："民事合同原则上仅具有相对效力，其权利义务关系仅可约束合同双方当事人。行政协议既采民事合同之形式，合同相对性原则亦应遵循。但行政协议之所以属于'行政'，自有其不同于民事合同之处。当行政协议属于补充或者替代诸如征收拆迁这样的单方高权行为，当行政协议具有针对诸如竞争者、邻人等第三方的效力，则不应简单地以合同相对性原则排除合法权益受到行政协议影响的第三方寻求法律救济。"

二是，行政协议之诉中有明确被告、具体的诉讼请求与事实根据的司法审查。首先，这里的被告需要注意的是"明确"而非"准确""精准"的被告。按照《最高人民法院关于适用〈中华人民共和国行政诉讼法〉的解释》第67条第1款的规定，"原告提供被告的名称等信息足以使被告与其他行政机关相区别的，可以认定为行政诉讼法第四十九条第二项规定的'有明确的被告'"，即只要形式上能够确定被告的实质存在并且与其他行政机关不发生重复足矣。在司法实践中，主要出现在侵害第三人相邻权或者公平竞争权

---

〔1〕　例如，在张某喜等与运城市国土资源局盐湖分局等合同上诉案 [（2017）晋08行终40号] 中，二审法院认为，《行政诉讼法》第25条第1款规定："行政行为的相对人及其他与行政行为有利害关系的公民、法人或者其他组织，有权提起诉讼。"本案被上诉人运城市国土资源局盐湖分局与被上诉人运城市华亚建材公司签订的土地使用权出让合同的行政行为，上诉人张某喜、姚某琴不是该行政行为的相对人，发生法律效力的判决和裁定亦确认上诉人与出让合同涉及的土地无利害关系，故上诉人的起诉不符合法律规定，一审裁定驳回上诉人的起诉，并无不当。

〔2〕　例如，《最高人民法院关于审理行政协议案件若干问题的规定》第5条规定，"下列与行政协议有利害关系的公民、法人或者其他组织提起行政诉讼的，人民法院应当依法受理：（一）参与招标、拍卖、挂牌等竞争性活动，认为行政机关应当依法与其订立行政协议但行政机关拒绝订立，或者认为行政机关与他人订立行政协议损害其合法权益的公民、法人或者其他组织；（二）认为征收征用补偿协议损害其合法权益的被征收征用土地、房屋等不动产的用益物权人、公房承租人；（三）其他认为行政协议的订立、履行、变更、终止等行为损害其合法权益的公民、法人或者其他组织"。

的行政协议之诉中。即受到行政协议影响的协议相对人之外第三人提起针对协议相对人一方——行政主体的诉讼时，人民法院需要审查被告的明确性、可识别性。[1]此外，当行政协议的被告不适格且行政相对人拒绝变更时，已经立案的，人民法院应当裁定驳回起诉。[2]其次，有具体的诉讼请求与事实根据是指诉讼请求相对明确，符合法律、司法解释的规定，并且具有初步的事实依据作为支撑。[3]按照《最高人民法院关于适用〈中华人民共和国行

---

[1] 例如，在田某雨诉邵阳市双清区人民政府、邵阳市双清区火车站乡人民政府房屋行政征收补偿协议案〔(2017)最高法行申3785号〕中，最高人民法院指出，原告提起行政诉讼，必须有明确的被诉行政行为，只有认为被诉行政行为侵犯其合法权益，对被诉行政行为提出具体的诉讼请求和理由，才符合法定的起诉条件。行政诉讼是对被诉行政行为的合法性进行审查，当事人所诉行政行为不明确，人民法院将无法进行案件的审理和裁判。根据《行政诉讼法》第12条第1款第11项的规定，认为行政机关不依法履行、未按照约定履行行政协议的行为，属于行政诉讼的受案范围。但是，行政协议行为不是一个单一的行政行为，包括协议的签订、履行、变更以及解除等一系列行政行为。当事人针对行政协议行为提起诉讼，必须明确具体的被诉行政协议行为，笼统请求撤销或者确认行政协议行为违法，属于诉讼请求不明确。本案中，田某雨与火车站乡人民政府签订的《拆迁协议》属于行政协议，其一审的诉讼请求为撤销行政协议，但是其诉讼的具体理由中既包括了签订协议时的协议缺乏真实性、协议显失公平、对补偿标准提出异议，又包括了安置宅基地没有履行到位等履行问题。也就是说，田某雨在本案中既对行政协议的签订行为提出异议，又对行政协议的履行行为提出异议，其诉讼请求不够具体明确。

[2] 例如，在盐城市盐都区学富砖瓦厂与江苏省盐城市盐都区人民政府房屋征收补偿协议案〔(2021)最高法行申1378号〕中，最高人民法院认为，本案争议焦点是盐都区人民政府是否为本案适格被告。《行政诉讼法》第26条第1款规定，公民、法人或者其他组织直接向人民法院提起诉讼的，作出行政行为的行政机关是被告。《最高人民法院关于审理行政协议案件若干问题的规定》第4条第2款规定，因行政机关委托的组织订立的行政协议发生纠纷的，委托的行政机关是被告。《最高人民法院关于适用〈中华人民共和国行政诉讼法〉的解释》第69条第1款第3项规定，错列被告且拒绝变更的，已经立案的，应当裁定驳回起诉。本案中，根据一、二审查明的事实，被诉房屋征收拆迁补偿协议系盐都区蟒蛇河（学富段）整治工程指挥部与学富砖瓦厂法定代表人郭某华签订，同日盐城市盐都区学富镇人民政府与学富砖瓦厂签订协议书，作为上述征收拆迁补偿协议的补充，对相关补偿事项作了约定，且学富砖瓦厂亦从学富镇人民政府领取了补偿款，学富镇人民政府也向一审法院出具《证明》自认盐都区蟒蛇河（学富段）整治工程指挥部系由其设立的内设机构，并承诺该指挥部对外所作行为的法律后果均由其承担。据此，一、二审认定学富镇人民政府为本案适格被告，并无不当。经一审法院释明，再审申请人坚持以盐都区人民政府为被告，故一审裁定驳回再审申请人的起诉，二审裁定驳回其上诉，亦无不当。

[3] 例如，在杨某等13人与辽宁省鞍山市人民政府强拆行为违法案〔(2020)最高法行申6615号〕中，杨某等13人以鞍山市人民政府违法向加拿大明达公司出让集体土地、有关拆迁部门逼迫其签订货币补偿协议、本案诉求一致等为由申请再审，并请求：判令鞍山市人民政府依据《最高人民法院关于审理行政协议案件若干问题的规定》第4条之规定，对与明达公司签订的营城子总体开发建设合同书和CH—2007—036号国土使用权出让合同书进行补充、修正；判令明达公司对杨某

政诉讼法〉的解释》第 68 条的规定，行政协议之诉的诉讼请求就是要请求解决行政协议争议。这里的解决行政协议争议（有具体的诉讼请求）包括：请求判决撤销行政机关变更、解除行政协议的行政行为，或者确认该行政行为违法；请求判决行政机关依法履行或者按照行政协议约定履行义务；请求判决确认行政协议的效力；请求判决行政机关依法或者按照约定订立行政协议；请求判决撤销、解除行政协议；请求判决行政机关赔偿或者补偿；其他有关行政协议的订立、履行、变更、终止等诉讼请求等。[1] 例如，在四川鑫炬公司等诉石棉县扶贫和移民工作局合同案 ［(2017) 川 18 行终 24 号］中，二审法院以四川鑫炬公司诉请主张既不符合主张行政机关履行法定职责之诉的情形，要求依法履行协议约定或认为行政机关单方变更、解除协议违法，也不符合请求变更之诉的情形，认为行政行为对款额的确定、认定有错误，请求变更，其诉讼请求不具体明确为由，认为本案依法不符合行政案件受理条件，驳回上诉，维持原裁定。

三是，行政协议之诉中人民法院受案范围与管辖的司法审查。首先，按照《行政诉讼法》第 13 条以及《最高人民法院关于适用〈中华人民共和国行政诉讼法〉的解释》第 1 条的规定，行政相对人提起行政协议之诉，如果属于驳回当事人对行政行为提起申诉的重复处理行为，对公民、法人或者其他组织权利义务不产生实际影响的行为等情形，那么就不属于行政诉讼的受案范围，人民法院就会裁定依法驳回起诉。[2] 此外，需要注意的是，行政

（接上页）等 13 人进行赔偿；判令鞍山市人民政府责令明达公司和有关拆迁部门，对杨某等 13 人依法安置回迁和补偿；依法提审本案。最高人民法院则认为依据《行政诉讼法》第 49 条第 2 项、第 3 项之规定，提起诉讼应当有明确的被告，有具体的诉讼请求和事实根据，诉讼请求应具体、明确。依照《最高人民法院关于适用〈中华人民共和国行政诉讼法〉的解释》第 69 条第 1 款第 1 项之规定，有不符合《行政诉讼法》第 49 条规定的情形的，已经立案的，应当裁定驳回起诉。本案中，杨某等 13 人针对不同的行政机关以及企业作出的不同性质的行为提起行政诉讼，在一审法院多次向其进行释明的情况下，仍坚持以诉状为准，诉讼请求不具体、不明确，不符合行政诉讼法规定的起诉条件。

〔1〕 参见《最高人民法院关于审理行政协议案件若干问题的规定》第 9 条。

〔2〕 例如，在范某海与太和县国土资源局合同上诉案 ［(2018) 皖 12 行终 34 号］中，二审法院认为，《最高人民法院关于适用〈中华人民共和国行政诉讼法〉的解释》第 69 条第 1 款第 8 项规定，行政行为对其合法权益明显不产生实际影响的，已经立案的，应当裁定驳回起诉。该条第 2 款规定，人民法院经过阅卷、调查和询问当事人，认为不需要开庭审理的，可以径行裁定驳回起诉。本

协议签订在 2015 年 5 月 1 日之后发生纠纷的，属于行政诉讼的受案范围；行政协议签订在 2015 年 5 月 1 日之前发生纠纷的，不适用 2015 年《行政诉讼法》。[1]例如，在骊珠园酒店诉西安曲江新区管理委员会合同案〔（2017）陕 7102 行初 193 号〕中，人民法院认为，本案中，原告主张被告履行其与第三人于 2011 年 5 月 7 日签订的《安置协议》，但 2015 年 5 月 1 日实施的《行政诉讼法》才将行政协议纳入行政诉讼的受案范围，故该协议不属于《行政诉讼法》的行政协议范畴。其次，按照 2015 年施行的《行政诉讼法》第 14—20 条以及《最高人民法院关于审理行政协议案件若干问题的规定》第 7 条的规定，行政协议之诉的管辖应当符合级别管辖与专属管辖的规定。[2]换言之，如果行政协议之诉违反级别管辖或者专属管辖，一旦协议相对人一方或者双方上诉，二审法院原则上就会作出裁定撤销原判、发回重审。

四是，行政协议之诉中起诉期限与诉讼时效的司法审查。行政协议糅合了行政行为与契约的特点，不仅要适用行政诉讼中起诉期限的规定，而且在

（接上页）案中，被上诉人太和县国土资源局公开出让的涉案土地是经安徽省人民政府批准征收后的国有土地，太和县国土资源局与安徽昊坤公司签订的《国有建设用地使用权出让合同》与上诉人范某海已不具有利害关系，对其合法权益不产生实际影响，故对范某海的该项起诉依法应予以驳回。

〔1〕《最高人民法院关于审理行政协议案件若干问题的规定》第 28 条规定，2015 年 5 月 1 日后订立的行政协议发生纠纷的，适用行政诉讼法及本规定。2015 年 5 月 1 日前订立的行政协议发生纠纷的，适用当时的法律、行政法规及司法解释。如在汤某中与浙江省丽水市丽水经开区管委会、浙江省丽水市莲都区人民政府南明山街道办事处行政协议一案〔（2020）最高法行申 12993 号〕中，最高人民法院认为《最高人民法院关于审理行政协议案件若干问题的规定》第 28 条第 2 款规定，2015 年 5 月 1 日前订立的行政协议发生纠纷的，适用当时的法律、行政法规及司法解释。本案中，再审申请人汤某中向原审起诉，请求判令解除《余天弄墓地承包合同》及《补充协议》，并判令被申请人丽水经开区管委会及南明山街道办事处返还承包款并赔偿损失。原审已查明，涉案《余天弄墓地承包合同》及《补充协议》均签订于 2015 年 5 月 1 日之前，故一审法院以再审申请人的诉请事项不属于人民法院行政诉讼的受案范围为由，裁定驳回其起诉，二审法院裁定驳回上诉、维持原裁定，均无不当。

〔2〕 2015 年《最高人民法院关于适用〈中华人民共和国行政诉讼法〉若干问题的解释》第 13 条规定，对行政协议提起诉讼的案件，适用行政诉讼法及其司法解释的规定确定管辖法院。《最高人民法院关于审理行政协议案件若干问题的规定》第 7 条规定，当事人书面协议约定选择被告所在地、原告所在地、协议履行地、协议订立地、标的物所在地等与争议有实际联系地点的人民法院管辖的，人民法院从其约定，但违反级别管辖和专属管辖的除外。

一定条件下还要符合诉讼时效的要求。[1]因此，2015 年《最高人民法院关于适用〈中华人民共和国行政诉讼法〉若干问题的解释》第 12 条规定，行政相对人针对行政主体不依法履行、未按约履行协议提起诉讼的，参照民事法律规范关于诉讼时效的规定；行政机关单方变更、解除协议等行为提起诉讼的，适用《行政诉讼法》及其司法解释关于起诉期限的规定。[2]进而论之，行政相对人以行政协议本体中的权利义务进行诉讼的，参照诉讼时效的规定，即人民法院审查行政相对人主张行政主体未依法、未按约履行协议，发现已经过了诉讼时效，应当裁定驳回原告起诉；行政相对人以行政主体行使行政优益权提起诉讼的，人民法院应当审查行政相对人是否过了起诉期限，如果过了起诉期限，也应当裁定驳回原告起诉。这里需要注意的是，无论是参照诉讼时效还是适用起诉期限，人民法院进行司法审查时，只要发现超越了时限，都应当用裁定驳回原告起诉。[3]例如，在韩某华与重庆市南岸区国土资源管理分局等合同上诉案［（2017）渝 05 行终 431 号］中，二审法院认为："本案中，被上诉人重庆市南岸区征地办公室于 2009 年 6 月 29 日在征地范围内张贴通知，告知持有《购房证明》而未购房的征地农转非户务必于 2009 年 7 月 15 日前办理购房相关手续，逾期未办理的，所持《购房证明》作废。该通知实际上是一个约定履行期限的补充协议。而上诉人未在通知约定的期限内办理购房相关手续，也未在该通知约定期限期满后 2 年内提起诉讼，已

---

[1]　例如，在池州百大与安徽省池州市人民政府不履行行政协议违法及行政赔偿案［（2020）最高法行申 3144 号］中，最高人民法院根据《最高人民法院关于审理行政协议案件若干问题的规定》第 25 条的规定，"公民、法人或者其他组织对行政机关不依法履行、未按照约定履行行政协议提起诉讼的，诉讼时效参照民事法律规范确定；对行政机关变更、解除行政协议等行政行为提起诉讼的，起诉期限依照行政诉讼法及其司法解释确定"，认为本案系池州百大以池州市人民政府未按照协议约定履行义务提起的行政协议履行之诉，参照上述规定，对于该案件的审查应当适用诉讼时效，而非适用起诉期限。一、二审法院以池州百大提起本案诉讼超过起诉期限为由驳回其起诉，适用法律不当，依法应予纠正。

[2]　《最高人民法院关于审理行政协议案件若干问题的规定》第 25 条进一步强调指出，公民、法人或者其他组织对行政机关不依法履行、未按照约定履行行政协议提起诉讼的，诉讼时效参照民事法律规范确定；对行政机关变更、解除行政协议等行政行为提起诉讼的，起诉期限依照行政诉讼法及其司法解释确定。

[3]　在民事法律规范中，诉讼时效针对的是债权请求权，即超过诉讼时效丧失的是胜诉权，而非起诉权，并且人民法院不能主动审查原告是否超越诉讼时效。这与行政诉讼中人民法院依照职权审查原告是否超越起诉期限明显不同。

经超过法定诉讼时效的规定。故上诉人于 2016 年 8 月才向一审法院提起行政诉讼，早已超过上述起诉期限的规定。"

五是，行政协议之诉中重复起诉的司法审查。行政协议之诉中重复起诉是指行政相对人针对行政协议中已经提起诉讼的事项在诉讼过程中或者裁判生效后再次起诉。重复起诉在《最高人民法院关于适用〈中华人民共和国民事诉讼法〉的解释》第 247 条与 2018 年 2 月 8 日实施的《最高人民法院关于适用〈中华人民共和国行政诉讼法〉的解释》第 106 条都有所规定。其判断的标准都是以当事人、诉讼标的、诉讼请求的异同作为参照条件。[1]一般认为，重复起诉包括：诉讼系属中的重复起诉；生效判决确定后的重复起诉。[2]其主要问题是造成有限的司法资源浪费、法院判决的矛盾、法律实现的安定性受到挑战等方面。[3]因此，在行政协议之诉中，人民法院对于行政相对人的重复起诉应当进行严格的审查，就当事人、诉讼标的、诉讼请求三方面异同进行细致识别，尤其需要关注的是后诉是否与前诉的既判力相冲突。例如，在易某喜与南京市江宁区人民政府东山街道办事处房屋拆迁管理行政合同一审行政裁定书［（2018）苏 8602 行初 374 号］中，人民法院原认定，本案中，首先，原告易某喜就已经提起诉讼的事项在裁判生效后再次起诉，构成重复起诉。……《最高人民法院关于适用〈中华人民共和国行政诉讼法〉的解释》第 69 条第 1 款第 1 项、第 6 项规定，不符合《行政诉讼法》第 49 条规定的、重复起诉的，已经立案的，应当裁定驳回起诉。

（二）行政协议受理后的实体性审查

行政相对人针对行政主体不依法、不按约履行协议或者单方变更、解除协议提起行政诉讼的，人民法院受理后对实体性司法审查主要侧重于判断事

---

〔1〕 例如，在郭某峰诉兰陵县住房和城乡建设局行政确认、行政合同案［（2016）鲁 1329 行初 49 号］中，人民法院认为，原告虽然在兰陵县人民法院提起了民事诉讼，请求确认其父郭某田与第三人郑某后之间对房屋买卖的民事合同效力，但显然前诉与本次诉讼的当事人、诉讼标的、诉讼请求均不相同，且原告郭某峰的本次诉讼是行政诉讼而非民事诉讼，故而原告提起的诉讼并非一案二诉。

〔2〕 参见柯阳友："也论民事诉讼中的禁止重复起诉"，载《法学评论》2013 年第 5 期。

〔3〕 参见夏璇："论民事重复起诉的识别及规制——对《关于适用〈中华人民共和国民事诉讼法〉的解释》第 247 条的解析"，载《法律科学》2016 年第 2 期。

实认定是否清楚、程序是否合法、法律适用是否正确等几个方面。

第一，事实认定是否清楚。

人民法院能否支持行政协议之诉中行政相对人的诉讼请求，其中认定行政相对人具有相应的事实依据是关键。在行政审判过程中，由于客观事实难以再次重现，故人民法院只能通过认定法律事实来判断。也就是说，法律事实需要相应的证据来支撑。因此，证据问题本质上并不是程序法问题，而是实体法问题，这体现在所有的实体法的事实，皆应有证明其存在的证据。[1]进而论之，无论是在民事诉讼中还是在行政诉讼中，一方要想在诉讼中取胜，就必须有充分、扎实的证据作为事实的依据，证明责任的概念因此形成。按照德国学者莱奥·罗森贝克的观点，证明责任本质上就是一方当事人为了避免败诉，通过自己的行为对有争议的事实加以证明的责任（举证责任）。[2]一般而言，举证责任可以分为主观举证责任与客观证明责任，前者是一种提出证据的责任，后者是一种不利益的风险。[3]根据2015年《行政诉讼法》第34条的规定，行政主体作为被告应当承担举证责任，即提供作出行政行为的证据和所依据的规范性文件。事实上，行政协议作为行政主体履行行政职能的一种手段，属于行政行为的一种类型，应当适用2015年《行政诉讼法》第34条的规定。然而，行政协议还具有契约合意性的特点，在一定程度上与民事合同有相同之处。因此，行政协议之诉中的举证责任，不仅要适用行政诉讼中关于行政行为举证责任的规定，还要在一定程度上符合契约合意性举证责任的要求。

综上，笔者认为可以分为三种举证类型：行政主体不依法、不按约履行协议；行政主体单方变更、解除协议；行政相对人诉请撤销、解除行政协议。[4]首先，行政主体不依法、不按约履行协议的情形。此种情形举证

---

〔1〕　参见李惠宗：《案例式法学方法论》，新学林出版股份有限公司2009年版，第348页。

〔2〕　参见［德］莱奥·罗森贝克：《证明责任论》，庄敬华译，中国法制出版社2002年版，第16—17页。

〔3〕　参见李惠宗：《案例式法学方法论》，新学林出版股份有限公司2009年版，第370页。

〔4〕　《最高人民法院关于审理行政协议案件若干问题的规定》第10条规定，被告对于自己具有法定职权、履行法定程序、履行相应法定职责以及订立、履行、变更、解除行政协议等行为的合法性承担举证责任。原告主张撤销、解除行政协议的，对撤销、解除行政协议的事由承担举证责任。对行政协议是否履行发生争议的，由负有履行义务的当事人承担举证责任。

责任可以分为两个阶段：行政主体先依照 2015 年《行政诉讼法》第 34 条的规定承担举证责任，证明自己依照法律规定、协议约定履行协议；然后由行政相对人针对行政主体违约的行为提供相应证据、承担举证责任。[1]换言之，原则上涉及行政协议违法性问题应当由行政主体承担举证责任，涉及行政协议违约性问题主要由行政相对人承担举证责任。尤其是行政相对人在行政协议之诉中同时提起行政赔偿或补偿时，按照 2015 年《行政诉讼法》第 38 条第 2 款的规定，[2]行政相对人应当对造成多大程度的损失承担举证责任。例如，在李某明等与衡阳市人民政府等合同及行政赔偿上诉案 [（2017）湘行终 456 号] 中，湖南省高级人民法院就指出："行政赔偿案件中，赔偿请求人应对自己的主张（即行政行为违法且造成了损害）提供证据。本案中，上诉人（李某明等人）提交的证据不足以证明经开区管委会违法强拆了上诉人房屋和厂房且造成了损失，故上诉人要求被上诉人赔偿其经济损失的诉求，依法不应支持。"其次，行政主体单方变更、解除协议的情形。这种情形是行政主体行使行政优益权的表现，应当承担举证责任证明自己单方变更、解除行政协议的合法性。但是，在涉及行政主体以欺诈、胁迫、重大误解、显失公平等情形变更、解除行政协议时，行政相对人应当承担举证责任，证明行政主体有违反《民法典》第 147—151 条规定的

---

〔1〕 例如，在常德市擎天公司与常德市人民政府等合同上诉案 [（2017）湘行终 63 号] 中，湖南省高级人民法院针对关于本案中擎天公司违约责任、回迁户过度损失费、组工损失费等其他问题，指出："根据擎天公司与常德市国土局签订的《国有建设用地使用权出让合同》第十条及第三十条，受让人同意分二期支付国有建设用地使用权出让价款，第一期于 2012 年 12 月 15 日之前支付 1385 万元，第二期于 2013 年 1 月 16 日之前支付 1385 万元。受让人应当按照本合同约定，按时支付国有建设用地使用权出让价款。受让人不能按时支付国有建设用地使用权出让价款的，自滞纳之日起，每日按迟延支付款项的 1‰向出让人缴纳违约金。本案中，擎天公司依约应在 2012 年 12 月 15 日前支付第一期款项 1385 万元，擎天公司未在 2012 年 12 月 15 日支付第一期款项，而是在 2013 年 1 月 16 日合并支付二期款项 2770 万元，故第一期款项支付比约定时间晚 32 天，擎天公司依约应承担的违约金为 1385 万元×1‰×32 天＝44.32 万元。至于擎天公司诉讼请求中的第二项及第三项，因有常德市国土局、常德市财政局、常德市规划局作出的《关于解决索坤地块旧城改造遗留问题的请示》及双方调查认可表明对于 33 户回迁户的过度损失费已进行补偿，且擎天公司未提交其他证据证明过渡损失及阻工事实的存在及相应损失情况，故擎天公司诉讼请求中的第二项及第三项缺乏证据证明，依法不予支持。"

〔2〕 在行政赔偿、补偿的案件中，原告应当对行政行为造成的损害提供证据。因被告的原因导致原告无法举证的，由被告承担举证责任。

事实，[1]否则，将承担败诉风险。例如，在徐某等与杭州市滨江区人民政府浦沿街道办事处合同上诉案 ［（2018）浙 01 行终 97 号］中，二审法院就以本案上诉人虽然主张涉案协议的签订存在欺诈、胁迫情形，但未能提供充分证据加以证明，本院不予采信。来某兴系上诉人户主，其有权代表该户进行签约。且签约时，徐某就在现场，未有证据显示其表示反对。涉案协议为当事人自愿签订，其内容不违反法律、法规、规章的强制性禁止性规定，应属合法有效，驳回原告诉讼请求。[2]最后，行政相对人诉请撤销、解除行政协议的情形。此种情形的举证责任应当由行政相对人提出相关证据证明行政协议存在撤销、解除行政协议的事由。例如，在虎某与河南省郑州市中原区人民政府撤销行政协议案 ［（2020）最高法行申 13796 号］中，最高人民法院根据《最高人民法院关于审理行政协议案件若干问题的规定》第 10 条第 2 款规定，原告主张撤销、解除行政协议的，对撤销、解除行政协议的事由承担举证责任。以及第 14 条的规定，原告认为行政协议存在胁迫、欺诈、重大误解、显失公平等情形而请求撤销，人民法院经审理认为符合法律规定可撤销情形的，可以依法判决撤销该协议，认定虎某起诉请求撤销河南省郑州市中原区刁沟村拆迁改造工作指挥部与其于 2019 年 4 月 24 日签订的《刁沟村企业框架补偿协议》，其应对该协议存在胁迫、欺诈、重大误解、显失公平等可撤销的情形承担举证责任。虎某主张涉案协议不是其本人真实意思表示，依法应予撤销，但未提交充分有效的证据证明该协议存在胁迫、欺诈、重大误解、显失公平等可撤销的情形，故对其该项主张，不予支持。

---

〔1〕《民法典》第 147 条规定，基于重大误解实施的民事法律行为，行为人有权请求人民法院或者仲裁机构予以撤销。第 148 条规定，一方以欺诈手段，使对方在违背真实意思的情况下实施的民事法律行为，受欺诈方有权请求人民法院或者仲裁机构予以撤销。第 149 条规定，第三人实施欺诈行为，使一方在违背真实意思的情况下实施的民事法律行为，对方知道或者应当知道该欺诈行为的，受欺诈方有权请求人民法院或者仲裁机构予以撤销。第 150 条规定，一方或者第三人以胁迫手段，使对方在违背真实意思的情况下实施的民事法律行为，受胁迫方有权请求人民法院或者仲裁机构予以撤销。第 151 条规定，一方利用对方处于危困状态、缺乏判断能力等情形，致使民事法律行为成立时显失公平的，受损害方有权请求人民法院或者仲裁机构予以撤销。

〔2〕 类似案件还有虎某与河南省郑州市中原区人民政府撤销行政协议案 ［（2020）最高法行申 13796 号］。

第二，程序是否合法。

在行政协议之诉中，行政主体实施行政协议的过程中程序是否合法，也是人民法院审查的重点。一般来说，行政主体推行行政协议的程序可以分为法定程序与正当法律程序。法定程序是指行政主体为了实现行政目的必须依照法律法规规定的方式、阶段实施行政协议。这里法定程序的范围包括法律、条约、行政法规、地方性法规、经济特区法规、民族自治条例与单行条例、规章（部门规章、政府规章）以及规范性法律文件等关于行政程序的相关规定。正当法律程序是指行政主体在实施行政协议（特别是代替具体行政行为）时，如果作出对于行政相对人不利的行为，那么就应当通过告知、说明理由的途径以及赋予行政相对人陈述申辩权、回避权等方式维护行政相对人的合法权益。[1] 进而论之，无论是在行政主体不依法、不按约履行协议之诉还是在行政主体单方变更、解除协议之诉中，行政主体都要承担举证责任，即证明自己履行协议的行为或者变更、解除协议的行为都没有违反任何法定程序与正当法律程序。

如上所述，笔者认为人民法院对行政主体实施行政协议进行程序合法性审查时，不仅要审查行政主体是否遵守法定程序，更要着重审查行政主体是否遵守正当法律程序。因为，行政主体适用行政协议的目的，有时是违法扩大自己的职权、逃避依法行政原则的监督，故而，在行政实践中出现了不少"公法遁入私法"的现象。在此，笔者作出如下分析。

首先，违反法定程序的情况。这表现在行政主体在实施行政协议的程序上不能违反强行性程序，并且任意性程序的选择也必须符合法律目的，以及不能违反外部程序，包括对行政相对人可能有影响的内部程序。[2] 在司法实践中，相关案例颇多。例如，在朱某南等诉长沙市望城区国土资源局合同案[（2017）湘 0112 行初 95 号]中，人民法院就认定，长沙市望城区航空西延线（雷高公路—黄桥大道）建设项目用地经湖南省人民政府审核批准征收，但原告朱某南户的房屋及附属设施不在征地红线范围内，被告望城区国土资源局不能提供其对朱某南户涉案房屋履行了法定征收程序的证据，其与朱某

---

〔1〕 参见姜明安：《法治思维与新行政法》，北京大学出版社 2013 年版，第 284 页。

〔2〕 参见胡建淼主编：《行政诉讼法修改研究——〈中华人民共和国行政诉讼法〉法条建议及理由》，浙江大学出版社 2007 年版，第 389 页。

南户签订的征地补偿安置协议程序违法。[1]

其次，违反正当法律程序的情况。这表现在行政主体在实施行政协议过程中，应当保障相对人及第三人的正当程序权利。该权利涉及行政主体告知身份与出示证件、事先告知和听取意见、提供听证机会、重大决定须经集体研究、事后合理期限内的通知、利害关系人回避以及事后的权利救济等。[2]例如，在寿光中石油昆仑燃气公司诉寿光市人民政府、潍坊市人民政府解除政府特许经营协议案［（2017）鲁行终191号］中，山东省高级人民法院认为，寿光市人民政府对供气行业依法实施特许经营，决定收回上诉人燃气经营区域授权，应当告知上诉人享有听证的权利，听取上诉人的陈述和申辩。上诉人要求举行听证的，寿光市人民政府应当组织听证。而寿光市人民政府未提供证据证明其已履行了相应义务，其取消特许经营权的行为不符合上述法律规定，属于程序违法。[3]

第三，法律适用是否正确。

在行政协议之诉中，人民法院审查行政主体实施行政协议的过程中法律适用正确与否，是审查的核心。[4]因为，在任何诉讼中，法官的任务均是将

---

[1]　有关法律、行政法规明确规定了相应的法定程序。在本案中，主要法律依据：《土地管理法》第47条第1款规定："国家征收土地的，依照法定程序批准后，由县级以上地方人民政府予以公告并组织实施。"2014年修订《土地管理法实施条例》第25条第3款规定："市、县人民政府土地行政主管部门根据经批准的征收土地方案，会同有关部门拟订征地补偿、安置方案，在被征收土地所在地的乡（镇）、村予以公告，听取被征收土地的农村集体经济组织和农民的意见。征地补偿、安置方案报市、县人民政府批准后，由市、县人民政府土地行政主管部门组织实施。"

[2]　参见胡建淼：《行政法学》，法律出版社2015年版，第618-619页。

[3]　参见《最高人民法院公报》2018年第9期（总第263期）第42-48页。本案的裁判要旨："行政相对人迟延履行政府特许经营协议致使协议目的无法实现的，行政机关可以单方解除政府特许经营协议。行政机关据此强制收回特许经营权行为，应肯定其效力，但对于收回特许经营权过程中没有履行听证程序的做法应给予确认违法的评价。因公用事业特许经营涉及社会公共利益，当程序正当与公共利益发生冲突时，法官应运用利益衡量方法综合考量得出最优先保护的价值。在取消特许经营权行为实体正确、程序违法的情况下，判决确认违法但不撤销该行政行为，并要求行政机关采取补救措施，体现了人民法院在裁判过程中既要优先保护社会公共利益，又要依法保护行政相对人合法权益的司法价值取向。"

[4]　《最高人民法院关于审理行政协议案件若干问题的规定》第11条规定，人民法院审理行政协议案件，应当对被告订立、履行、变更、解除行政协议的行为是否具有法定职权、是否滥用职权、适用法律法规是否正确、是否遵守法定程序、是否明显不当、是否履行相应法定职责进行合法性审查。原告认为被告未依法或者未按照约定履行行政协议的，人民法院应当针对其诉讼请求，对被告是否具有相应义务或者履行相应义务等进行审查。

客观的法律适用于具体案件中。[1]由于行政协议具有行政性、公共性、合意性、公法法效性等特性，人民法院在审查行政主体是否依法履行、按照约定履行协议或者单方变更、解除协议是否合法，在适用行政法律规范的同时，可以适用不违反行政法和行政诉讼法强制性规定的民事法律规范。[2]进而论之，笔者认为行政协议之诉中法律适用的审查可分为两种类型：行政主体不依法、不按约履行协议的法律审查；行政主体单方变更、解除协议的法律审查。

首先，行政主体不依法、不按约履行协议的法律审查。此种情形人民法院着重审查行政主体在协议履行的过程中，是否违反行政法相关规范与《民法典》的有关规定。具体言之，对于行政相对人主张行政主体不依法履行协议时，人民法院以审查行政主体是否违反行政法规范为主，即行政主体在协议履行过程中适用法律法规是否符合行政法规范的要求（尤其是在秩序行政领域中代替具体行政行为的行政协议）；对于行政相对人主张行政主体不按约履行协议时，人民法院主要适用《民法典》的规定审查行政主体与行政相对人是否都依照协议约定履行自己的义务。[3]例如，在福建省天晟物流公司诉泰宁县国土资源局解除行政合同决定案[（2018）闽04行终6号]中，二审法院认为："行政协议作为一种行政行为，一经作出即具有公定力和执行力，对双方当事人具有法律约束力，当事人应当按照合同约定履行义务。由于上诉人天晟物流公司未按约履行其支付B、D地块建设用地使用权出让价款的合同义务，违反了合同的约定，构成违约，被上诉人根据B、D地块行政合同第三十条的约定，经多次催缴未果，在双方合同约定的解除权条件成就的情况下，被上诉人行使合同解除权，经报请泰宁县人民政府批复同意作出决定书，解除双方之间签订的B、D地块《国有建设用地使用权出让合同》，符合法律规定及双方合同约定。"

---

〔1〕 参见［德〕莱奥·罗森贝克：《证明责任论》，庄敬华译，中国法制出版社2002年版，第1页。

〔2〕 参见2015年5月1日起施行的《最高人民法院关于适用〈中华人民共和国行政诉讼法〉若干问题的解释》第14条、2020年1月1日起施行的《最高人民法院关于审理行政协议案件若干问题的规定》第27条。

〔3〕 此外，按照2015年《行政诉讼法》第87条的规定，人民法院审理的上诉案件，应当对原审人民法院的判决、裁定和被诉行政行为进行全面审查。

其次，行政主体单方变更、解除协议的法律审查。此种情形是行政主体行使行政优益权的结果，体现了行政协议的行政性、公共性特性。针对行政主体单方变更、解除行政协议的，人民法院主要审查行政主体单方变更或者解除行政协议的合法性依据。进而论之，在秩序行政中，行政主体单方变更或者解除行政协议的（代替具体行政行为），人民法院主要审查行政主体提供的证据与所依据的规范性文件的合法性；在给付行政中，行政主体单方变更或者解除行政协议的，人民法院不仅要审查行政主体提供的证据与所依据的规范性文件的合法性，还要审查协议约定变更或者解除相关内容的合法性。例如，在吉安昆仑公司与吉水县国土局合同上诉案〔（2017）赣08行终47号〕中，二审法院认为："昆仑公司不按照合同约定提交矿产资源开发利用方案、矿山自然生态环境保护与治理方案、环境影响评价报告批准文件等资料申请办理采矿权登记手续的行为构成违约，吉水县国土局作为矿产资源监管部门负有监督矿产资源有效利用，遏制圈而不采现象发生的法定职责，其解除双方《采矿权有偿出让合同》的理由成立。"

三、判决方式的分析

我国原来的行政诉讼制度是以审查具体行政行为合法性为表征的撤销之诉为中心，直到2015年《行政诉讼法》第12条、第78条才真正在法律层面上承认了双方行政行为——行政协议之诉及相关判决方式。事实上，行政协议之诉的判决方式与行政协议的特性有重大关系。行政协议具有行政性、公共性、合意性、公法法效性等特性，本质上是行政行为与契约之间混合的产物，即"行政性"与"合意性"交织的产物。故而，人民法院针对行政协议的判决方式与传统具体行政行为的判决方式还是有一定区别的。在此，笔者将集中围绕现有判决方式体系化不足的问题进行相应的探讨。

（一）现有判决方式的体系化问题

2015年《行政诉讼法》把行政机关不依法、未按约定履行或者违法变更、解除政府特许经营协议、土地房屋征收补偿协议等行政协议纳入行政诉讼的受案范围，并且规定了相应的审理内容，这从法律层面上为行政相对人及利害关系人针对行政协议之诉提供公法权利救济路径真正扫清了障碍。事实上，行政协议作为兼具行政行为与契约相结合的产物，其判决方式是在实践中逐步发展起来的。进而论之，在行政审判中行政协议之诉会在一定程度上出现程序空转的问题，即表现为监督手段有限、解决纠纷不利、维护权益困难等窘境。为了弥补目前行政协议之诉中的不足之处，学界提出了一定的应对措施。例如，有学者提出在行政协议之诉中构建双向行政诉讼，并且认为既然立法者选择将行政协议诉讼写入行政诉讼法中，那么相应地为其确立不同于"对行政行为是否合法进行审查"的双向性诉讼制度就应当成为一种必然的选择。[1]此外，人民法院内部针对行政协议判决方式的现状也呈现一定程度的反思，主要强调要协调契约自由与依法行政、信赖保护与比例原则、司法尊让与实质化解争议之间的关系，并提出行政协议的判决方式应当补充和完善，包括要明确行政协议之诉中撤销与变更判决的内涵、增加缔约判决的类型以及专门设计出适用行政协议案件的驳回诉讼请求判决等方面。[2]然而，笔者认为最为关键的问题是现行关于行政协议判决方式的规定较为杂乱无章、缺乏体系化，这使得人民法院判决呈现出多样化、复杂化、无序化的现象，并不利于对行政相对人公法权利的保护。因此，实现行政协议判决体系化是目前有效解决行政协议之诉"短板"的重要方式之一。

实际上，关于行政协议判决方式类型的阐述，学界看法并不一致。有学者认为行政协议的判决有驳回诉讼请求判决、撤销判决、履行判决、给付判决、确认判决（确认合法有效、违法、无效）、赔偿判决、补偿判决、其他判决（补救、变更、解除）等方式。[3]还有学者指出行政协议的判决方式包括：判决继续履行、采取补救措施和赔偿损失；判决解除协议或者确认协议无效；判决补偿等。[4]综上，笔者认为，为了让行政协议之诉的判决体系

〔1〕 参见刘飞："行政协议诉讼的制度构建"，载《法学研究》2019年第3期。按照《最高人民法院关于审理行政协议案件若干问题的规定》第6条的规定，人民法院受理行政协议案件后，被告就该协议的订立、履行、变更、终止等提起反诉的，人民法院不予准许。这表明我国目前的司法实践中尚未认可构建双向行政诉讼制度。

〔2〕 参见南京铁路运输法院课题组："行政协议案件判决方式研究"，载《法律适用》2019年第2期。

〔3〕 参见程琥："行政协议案件判决方式研究"，载《行政法学研究》2018年第5期。

〔4〕 参见梁凤云："行政协议案件的审理和判决规则"，载《国家检察官学院学报》2015年第4期。

化，更方便于人民群众的理解、适用，按照 2015 年施行的《行政诉讼法》第 69 条、第 78 条以及吸收《最高人民法院关于适用〈中华人民共和国行政诉讼法〉若干问题的解释》第 15 条与《最高人民法院关于审理行政协议案件若干问题的规定》第 12 条、第 14 条、第 15 条、第 16 条、第 17 条、第 19 条、第 21 条的规定，借鉴民事诉讼中给予权利保护的形成、确认、给付三种类型的判决，[1] 行政协议之诉的判决大体上有驳回判决、确认判决、给付判决、形成判决。

（二）现有判决方式体系化之探讨

如上所述，基于对行政相对人在行政协议之诉中权利救济诉讼请求的回应，我们对驳回判决、确认判决、给付判决、形成判决四种判决类型作出如下研判。

一是，驳回判决。驳回判决就是指驳回原告诉讼请求，即人民法院在行政协议之诉中，通过审理认定行政主体没有违反法律规定与协议约定履行协议或者有合法、合理的事实与依据单方面变更、解除协议的，依法判决驳回行政相对人及其他与行政行为有利害关系的当事人诉讼请求的情形。[2] 进而论之，驳回判决适用于案件受理后进入实体审理过程中的情形。在司法实践中，行政协议之诉中驳回判决适用的最大困惑，是起诉期限与诉讼时效之间关系的问题。因为，行政协议兼具行政行为与契约的混合特征，在案件审理的过程中，协议双方当事人都试图以超过法定期限或诉讼时效为由，裁定驳

---

〔1〕 此三种类型判决均为实体判决。参见 ［德］奥特马·尧厄尼希：《民事诉讼法》，周翠译，法律出版社 2003 年版，第 308 页。

〔2〕 例如，在王某芬诉北京市东城区人民政府房屋征收办公室单方解除征收补偿行政协议案 ［（2021）京行申 1769 号］中，北京市高级人民法院就根据《最高人民法院关于审理行政协议案件若干问题的规定》第 16 条第 1 款的规定，"在履行行政协议过程中，可能出现严重损害国家利益、社会公共利益的情形，被告作出变更、解除协议的行政行为后，原告请求撤销该行为，人民法院经审理认为该行为合法的，判决驳回原告诉讼请求；给原告造成损失的，判决被告予以补偿"，认为本案中，东城房屋征收办公室、东城征收中心基于韩某平为涉案房屋实际权利人，与韩某平签订编号为 WTZ-2017-06-342 的《望坛棚户区改造项目房屋征收补偿协议》，韩某平亦已履行该协议，将涉案房屋交付东城房屋征收办公室拆除。如继续履行王某芬与东城房屋征收办公室、东城征收中心签订的涉案征补协议，势必发生对涉案房屋予以重复征收补偿的情形，而本案所涉征收项目为棚户区改造项目，出现该情形无疑将损害国家利益和社会公共利益。据此，北京市高级人民法院认定东城房屋征收办公室、东城征收中心对王某芬作出《解除通知》，解除与其签订的涉案征补协议并无不当，支持了二审法院驳回原告诉讼请求的判决。

回对方的起诉或判决驳回对方的诉讼请求。而在法律上，行政协议超过起诉期限的结果是人民法院不予受理，超过诉讼时效则是人民法院应予受理，只不过一方当事人如果提出对方超过诉讼时效的抗辩成立时，则另一方就会丧失胜诉权。[1] 故而，2015 年《最高人民法院关于适用〈中华人民共和国行政诉讼法〉若干问题的解释》第 12 条、《最高人民法院关于审理行政协议案件若干问题的规定》第 25 条的适用[2]还是出现了理论上与实践上的冲突，产生了一定程度的困惑。笔者认为，如果是在秩序行政中作为代替具体行政行为的行政协议，应当直接适用行政诉讼中起诉期限的相关规定，不能参照民事诉讼中关于诉讼时效的规定；如果是在给付行政中的行政协议，在立案阶段中应当直接适用行政诉讼中起诉期限的规定，在进入审理阶段中不仅要适用行政诉讼中起诉期限的规定还应当兼顾适用民事诉讼中诉讼时效的规定（前提必须是一方当事人主张诉讼时效的问题）。例如，在石化永州分公司与宁远县国土局因土地行政协议上诉案 [（2017）湘 11 行终 197 号] 中，二审法院就以宁远县国土局在一审审理过程中提出了诉讼时效抗辩符合法律规定判决驳回石化永州分公司的诉讼请求。[3]

---

〔1〕 2015 年《最高人民法院关于适用〈中华人民共和国民事诉讼法〉的解释》第 219 条规定，当事人超过诉讼时效期间起诉的，人民法院应予受理。受理后对方当事人提出诉讼时效抗辩，人民法院经审理认为抗辩事由成立的，判决驳回原告的诉讼请求。

〔2〕 2015 年《最高人民法院关于适用〈中华人民共和国行政诉讼法〉若干问题的解释》第 12 条规定，公民、法人或者其他组织对行政机关不依法履行、未按照约定履行协议提起诉讼的，参照民事法律规范关于诉讼时效的规定；对行政机关单方变更、解除协议等行为提起诉讼的，适用行政诉讼法及其司法解释关于起诉期限的规定。《最高人民法院关于审理行政协议案件若干问题的规定》第 25 条规定，公民、法人或者其他组织对行政机关不依法履行、未按照约定履行行政协议提起诉讼的，诉讼时效参照民事法律规范确定；对行政机关变更、解除行政协议等行政行为提起诉讼的，起诉期限依照行政诉讼法及其司法解释确定。

〔3〕 参见湖南省永州市中级人民法院（2017）湘 11 行终 197 号行政判决书。二审法院认为：本案争议焦点为是否超过了诉讼时效。首先，2015 年《最高人民法院关于适用〈中华人民共和国行政诉讼法〉若干问题的解释》第 12 条规定，公民、法人或者其他组织对行政机关不依法履行、未按照约定履行协议提起诉讼的，参照民事法律规范关于诉讼时效的规定。2009 年《民法通则》第 135 条规定：“向人民法院请求保护民事权利的诉讼时效期间为二年，法律另有规定的除外。”本案中，国有土地收购协议明确约定，宁远县国土局履行办理土地使用证义务的期为土地收购金全部付清时。宁远县国土局于 2003 年 2 月 27 日付清全部土地收购金，诉讼时效从此时开始计算。2003 年 5 月 9 日，宁远县国土局为石化永州分公司颁发国有土地使用证，导致诉讼时效中断，诉讼时效从此时起重新计算。石化永州分公司于 2016 年 7 月 6 日方发函要求宁远县国土局按照国有土地收购协议继续为其颁发国土使用证。从 2003 年 5 月至 2016 年 7 月的十余年里，石化永州分公司没有向宁远县国土

二是，确认判决。确认判决包括确认行政协议有效与确认行政协议无效两种方式。首先，确认行政协议有效，是指人民法院在行政协议之诉中，通过审理认定行政主体与行政相对人之间所签订的协议合法、真实、有效，对双方当事人具有法律约束力，依法判决确认协议有效、判决行政主体继续履行协议，并明确继续履行的具体内容。例如，在崔某华与沈阳市浑南区白塔街道办事处履行拆迁安置协议纠纷案［（2017）辽 01 行终 805 号］中，二审法院认为："涉案房屋拆迁补偿安置产权调换协议系双方当事人就房屋拆迁安置补偿事宜协商一致达成的协议。本案中，依据现有证据能够证明涉案协议以宅基地为基础进行产权置换符合拆迁政策，应认定合法有效。"其次，确认行政协议无效，是指人民法院在行政协议之诉中，通过审理认定行政主体与行政相对人之间所签订的协议违反了法律规定、协议约定或者行政主体违反法律规定、协议约定单方变更、解除协议，依法判决确认协议无效。[1]需要注意的是，按照《最高人民法院关于适用〈中华人民共和国行政诉讼法〉的解释》第 162 条的规定，公民、法人或者其他组织对 2015 年 5 月 1 日之前

（接上页）局主张权利，要求宁远县国土局就涉案土地为其颁发国有土地使用证。石化永州分公司于 2017 年 7 月提起本案诉讼已经明显超过了二年诉讼时效。石化永州分公司提出"应适用二十年诉讼时效"的上诉理由，于法无据，本院不予支持。其次，根据国有土地收购协议约定，宁远县国土局履行完为石化永州分公司办理国有土地使用证的义务后，方可进行开发。2003 年 5 月 21 日，谢某峰、黄某成与宁远县国土局签订国有土地使用权出让合同，并于其后迅速对该地块进行了开发，该地块上现已全部建成私人住宅。石化永州分公司对此一直未提出异议。再次，2006 年 10 月 15 日，宁远县国土局为石化湖南分公司颁发国有土地使用证，与本案是否有关，尚无证据证实。退一步讲，即使该颁证行为与本案有关，导致诉讼时效中断，从 2006 年 10 月 15 日重新计算诉讼时效期间，本案也已经明显超过了二年诉讼时效。最后，根据 2015 年《最高人民法院关于适用〈中华人民共和国民事诉讼法〉的解释》第 219 条"当事人超过诉讼时效期间起诉的，人民法院应予受理。受理后对方当事人提出诉讼时效抗辩，人民法院经审理认为抗辩事由成立的，判决驳回原告的诉讼请求"的规定，本案中，宁远县国土局在一审审理过程中提出了诉讼时效抗辩，因此，应当判决驳回石化永州分公司的诉讼请求。

〔1〕例如，《最高人民法院关于审理行政协议案件若干问题的规定》第 12 条规定："行政协议存在行政诉讼法第七十五条规定的重大且明显违法情形的，人民法院应当确认行政协议无效。人民法院可以适用民事法律规范确认行政协议无效。行政协议无效的原因在一审法庭辩论终结前消除的，人民法院可以确认行政协议有效。"在王某海与江苏省淮安市人民政府确认行政协议无效案［（2020）最高法行申 13633 号］中，最高人民法院以根据一、二审查明的事实，涉案协议并不具有《行政诉讼法》第 75 条及 1999 年《合同法》第 52 条关于行政协议无效的相关情形，认定王某海于 2016 年 6 月 29 日签订的《淮安生态新城房屋拆迁补偿安置协议书》不属于无效协议。

作出的行政行为提起诉讼，请求确认行政行为无效的，人民法院不予立案。该规定在司法实践中已经有所体现。例如，在安吉力源公司、章某民、安吉县杭垓镇人民政府其他一审行政裁定书［（2018）浙0502行初1号］中，人民法院认为，根据《最高人民法院关于适用〈中华人民共和国行政诉讼法〉的解释》第162条的规定，公民、法人或者其他组织对2015年5月1日之前作出的行政行为提起诉讼，请求确认行政行为无效的，人民法院不予立案。本案中，原告请求确认安徽省宁国市西津河北建设公司与被告于2008年9月11日签订的《安吉县入园企业投资合同》无效，因该行政行为发生于2015年5月1日前，故对原告安吉力源公司、章某民的起诉，依法应当不予受理；已经受理的，依法应当裁定驳回起诉。

三是，给付判决。给付判决是指人民法院在行政协议之诉中，通过审理认定行政主体应当履行法定、约定的义务，依法判决行政主体为一定给付的情形。其主要包括继续履行判决、补救判决、赔偿判决、补偿判决等方式。[1] 首先，继续履行判决是建立在确认行政协议合法有效基础之上的，并且该协议具有可履行性，不属于协议标的履行不能的相关类型。即当行政主体不依法、未按约履行协议或者单方变更、解除协议违法的理由成立时，人民法院可以根据行政相对人的诉讼请求判决行政协议合法有效、继续执行。[2] 例如，在永嘉嘉悦公司诉永嘉县国土资源局合同案［（2017）浙0324行初147号］中，人民法院认为："本案中，从该合同的条款内容分析，双方明确约定土地交付现状条件：完成场地平整、圈建围墙，虽原告在竞得该地块后，同意按土地现状先接受交付，但未明确表示放弃被告后续履行'土地平整'的合同义务，在土地受让方无明示放弃该项合同权利的情况下，'先予交付'

---

[1] 例如，《最高人民法院关于审理行政协议案件若干问题的规定》第15条规定，行政协议无效、被撤销或者确定不发生效力后，当事人因行政协议取得的财产，人民法院应当判决予以返还；不能返还的，判决折价补偿。因被告的原因导致行政协议被确认无效或者被撤销，可以同时判决责令被告采取补救措施；给原告造成损失的，人民法院应当判决被告予以赔偿。

[2] 例如，《最高人民法院关于审理行政协议案件若干问题的规定》第19条规定："被告未依法履行、未按照约定履行行政协议，人民法院可以依据行政诉讼法第七十八条的规定，结合原告诉讼请求，判决被告继续履行，并明确继续履行的具体内容；被告无法履行或者继续履行无实际意义的，人民法院可以判决被告采取相应的补救措施；给原告造成损失的，判决被告予以赔偿。原告要求按照约定的违约金条款或者定金条款予以赔偿的，人民法院应予支持。"

并不因此削减、影响原告的土地使用权利。至原告起诉时，诉争地块红线内（供地界线）东面与西北面尚有较大部分地段未达'土地平整'要求，该事实显然属于被告未完全履行合同义务的情形。被告称：原告在接受土地时未提出异议，即视为其默认接受土地现状、放弃'土地平整及围墙圈建'要求，原告可'依山而建'及已超 6 个月法定起诉期限等主张。被告该主张，与双方的合同约定及合同目的不符，被告该主张缺乏充足的依据与理由，本院不予采信。故被告应采取补救措施，依法承担继续履行的合同义务。"其次，补救判决是建立在行政主体无法继续履行协议或者继续履行协议已无实际意义的情形下，人民法院判决行政主体采取相应的补救措施。例如，在崔某华与沈阳市浑南区白塔街道办事处履行拆迁安置协议纠纷案〔（2017）辽 01 行终 805 号〕中，一审法院认为："人民法院审查行政机关是否依法履行、按照约定履行协议或者单方变更、解除协议是否合法的前提是行政协议必须合法有效，即人民法院只有在确认合法有效的基础上，才能判决被告继续履行行政协议或者采取相应的补救措施，以及承担损失赔偿责任。"本案中一审法院理解的补救判决明显有误，实际上，补救判决是建立在协议无法履行的基础之上。[1]再次，赔偿判决是建立在行政协议中行政主体违法不履行法定、约定的义务或者违法单方变更、解除协议的，因之造成行政相对人及利害关系人损失的情形下，人民法院依法判决行政主体予以赔偿。例如，在泾阳县人民政府与泾阳县汽车站等合同上诉案〔（2017）陕行终 206 号〕

---

〔1〕　例如，在向某与保靖县迁陵镇人民政府等行政协议纠纷上诉案〔（2017）湘 31 行终 1 号〕中，二审法院认定，协议书中未明确具体的搬迁待拆除房屋位置，即为合同约定不明，而积极有效地解决该类问题的补救方式应当是，合同生效以后，在合同履行前或履行过程中，如果当事人发现所签的合同条款不清，或合同的内容存在漏洞时，应及时与对方当事人取得联系。本着平等协商的原则，对合同所欠缺的内容予以协商、弥补。对双方约定不清的内容进一步地澄清、完善，力求通过协商的方式统一双方的意见，最终达成解决问题的协议。被上诉人并未积极寻求有效的解决方案，导致与上诉人向某签订的《湖南省大中型水库特困移民解困避险安置协议书》履行不能，应当承担主要责任。根据《行政诉讼法》第 78 条规定，被告不依法履行、未按照约定履行或者违法变更、解除本法第 12 条第 1 款第 11 项规定的协议的，即当事人认为行政机关不依法履行、未按照约定履行或者违法变更、解除政府特许经营协议、土地房屋征收补偿协议等协议的，人民法院判决被告承担继续履行、采取补救措施或者赔偿损失等责任。作为本案诉争的行政协议，被上诉人依法须采取补救措施最终达成解决诉争，并且判决保靖县迁陵镇人民政府、保靖县水库移民开发管理局对向某 2013 年 7 月 23 日与保靖县迁陵镇人民政府签订的《湖南省大中型水库特困移民解困避险安置协议书》承担采取补救措施责任。

中，陕西省高级人民法院认定，2006 年 9 月 16 日，上诉人泾阳县人民政府为了改善泾阳县客运市场的公共利益需要与泾阳县公共交通客运公司签订《陕西省泾阳县人民政府泾阳县公共交通客运公司关于合作建设泾阳县汽车客运站的合同书》属于行政合同，该合同关于各方投资部分的约定合法有效。泾阳县人民政府未按合同约定履行其承诺投资义务，给被上诉人造成的该部分损失应当予以赔偿。最后，补偿判决是建立在行政协议中行政主体因公共利益需要或其他法定理由单方变更、解除协议，因之造成行政相对人及利害关系人损失的情形下，人民法院依法判决行政主体予以相应的补偿。补偿判决前提是行政主体合法行使行政优益权造成了行政相对人及利害关系人的损失。[1]例如，在安庆长江大桥综合经济开发区管理委员会（上诉人）与安庆明欣实业（被上诉人）补偿协议上诉案［（2017）皖 08 行终 39 号］中，二审法院就认定："涉案《项目退出协议》系因上诉人与被上诉人之间前期签订的'民航机供品项目'投资协议不能履行后，双方就解除协议以及上诉人对被上诉人的损失给予补偿的约定。'民航机供品项目'投资协议不能履行的后果，无论是《项目退出协议》确定的原因，还是上诉人在诉讼中主张协议无效的原因，按照'民航机供品项目'投资协议约定的内容，上诉人均应依法承担全部责任，对被上诉人因该投资协议解除后造成前期投入的损失应当给予补偿或者赔偿。"

四是，形成判决。形成判决是指人民法院在行政协议之诉中，通过审理认定行政主体违反法律规定、协议约定履行协议的，依法判决撤销、变更或者解除该履行协议行为的情形。其主要功能在于"通常系使既存之法律状态归于解消或消失之结果"。[2]在行政审判的实践中，形成判决主要包括撤销判决、变更判决、解除判决。首先，撤销判决作为形成判决的一种类型，主要法律依据为 2015 年《行政诉讼法》第 70 条。[3]不过，撤销判决是否能够

〔1〕《最高人民法院关于审理行政协议案件若干问题的规定》第 21 条规定，被告或者其他行政机关因国家利益、社会公共利益的需要依法行使行政职权，导致原告履行不能、履行费用明显增加或者遭受损失，原告请求判令被告给予补偿的，人民法院应予支持。

〔2〕 陈荣宗、林庆苗：《民事诉讼法》，三民书局 1996 年版，第 285 页。

〔3〕 2015 年《行政诉讼法》第 70 条规定："行政行为有下列情形之一的，人民法院判决撤销或者部分撤销，并可以判决被告重新作出行政行为：（一）主要证据不足的；（二）适用法律、法规错误的；（三）违反法定程序的；（四）超越职权的；（五）滥用职权的；（六）明显不当的。"

适用于行政协议之诉，现行实定法并未给予明确的肯定，[1]但是，《最高人民法院关于审理行政协议案件若干问题的规定》第14条、第15条给予了一定程度的回应。[2]此外，行政协议还具有契约合意性的特点，原则上不违反行政法和行政诉讼法强制性规定的《民法典》可以予以适用。[3]故而，在司法实践中，行政相对人与行政主体都能够按照《民法典》第147—151条的规定主张撤销权。同样，人民法院也可以主动适用《民法典》第147—151条的规定判断行政协议当事人一方的撤销权是否成立。例如，在盘山县房屋征收补偿安置办公室与夏某操合同上诉案［（2017）辽11行终46号］中，二审法院就以本案中，由于评估机构出具的评估分户表及工作人员制作房屋征收补偿明细表中出现重大失误，致使上诉人盘山县房屋征收补偿安置

〔1〕　在司法实践中，也有判例予以支持。例如，在太原市国土局与山西阳光公司土地管理行政征收二审行政判决书［（2018）晋01行终456号］中，太原市中级人民法院就认定："上诉人市国土局在作出行政征收决定前，未履行事先告知义务，未听取被上诉人阳光公司的陈述和申辩，未提交证据证明土地出让金征收决定作出的审批流程，其行为违反程序正当原则。故一审法院判决撤销上诉人市国土局于2016年3月11日对被上诉人阳光公司作出的《关于缴纳土地出让价款的通知（协议出让）》以及上诉人市国土局于2016年3月25日与被上诉人阳光公司签订的《国有建设用地使用权出让合同变更协议》，并无不当。鉴于上诉人市国土局向被上诉人阳光公司征收土地出让金有规章依据，且该征收涉及国家和公共利益，上诉人市国土局应当及时在查明事实的基础上重新作出行政行为。"

〔2〕　例如，《最高人民法院关于审理行政协议案件若干问题的规定》第14条规定，原告认为行政协议存在胁迫、欺诈、重大误解、显失公平等情形而请求撤销，人民法院经审理认为符合法律规定可撤销情形的，可以依法判决撤销该协议。

〔3〕　在刘某林与重庆市渝北区国土资源管理分局撤销行政协议上诉案［（2017）渝01行终153号］中，重庆市第一中级人民法院认为，根据2015年《最高人民法院关于适用〈中华人民共和国行政诉讼法〉若干问题的解释》第14条的规定，人民法院在审理行政协议案件时，在适用行政法律规范的同时，可以适用不违反行政法和行政诉讼法强制性规定的民事法律规范。1999年《合同法》第54条第1款、第2款规定："下列合同，当事人一方有权请求人民法院或者仲裁机构变更或者撤销：（一）因重大误解订立的；（二）在订立合同时显失公平的。一方以欺诈、胁迫的手段或者乘人之危，使对方在违背真实意思的情况下订立的合同，受损害方有权请求人民法院或者仲裁机构变更或者撤销。"本案中，据一审查明的事实，在实施征地补偿安置过程中，根据刘某林的乡村房屋所有权证、刘某林与凌某财达成的平分房屋补偿安置协议和渝北区征地办的实际丈量并复核，按照渝府发〔2008〕45号、渝北府发〔2008〕46号文的规定，渝北区征地办向刘某林发放了原房补偿、原房回购等费用，并将异地迁建补偿费、搬迁费用、房屋拆除工时费、原房补偿补差等款项存入刘某林名下的银行账户，之后，渝北区征地办与刘某林就房屋异地迁建补偿事宜达成了本案被诉的房屋异地迁建补偿协议。因此，该房屋异地迁建补偿协议系实际履行后补签的协议，系双方的真实意思表示，未损害刘某林的合法权益，不存在合同法规定的变更或撤销的情形，亦未违反征地补偿安置的相关法律规定。

办公室在与被上诉人夏某操签订《房屋征收补偿安置协议》时产生重大误解，所订立的合同显失公平，导致国家利益受到重大损失为由，按照1999年《合同法》第54条的规定，支持了上诉人的部分诉讼请求。其次，变更判决作为司法权直接干预行政权的一种表现，主要法律依据为2015年《行政诉讼法》第77条。[1]在行政协议之诉中，人民法院认为国有土地使用权出让协议、政府特许经营权协议、行政征收与征用协议等行政协议中款项的确认、计算有错误的，可以依法变更。例如，在周某英等与兴安盟昊龙房地产开发有限公司征收补偿协议上诉案〔（2017）内22行终26号〕中，二审法院认定，周某英与阿尔山市征收办达成的拆迁补偿协议系双方当事人的真实意思表示，应认定为合法有效，双方均应依约履行。阿尔山市征收办未在协议约定的期限内交付房屋存在违约行为，周某英主张给付回迁楼房货币补偿款及临时过渡安置补助费，于法有据，应予支持。因与周某英同期拆迁的被拆迁户在阿尔山市人民法院审理的房屋拆迁安置补偿合同民事纠纷一案中已经得到合理补偿，参考其判决标准，依据《国有土地上房屋征收与补偿条例》的相关规定，按照协议约定的回迁楼房的面积计算，结合伊尔施地区房屋征收补偿标准，酌定房屋（住宅）补偿款以2500.00元/平方米计算为宜，即125 000.00元（2500.00元×50平方米）。临时过渡安置补助费从2012年11月11日计算至2017年8月为宜即68 400.00元（57个月×24.00元×50平方米），共计193 400.00元。因阿尔山市征收办违约致合同无法继续履行，给周某英造成了一定的经济损失，依照诚实信用原则亦应承担相应的违约责任，结合本案实际及本院审理的房屋拆迁安置补偿合同民事判决书，酌定阿尔山市征收办支付周某英违约金34 000.00元（680.00元×50平方米），综上合计227 400.00元。[2]最后，解除判决作为行政协议合意性特点的体现，

---

〔1〕 2015年《行政诉讼法》第77条规定，行政处罚明显不当，或者其他行政行为涉及对款额的确定、认定确有错误的，人民法院可以判决变更。

〔2〕 类似变更判决的案件很多。如在潍坊讯驰公司诉安丘市人民政府行政协议案〔（2017）鲁行终495号〕中，山东省高级人民法院以原告在本案中主张被告应当履行《安丘市长安路改造及沿街房屋开发建设项目合同书》（以下简称《合同书》）第4条第2项、第3项向其支付17 155 718.85元及赔偿延期支付经济损失。其一，关于涉及本案的《合同书》第4条第2项的免税约定，如前所述，该免税约定违反了《税收征收管理法》的强制性规定，没有法律效力，且双方没有实际履行，而是在合同履行过程中进行了变更，原告依法向税务机关缴纳了税款。由于原、被告双方并未就变

主要法律依据为《最高人民法院关于审理行政协议案件若干问题的规定》第 17 条。[1]在行政协议之诉中，人民法院认为符合《民法典》第 562 条、第 563 条的规定时，[2]相关政府特许经营协议、土地房屋等征收征用补偿协议、矿业权等国有自然资源使用权出让协议、政府投资的保障性住房的租赁买卖等协议、（一方行政机关+实现行政管理或者公共服务目标+行政法上的权利义务内容+协商一致）政府与社会资本合作协议以及其他行政协议，可以依法予以解除。例如，在湖南驭龙公司与湖南省湘阴县人民政府行政协议及行政赔偿一案［（2020）最高法行申 12185 号］中，最高人民法院支持了一、二审法院的解除判决，认为"本案中，《砂石开采权出让合同》中约定了湘阴县享有合同解除权的条件，即'乙方未按照合同约定交清河道砂石开采权出让价款和履约保证金，甲方有权解除合同，收回开采权'。如前所述，驭龙公司 2014 年度的付款期限已顺延至 2014 年 9 月 20 日。在付款期限届

（接上页）更后的其他事项作出补充约定，因此，《合同书》中该无效条款并不产生返还相关税款及过错一方赔偿损失的法律后果，故对原告关于返还已缴纳土地增值税、土地使用税款项的请求依法不予支持。其二，根据《合同书》第 4 条第 3 项的约定，被告应向原告返还其缴纳的营业税（含教育附加费、城市调节基金）、所得税地方留成部分，其中原告未提供缴纳城市调节基金的单据，且被告不同意返还此款项，故对原告关于返还已缴纳城市调节基金款项的请求依法不予支持；原告提供的单据证明其缴纳营业税、教育附加费、所得税款项共计 14 237 893.06 元，因被告对营业税、教育附加费、所得税地方留成部分的比例未提供证据予以说明，故按原告主张的地方留成部分按县市级财政分享收入的 32% 计算，即被告应返还原告缴纳的营业税、教育附加费、所得税款项共计 4 556 125.78 元。被告未按合同约定支付该款项，对于原告由此受到的经济损失，理应予以赔偿。原告请求赔偿延期支付经济损失自原告起诉之日起按照银行同期贷款利率计算利息，该主张符合民事法律规范精神，依法应予支持为由，判决变更潍坊市中级人民法院（2015）潍行初字第 35 号行政判决第 2 项为安丘市人民政府于本判决送达之日起三十日内返还潍坊迅驰公司缴纳的营业税、教育附加费、所得税地方留成部分共计 11 160 072.08 元，并按照中国人民银行同期贷款利率计算利息（利息自 2015 年 5 月 18 日起计算至本判决履行之日止）。

〔1〕《最高人民法院关于审理行政协议案件若干问题的规定》第 17 条规定，原告请求解除行政协议，人民法院认为符合约定或者法定解除情形且不损害国家利益、社会公共利益和他人合法权益的，可以判决解除该协议。

〔2〕《民法典》第 562 条规定，当事人协商一致，可以解除合同。当事人可以约定一方解除合同的事由。解除合同的事由发生时，解除权人可以解除合同。第 563 条第 1 款规定："有下列情形之一的，当事人可以解除合同：（一）因不可抗力致使不能实现合同目的；（二）在履行期限届满前，当事人一方明确表示或者以自己的行为表明不履行主要债务；（三）当事人一方迟延履行主要债务，经催告后在合理期限内仍未履行；（四）当事人一方迟延履行债务或者其他违约行为致使不能实现合同目的；（五）法律规定的其他情形。"

满后，驭龙公司未履行其付款义务，构成违约。湘阴县政府经多次催告无果后于 2015 年 6 月 18 日向驭龙公司发出解除合同的通知，驭龙公司仍未缴款，故湘阴县政府依据合同约定行使解除权并无不当。一、二审判决均确认合同解除权条件成就，符合法律规定。"

结　论

　　伴随着秩序行政向给付行政、服务行政的转型，我国各级政府秉持着为人民服务的理念，积极创新监管方式，主动运用行政契约（合同、协议）这一协商平台、渠道，吸引行政相对人参与到公共治理中来。行政契约作为行政主体履行行政职能的一种非强制、柔性的执法方式，具有提高行政效能、扩大行政行为的适用空间、推动政府与人民之间平等法律地位的落实等功能。在本书中，笔者着重围绕着行政契约的发展历程、自身特性、法律适用、公法救济路径等几个方面进行分析。

　　一是，从发展历程看，行政契约具有历时性（时间性的继承）与共时性（空间性的扩展）的特点。首先，从历时性角度观察，行政契约（公法契约）起源于民事合同（私法契约），本质上是私法上的合意手段（契约形式）在公法中应用，经历了统一、区分、融合的阶段。进而论之，无论是大陆法系中的行政契约还是英美法系中的政府合同，由于涉及行政主体或者政府职权的行使、公共利益的维护等公法因素，故而，在公私法二元相对分离、制衡的背景下，行政契约或者政府合同与民事合同之间的法律适用规则还是有一定的差异性。其次，从共时性角度观察，各国运用行政契约推行行政政策、履行行政职能的领域呈现出向深度与广度的延伸。事实上，行政契约能够在行政实践中广泛适用，成为与具体行政行为替代、竞争的行为方式之一，充分反映了国家治理的角色变迁、人民主体地位的勃兴、执法理念的进步以及行政契约理论的发展。这一切说明了现代法治国家中，服务行政、合作行政的理念渐趋人心，要求政府主动作为、积极作为的呼声成为时代的潮流。因此，在秩序行政中，传统的"契约禁区"逐渐软化，行政主体只要不违反公权力运行的本质要求——遵守依法行政原则（法律优先原则）与比例原则等,就可以适用行政契约作为行政作用的方式去实现行政任务;在给付行政中,涉及提供公共服务的众多领域,行政契约的适用更加广泛,原则上只要不违反法律的禁止性规定与相关原则(平等、诚信、信赖保护、不当联结禁止原则等),行政主体皆可用之。

二是,从自身特性看,行政契约相较于民事合同、具体行政行为而言,具有独特的法律属性。这种独特的法律属性产生的根本原因是行政契约糅合了具体行政行为与民事合同的相关特点,既具有传统行政决定的部分特征,又体现契约这一合意性为标志的法律行为的直观反映。首先,行政契约的特性中蕴含着"行政"与"契约"交织形成的本质属性,其主要表现在四个方面:行政性、公共性、合意性以及公法法效性。其次,在行政实践中,行政主体有选择采用行政契约或者民事合同履行法定职责的自由,其中契约内容的公法性与契约目的的公共服务性决定着行政契约的行政性、公共性、公法法效性等特性,而这些特性反映了行政契约与民事合同区分的本质内涵。再次,行政契约的效力在借鉴具体行政行为效力内容的基础上,可以分为公定力、确认力、存续力、拘束力、履行力(执行力)。复次,行政契约合法性要件分为形式合法性要件与实质合法性要件。前者是指使用方式合法性(法定职责范围内)与形式规定合法性(书面形式、法定权限、法定程序);后者是指契约内容的适法性,包括遵守现行实定法的规定与行政法的一般原则。最后,行政契约瑕疵的法律后果的确认,需要结合行政行为与民事合同效力类型的分类,主要包括效力未定、无效及可撤销三大类型。

三是,从法律适用看,行政契约作为契约的一种类型,本质上是行政主体与行政相对人之间意思合致的产物,当自身的理论与制度并不完善的前提下,借鉴、吸收民事领域中相类似的制度成为一种必然。首先,行政契约的缔结程序与民事合同的签订过程相类似,都可以分为订立阶段、变更与终止阶段、履行阶段等。但是,行政契约作为行政主体履行行政职能的一种手段,还受到依法行政原则的拘束,即行政契约的行政性、公共性、合意性、公法法效性等特性,使得行政契约缔结过程中的法律适用糅合了公法规范与私法规范。进而论之,行政契约借鉴民事合同中相关理论与制度,必须符合行政契约的自身特性。例如,在订立阶段,行政契约要约与承诺的法律适用需要注意其中的公法因素;在变更与终止阶段,行政契约的法律适用有三种类型，即适用变更与终止民事合同的事由、行政主体的单方契约调整或终止权、情事变更的缔约双方调整或终止权；在履行阶段，行政契约的法律适用主要体现在公法上给付义务的完成与变更，并且应当完善公法上的特有制度，包括行政指导手段的运用、契约外行使公权力的补偿请求权以及自愿接受强制执行约定的制度等。其次，行政契约适用民事合同相关制度要解决依法行政原则与合同自由原则之间的冲突、抵触及不协调。因此，笔者认为必须保持公共利益与意思一致空间的适度平衡性，即准用民事合同相关制度需符合行政契约的行政性、公共性、公法法效性的特性，并且受到依法行政原则的制约，方可适用。例如，行政契约适用民事合同相关制度的标准可以确立为合法性标准、公益优先标准、行政行为行政性标准、权利性质相似性标准等；基于公法上给付义务的实现程度，行政契约可以借鉴民事合同中的有关制度，即基于先契约义务的缔约过失制度，基于给付义务变更的撤销权或者代位权制度，基于实现主给付义务完成的预期违约、先履行抗辩权、同时履行抗辩权、不安抗辩权及检索抗辩权制度，基于后契约义务的损害赔偿责任制度等。

四是，从公法救济路径看，行政契约中的公法救济路径可以分为行政救济与司法救济两条主要路径，其中行政救济包括协商与调解、仲裁、行政程序、行政复议、行政赔偿与补偿、信访等救济手段，司法救济则专指行政诉讼制度。首先，行政契约中行政救济的类型既体现了行政契约的行政性、公共性、公法法效性的特性，又表现了行政契约自身合意性的特性。进而论之，行政主体与行政相对人针对法律规定、契约约定的行政法上权利义务的履行发生争议时，行政相对人可以采取与行政主体协商、调解、仲裁的方式或者在行政程序中主张陈述权、申辩权、听证权以及在政府采购中质疑和投诉的权利，并且还能够通过实施行政复议、行政赔偿或者补偿甚至是信访的方式来维护自己的合法权益。其次，行政契约中司法救济体现为行政诉讼制度中行政协议案件类型的法定化。根据 2015 年《行政诉讼法》第 12 条、第 78 条的规定，行政契约进入行政诉讼制度之法律上的窘境已经彻底解决。目前行政协议案例类型采用"列举+兜底"方式进行阐释。不过，行政诉讼受理行政协议的范围还是颇有争议的。笔者认为保持行政复议制度与行政诉讼制度关于行政协议类型案件受理的一致性，通过司法解释逐渐增加行政诉讼受理典型行政协议的类型，提出适合中国国情的、能够明确判断非典型行政协议的相关理论等手段或者措施才是关键。此外，针对行政协议的司法审查步骤与判决方式，笔者认为前者可以分为立案阶段的形式性审查（原告起诉资格、明确被告、具体的诉讼请求与事实根据、受案范围与管辖、起诉期限与诉讼时效、重复起诉等）与受理后的实体性审查（事实是否清楚、程序是否合法、法律适用是否正确）两个阶段；后者围绕现有判决方式体系化，提出了行政协议之诉有驳回判决、确认判决、给付判决、形成判决四种类型。

　　总之，通过以上四个方面的分析，笔者实质上是以行政契约的形式论—本体论—适用论—救济论为主线，结合我国运用行政契约的最新行政实践与司法审判之成果，试图提出能够符合中国社会发展需求的体系化的行政契约理论。最后，笔者虽然力所不逮，但坚信"在这个契约政府的美丽新世界里，行政法学者必须加倍努力，这样他们的呼声才能为人所知晓"。[1]

---

〔1〕 ［英］卡罗尔·哈洛、理查德·罗林斯：《法律与行政》，杨伟东、李凌波、石红心、晏坤译，商务印书馆2004年版，第555页。

参考文献

一、中文著作

[1] 范扬. 行政法总论 [M]. 北京：中国方正出版社，2005.

[2] 王名扬. 英国行政法 [M]. 北京：中国政法大学出版社，1987.

[3] 王名扬. 美国行政法 [M]. 北京：中国法制出版社，1999.

[4] 王名扬. 法国行政法 [M]. 北京：北京大学出版社，2007.

[5] 罗豪才，湛中乐. 行政法学 [M]. 北京：北京大学出版社，2006.

[6] 胡建淼. 行政法学 [M]. 北京：法律出版社，2015.

[7] 张树义. 行政法学 [M]. 北京：北京大学出版社，2005.

[8] 章剑生. 现代行政法基本理论 [M]. 北京：法律出版社，2008.

[9] 杨海坤，章志远. 中国行政法原论 [M]. 北京：中国人民大学出版社，2007.

[10] 陈新民. 中国行政法学原理 [M]. 北京：中国政法大学出版社，2002.

[11] 陈敏. 行政法总论 [M]. 台北：新学林出版股份有限公司，2009.

[12] 张永明. 行政法 [M]. 台北：三民书局，2001.

[13] 翁岳生. 行政法 [M]. 北京：中国法制出版社，2009.

[14] 李惠宗. 行政法要义 [M]. 台北：元照出版有限公司，2007.

[15] 林锡尧. 行政法要义 [M]. 台北：三民书局，2000.

[16] 吴庚. 行政法之理论与实用 [M]. 北京：中国人民大学出版社，2005.

[17] 罗传贤. 行政程序法论 [M]. 台北：五南图书出版股份有限公司，2004.

[18] 陈慈阳. 行政法总论——基本原理、行政程序及行政行为 [M]. 台北：翰芦图书出版有限公司，2001.

[19] 陈春生. 行政法之学理与体系（二）[M]. 台北：元照出版有限公司，2007.

[20] 李震山. 行政法导论 [M]. 台北：三民书局，2007.

[21] 黄异. 行政法总论 [M]. 台北：三民书局，2006.

[22] 城仲模. 行政法之一般法律原则（一）[M]. 台北：三民书局，1994.

［23］城仲模．行政法之一般法律原则（二）［M］．台北：三民书局，1997．

［24］陈新民．德国公法学基础理论（上册）［M］．山东：山东人民出版社，2001．

［25］林明锵．行政契约法研究［M］．台北：翰芦图书出版有限公司，2006．

［26］周枏．罗马法原论［M］．北京：商务印书馆，1994．

［27］江平，米健．罗马法基础［M］．北京：中国政法大学出版社，1987．

［28］法学教材编辑部《罗马法》编写组．罗马法［M］．北京：群众出版社，1983．

［29］沈宗灵．比较法研究［M］．北京：北京大学出版社，1998．

［30］龚祥瑞．比较宪法与行政法［M］．北京：法律出版社，2003．

［31］杨桢．英美契约法论［M］．北京：北京大学出版社，2007．

［32］史尚宽．债法总论［M］．北京：中国政法大学出版社，2000．

［33］俞可平．治理与善治［M］．北京：社会科学文献出版社，2001．

［34］于安．德国行政法［M］．北京：清华大学出版社，1999．

［35］莫于川．民主行政法要论——中国行政法的民主化发展趋势及其制度创新研究［M］．北京：法律出版社，2015．

［36］杨日然．法理学［M］．台北：三民书局，2005．

［37］梅仲协．民法要义［M］．北京：中国政法大学出版社，2004．

［38］胡建淼．论公法原则［M］．浙江：浙江大学出版社，2005．

［39］王泽鉴．民法总则［M］．北京：中国政法大学出版社，2001．

［40］王泽鉴．债法原理　第一册　基本原理·债之发生［M］．北京：中国政法大学出版社，2001．

［41］习近平．决胜全面建成小康社会　夺取新时代中国特色社会主义伟大胜利——在中国共产党第十九次全国代表大会上的报告［M］．北京：人民出版社，2017．

［42］杨仁寿．法学方法论［M］．北京：中国政法大学出版社，1999．

［43］范愉．非诉讼纠纷解决机制（ADR）与法治的可持续发展——纠纷解决与ADR研究的方法与理念．法制现代化研究（第九卷）［M］．南京：南京师范大学出版社，2004．

［44］姜明安．法治思维与新行政法［M］．北京：北京大学出版社，2013．

［45］李惠宗．案例式法学方法论［M］．台北：新学林出版股份有限公司，2009．

［46］陈荣宗，林庆苗．民事诉讼法［M］．台北：三民书局，1996．

［47］俞江．近代中国法学词语的形成与发展．中西法律传统（第一卷）［M］．北京：中国政法大学出版社，2001．

二、中文译作

［1］卡罗尔·哈洛，理查德·罗林斯．法律与行政（上）（下）［M］．杨伟东，李凌波，

石红心，晏坤，译．北京：商务印书馆，2004.

[2] 梅因．古代法 [M]．沈景一，译．北京：商务印书馆，1996.

[3] 古斯塔夫·佩泽尔．法国行政法 [M]．廖坤明，周洁，译．北京：国家行政学院出版社，2002.

[4] 莱昂·狄骥．公法的变迁 [M]．郑戈，译．北京：商务印书馆，2013.

[5] 勒内·达维勤．英国法与法国法：一种实质性比较 [M]．潘华仿，高鸿钧，贺卫方，译．北京：清华大学出版社，2003.

[6] 狄骥．公法的变迁 [M]．郑戈，译．北京：商务印书馆，2013.

[7] 哈特穆特·毛雷尔．行政法学总论 [M]．高家伟，译．北京：法律出版社，2000.

[8] 恩格斯．路德维希·费尔巴哈和德国古典哲学的终结 [M]//马克思，恩格斯．马克思恩格斯选集（第4卷）．北京：人民出版社，2012.

[9] 奥特马·尧厄尼希．民事诉讼法 [M]．周翠，译．北京：法律出版社，2003.

[10] 卡尔·拉伦茨．法学方法论 [M]．陈爱娥，译．北京：商务印书馆，2003.

[11] 莱奥·罗森贝克．证明责任论 [M]．庄敬华，译．北京：中国法制出版社，2002.

[12] 珍妮特·V. 登哈特，罗伯特·B. 登哈特．新公共服务　服务，而不是掌舵 [M]．丁煌，译．北京：中国人民大学出版社，2010.

[13] 拉塞尔·M. 林登．无缝隙政府　公共部门再造指南 [M]．汪大海，等译．北京：中国人民大学出版社，2013.

[14] 戴维·奥斯本，彼得·普拉斯特里克．再造政府　政府改革的五项战略 [M]．谭功荣，刘霞，译．北京：中国人民大学出版社，2014.

[15] 艾伦·沃森．民法法系的演变及形成 [M]．李静冰，姚新华，译．北京：中国法制出版社，2009.

[16] L. 科赛．社会冲突的功能 [M]．孙立平，译．北京：华夏出版社，1989.

[17] 查士丁尼．法学总论——法学阶梯 [M]．张企泰，译．北京：商务印书馆，1989.

[18] 彼得罗·彭梵得．罗马法教科书 [M]．黄风，译．北京：中国政法大学出版社，2005.

[19] 室井力．日本现代行政法 [M]．吴微，译．北京：中国政法大学出版社，1995.

[20] 南博方．日本行政法 [M]．杨建顺，周作彩，译．北京：中国人民大学出版社，1988.

[21] 美浓部达吉．公法与私法 [M]．黄冯明，译．北京：中国政法大学出版社，2003.

[22] 美浓部达吉．行政法撮要 [M]．程邻芳，陈思谦，译．北京：商务印书馆，1934.

[23] 棚濑孝雄．纠纷的解决与审判制度 [M]．王亚新，译．北京：中国政法大学出版

社，2004.

三、中文期刊论文

[1] 崔建远. 行政合同族的边界及其确定根据 [J]. 环球法律评论，2017，4.

[2] 顾吉珉.《出让合同》性质辨析 [J]. 中国土地，2009，11.

[3] 莫于川. 非权力行政方式及其法治问题研究 [J]. 中国人民大学学报，2000，2.

[4] 方世荣. 对当代行政法主体双方地位平等的认知——从行政相对人的视角 [J]. 法商研究，2002，6.

[5] 胡敏洁. 作为治理工具的契约：范围与边界 [J]. 中国行政管理，2015，1.

[6] 杨解君，陈咏梅. 中国大陆行政合同的纠纷解决：现状、问题与路径选择 [J]. 行政法学研究，2014，1.

[7] 蔺耀昌. 论行政契约撤销原因的确定 [J]. 行政法学研究，2005，3.

[8] 梁凤云. 行政协议案件的审理和判决规则 [J]. 国家检察官学院学报，2015，4.

[9] 余凌云. 论对行政契约的司法审查 [J]. 浙江学刊，2006，1.

[10] 耿宝建，殷勤. 行政协议的判定与协议类行政案件的审理理念 [J]. 法律适用，2018，17.

[11] 郭修江. 行政协议案件审理规则——对《行政诉讼法》及其适用解释关于行政协议案件规定的理解 [J]. 法律适用，2016，12.

[12] 江必新. 中国行政合同法律制度：体系、内容及其构建 [J]. 中外法学，2012，6.

[13] 李训民. 公法契约之控制——从公私合伙架构谈起 [J]. 行政法学研究，2012，1.

[14] 俞江. "契约"与"合同"之辨——以清代契约文书为出发点 [J]. 中国社会科学，2003，6.

[15] 高玉玲. 宋代契约的"情愿"法及解读——以买卖契约为中心的考察 [J]. 兰州学刊，2015，6.

[16] 田涛. 徽州地区民间纠纷调解契约初步研究 [J]. 上海政法学院学报（法治论丛），2009，1.

[17] 刘莘. 行政合同刍议 [J]. 中国法学，1995，5.

[18] 林庆郎. 论法国法上"禁止公法人适用仲裁"原则之发展 [J]. 东海大学法学研究，2017，52.

[19] 王必芳. 论法国行政契约的特点 [J]. 台北大学法学论丛，2017，102.

[20] 吴庚. 行政契约之基本问题 [J]. 台湾大学法学论丛，1978，2.

[21] 杨勇萍，李继征. 从命令行政到契约行政——现代行政法功能新趋势 [J]. 行政法学研究，2001，1.

［22］陈国栋．作为公共资源配置方式的行政合同 ［J］．中外法学，2018，3．

［23］于安．我国政府采购法的合同问题 ［J］．法学，2002，3．

［24］陈国栋．行政合同行政性新论——兼与崔建远教授商榷 ［J］．学术界，2018，9．

［25］黄学贤，陈铭聪．行政契约和行政处分的替代关系和选择标准之研究 ［J］．江淮论坛，2011，4．

［26］赵宏．德国公私合作的制度发展与经验启示 ［J］．行政法学研究，2017，6．

［27］焦洪宝．政府与社会资本合作项目争议的解决方式 ［J］．政法论丛，2018，4．

［28］程琥．审理行政协议案件若干疑难问题研究 ［J］．法律适用，2016，12．

［29］陈无风．行政协议诉讼：现状与展望 ［J］．清华法学，2015，4．

［30］于立深．行政协议司法判断的核心标准：公权力的作用 ［J］．行政法学研究，2017，2．

［31］韩宁．行政协议判断标准之重构——以"行政法上权利义务"为核心 ［J］．华东政法大学学报，2017，1．

［32］陈天昊．行政协议的识别与边界 ［J］．中国法学，2019，1．

［33］杨解君．行政法的义务、责任之理念与制度创新——契约理念的融入 ［J］．法商研究，2006，3．

［34］施建辉．论行政契约的形式与缔结方式 ［J］．东南大学学报（哲学社会科学版），2008，1．

［35］汪厚冬．论行政法上的意思表示 ［J］．政治与法律，2014，7．

［36］姜淑明．先合同义务及违反先合同义务之责任形态研究 ［J］．法商研究，2000，2．

［37］杨立新．中国合同责任研究（下）［J］．河南省政法管理干部学院学报，2000，2．

［38］施建辉．行政契约缔约过失责任探析 ［J］．南京大学学报（哲学·人文科学·社会科学版），2007，5．

［39］王小能．《中华人民共和国合同法》中的违约责任制度 ［J］．河南省政法管理干部学院学报，1999，3．

［40］张晓军．先诉抗辩权论 ［J］．中央政法管理干部学院学报，1998，2．

［41］范愉．当代中国非诉讼纠纷解决机制的完善与发展 ［J］．学海，2003，1．

［42］杨寅．我国公法救济的体系与完善 ［J］．北方法学，2009，18．

［43］应松年．对《行政复议法》修改的意见 ［J］．行政法学研究，2019，2．

［44］张青波．行政协议司法审查的思路 ［J］．行政法学研究，2019，1．

［45］柯阳友．也论民事诉讼中的禁止重复起诉 ［J］．法学评论，2013，5．

［46］夏璇．论民事重复起诉的识别及规制——对《关于适用〈中华人民共和国民事诉

讼法〉的解释》第 247 条的解析［J］. 法律科学，2016，2.

［47］ 刘飞. 行政协议诉讼的制度构建［J］. 法学研究，2019，3.

［48］ 南京铁路运输法院课题组. 行政协议案件判决方式研究［J］. 法律适用，2019，2.

［49］ 程琥. 行政协议案件判决方式研究［J］. 行政法学研究，2018，5.

［50］ 黄永维，梁凤云，杨科雄. 行政协议司法解释的若干重要制度创新［J］. 法律适用
2020，1.

［51］ 韩宁. 论行政协议的订立［J］. 浙江学刊，2022，1.

［52］ 陈天昊. 行政协议变更、解除制度的整合与完善［J］. 中国法学，2022，1.

四、外文著作及论文

［1］ See B. Grossfeld, "The Strength and Weakness of Comparative Law" (1990).

［2］ See "Common Law", in "Encyclopedia Britannica" vol. 4, p. 1000.

［3］ PETIT (J.), La police administrative, op. cit.

［4］ J-M Pontier, Coopération contractuelle et coopération institutionnelle, Rev. adm., 1994.

［5］ Vgl. Hans J, Wollff/Otto Bachof, Verwaltungsrecht I, 9. Auflage, 1974, § 30 II, S, 180.

［6］ See G. C. Lindsay, Contract, (3rd ed. 1992) at 6-7.

在站期间学术成果

1. 论文，《网售自制食品的法律规制研究》，独著，《法学杂志》2019年第 4 期，CLCSL、CSSCI。

2. 论文，《行政赔偿制度中违法性界定之建构》，第一作者，《甘肃行政学院学报》2018 年第 1 期，CSSCI。

3. 论文，《国家赔偿领域中精神损害赔偿制度探析》，独著，《行政与法》2018 年第 2 期，中国人文社科学报核心期刊。

4. 论文，《公私协力所生国家赔偿责任之探析》，中国公共管理博士后论丛第三辑《治国理政之中国道路》，国家行政学院出版社 2018 年 7 月。